AF329015

P. DE CLERMONT
Le Soleil d'Austerlitz
(1800-1805)
40 Illustrations
d'après
LES CÉLÈBRES TABLEAUX
DU MUSÉE DE VERSAILLES
PARIS
PAUL PACLOT & Cie, Éditeurs

Le Soleil d'Austerlitz

DU MÊME AUTEUR

La Guerre en Sabots (1792-1796). — Un volume orné de 75 reproductions
en simili-gravure d'après les tableaux du Musée de Versailles.

Au Pas de Charge: *D'Arcole aux Pyramides* **(1796-1800).** — Un volume
orné de 75 reproductions en simili-gravure d'après les tableaux du Musée de
Versailles.

PAUL DE CLERMONT

Le Soleil d'Austerlitz

1800-1805

OUVRAGE ORNÉ DE 40 REPRODUCTIONS
DES PLUS CÉLÈBRES TABLEAUX DU MUSÉE DE VERSAILLES

PARIS

LIBRAIRIE PAUL PACLOT & Cⁱᵉ

4, RUE CASSETTE, 4

Le Soleil d'Austerlitz

AU LENDEMAIN DE BRUMAIRE

Il n'est pas inutile, au moment où la foudroyante journée de Brumaire (9 novembre 1799) vient de remplacer le Directoire par le Consulat, de jeter un coup d'œil rapide sur la situation des armées françaises.

Elle est pénible, et, à part de rares exceptions, exige les réformes profondes que le premier consul Bonaparte s'efforce d'apporter en toutes choses.

Sur le Rhin, Lecourbe soutenait l'honneur du nom français, tandis que le général Gouvion-Saint-Cyr résistait péniblement aux Autrichiens dans la province génoise. Il avait fort à faire de ce dernier côté. A tant de gloires et de richesses militaires amassées sous Bonaparte dans sa mémorable campagne d'Italie, avaient succédé des défaites partielles, l'abattement, la pauvreté, l'indiscipline. Les soldats s'étaient dégoûtés de leur position. Ne recevant pour prix de leurs efforts que de vains encouragements et des promesses non tenues, exténués de fatigues et de disette, ils se livraient à la maraude, et choisissaient eux-mêmes leur campement, sans avoir égard aux ordres de leurs chefs. Le corps de Championnet avait été battu à Genola;

Coni avait capitulé; Watrin, Dombrowski et Miollis avaient reculé : les Autrichiens étaient les maîtres partout. « A quoi bon prolonger une défense inutile ? » disaient les soldats. « Nous sommes condamnés à mourir de faim et de misère. Que faisons-nous ici ? On nous abandonne, on nous sacrifie. Marchons vers la France, retournons dans cette patrie ingrate; et, puisque nous devons expirer pour prix de tant d'efforts et de sacrifices, que ce soit du moins sur le sol paternel, à la vue de nos indifférents compatriotes ».

A ces plaintes succèdent des actes désespérés. Les soldats arrachent leurs drapeaux des mains des officiers, résistent à leurs prières, à leurs larmes, à leurs menaces, abandonnent les retranchements de la Bocchetta où ils étaient postés, traînant à bras quelques canons et se repliant sur Gênes, en conservant dans leur sédition un affreux silence. La ville n'était que trop disposée à la révolte : les caractères y étaient aigris également par de longues souffrances, et le Directoire ligurien, que les Français y avaient établi, avait donné la mesure de son ineptie. Il fallait de toute nécessité arrêter la sédition militaire, si l'on ne voulait pas assister à des égorgements.

Informé de ce qui se passait, Gouvion-Saint-Cyr n'hésita pas à courir au-devant de ces malheureux soldats. Il arrive auprès d'eux dans le moment de leur plus grande effervescence : ils venaient de nommer leurs officiers, et avaient juré de traiter en ennemi quiconque s'opposerait à leur marche vers la France. Leurs regards menaçants, leur attitude morne et farouche, leur silence, l'opiniâtreté de leur courage à traîner leurs pièces, indiquaient l'obstination et la furie concentrées dans leurs cœurs. Le général se présenta seul devant eux, et leur barra intrépidement le passage. « Où courez-vous, soldats ? » leur dit-il. — « En France. » — « En France ? Eh bien ! si le devoir ne vous retient plus; si vous restez sourds à la voix de l'honneur, à celle de la patrie, malheureux ! écoutez du moins celle de votre intérêt, de cet intérêt auquel vous sacrifiez les plus nobles sentiments. Votre perte est certaine : voyez le chemin qu'il vous faut suivre, l'es-

pace que vous avez à parcourir, les dangers inévitables qui vous attendent. Pensez-vous que l'ennemi, qui vous poursuit déjà et que votre
honteuse fuite anime encore davantage, ne vous atteindra pas dans
le désordre de votre marche? Oubliez-vous qu'un désert existe entre
vous et la France, et que ce désert est votre ouvrage? Qui vous nour-
rira dans ces montagnes? Quelles ressources trouverez-vous dans ces
vallées? Ou bien voulez-vous donc, comme les hordes sauvages qui
errent sur les plages du nouveau monde, dévorer les habitants, les
femmes et les enfants, dont vous avez consommé les subsistances?
Que les lâches, que les fuyards aillent chercher la mort infamante,
horrible, qui les attend, je ne veux point m'y opposer; mais qu'ils ne
profanent point les drapeaux de la patrie, qu'ils les laissent aux
mains des braves qui préféreront périr avec eux sur le champ de
bataille. Soldats! vous n'avez de salut que dans vos baïonnettes. Si
vous voulez vivre et revoir la patrie, repoussez l'ennemi loin de ces
murailles, de ce port où le premier vent favorable va faire arriver nos
convois, nos vivres, nos habits et nos munitions, que votre lâcheté
livrerait à nos adversaires. »

En leur adressant ces reproches, le général ne put se défendre
d'une certaine émotion. Les soldats interdits l'écoutent encore alors
qu'il ne parle plus. Peu à peu ils baissent leurs regards, inclinent
leurs fronts et se mettent à pleurer. Personne n'avait le courage d'ar-
ticuler une parole pour se justifier, tant le crime était extraordinaire.
Le général, debout en tête de la colonne, attendait en vain leur
réponse. Touché lui-même du pitoyable spectacle qu'il avait devant
les yeux, ne pouvant supporter plus longtemps de voir ces vieux soldats fondre en larmes, il fut le premier à rompre le silence. « Retournez », leur dit-il « dans les positions que vos officiers ont su conserver pendant votre absence; mais je ne vous rendrai vos drapeaux que
lorsque vos actions m'auront prouvé que vous êtes véritablement les
défenseurs de la patrie, et que vous avez lavé dans le sang de ses
ennemis la tache dont vous vous êtes souillés ». Deux jours après,

ces mêmes soldats se battaient comme des lions en avant de la Bocchetta, et refoulaient dans les montagnes les corps de Hohenzollern et d'Eidel, qui étaient venus les attaquer. Gouvion-Saint-Cyr leur rendit alors les drapeaux, et la faute fut oubliée.

A l'autre extrémité de la Péninsule, sur la rive occidentale de la mer Adriatique, s'accomplissaient des exploits glorieux. Le général Monnier, retiré dans Ancône, y soutenait un siège mémorable contre les Autrichiens, les Russes et les Turcs coalisés. Pendant six mois il répondit au feu des ennemis, et les empêcha, par des sorties multipliées, d'environner la place du côté de la terre. La famine vint le visiter; les forts, les magasins n'offraient plus qu'un amas de décombres; la plupart des pièces étaient démontées ou crevées; les munitions manquaient; il ne restait pour se défendre que des baïonnettes et du courage, et l'intrépide général refusait de rendre la place. Trois fois les assiégeants le sommèrent de se rendre, trois fois il s'y refusa sans commentaire. Enfin, le lieutenant-général Frœlich, qui commandait des forces dix fois supérieures, prit en pitié son courage et sa position, et lui envoya une lettre qui suffirait seule à les immortaliser l'un et l'autre.

« Les dégâts opérés jusqu'à ce jour par le feu de mon artillerie », disait le guerrier autrichien « doivent vous convaincre, Monsieur le général, que je ne manque pas de moyens d'en faire de plus grands encore pour mettre un terme à ce siège. J'ai demandé, d'après votre résistance outrée, que l'on m'envoyât trois fois plus d'artillerie et de munitions : elles sont en chemin ; je vais les recevoir, et il ne me reste, après avoir prouvé au monde entier que j'ai épuisé tous les moyens de conciliation, qu'à vous sommer une dernière fois de rendre Ancône avec toutes ses dépendances.

« Voudrez-vous donc, Monsieur le général, avec une garnison affaiblie, manquant de vivres, accablée de tant de besoins, pousser les choses à la dernière extrémité ! Voudrez-vous prolonger des maux

auxquels le véritable guerrier est toujours sensible, et que votre résistance ultérieure ne justifierait jamais ? Dans ce cas, Monsieur le
général, voilà la dernière syllabe que vous recevrez de moi, et comp-
tez d'avance que si ma proposition est rejetée, il ne reste plus qu'à
vous rendre à discrétion. Persuadez-vous bien aussi, Monsieur le
général, que je devrai au sang que mes braves soldats, mes braves
frères d'armes, ont versé devant Ancône, comme à celui que j'aurai
la douleur de voir répandre encore, de vous rendre personnellement
responsable, dans toute l'étendue du terme, de tous les événements
postérieurs, et de vous abandonner, vous et les vôtres, à toutes les
rigueurs du sort que votre conduite sans exemple pourra attirer sur
vous. C'est pourquoi je vous envoie M. le général-major Shall, qui est
instruit de mes intentions, et auquel je donne pleins pouvoirs de
s'aboucher, traiter et convenir provisoirement avec vous des bases
d'une capitulation qui s'accorde avec la gloire de ma très haute cour
et celle de ses armes.

« L'unique but de la proposition que je vous fais est de mettre
enfin un terme aux calamités réciproques. Je vous prie donc, Monsieur le général, de vouloir la soumettre à votre conseil de guerre,
assemblé conformément à vos lois militaires. Je me réserve néanmoins
la ratification de ce dont on sera convenu, et le parti que vous pren-
drez réglera ma conduite. Je vous adjure, Monsieur le général, d'être
aussi sensible au cri de l'humanité que vous l'avez été jusqu'à présent à celui de l'honneur. »

Quoiqu'il eût tenu jusqu'à la dernière extrémité, Monnier voulait
pourtant résister encore, dans l'espoir qu'un événement heureux le
délivrerait; mais son conseil fut d'un avis différent. Un examen
attentif lui démontra à lui-même que toute résistance était impossible, puisque, d'après le rapport unanime des officiers, « il n'existait
de poudre que pour une demi-journée d'attaque un peu chaude, et
que la saison ne permettait pas de perfectionner celle que l'on fabri-

quait ». Il conclut en conséquence, avec le général autrichien, une capitulation des plus honorables.

Les soldats ne déposaient que leurs armes; le général commandant la division, le consul de la République française, les généraux, les officiers de terre et de mer, les employés civils et militaires, conserveraient leurs armes, leurs chevaux, suivant leur grade, et leurs effets personnels. Le général Frœlich, voulant donner une preuve d'estime aux troupes de la garnison, pour la défense courageuse et au-dessus de toute attente qu'elles avaient faite, accordait aux sous-officiers le port de leurs sabres pour se rendre à leur destination. Afin aussi de donner à toute la division et au brave général Monnier un témoignage de sa considération particulière, en même temps qu'une marque d'estime de nation à nation contractantes, il accordait au glorieux vaincu une garde d'honneur de quinze cavaliers montés et de trente carabiniers. La division serait accompagnée et protégée dans sa marche, jusqu'aux avant-postes français de l'armée d'Italie, par un corps de troupes impériales, commandé par un officier d'état-major. Il était statué en outre que la division se rendrait en France par la voie qu'elle jugerait la plus commode, qu'elle ferait route aux frais de l'Empereur; que chaque militaire ou employé recevrait les rations en tout genre et le logement attribués à son grade par les lois et les règlements français; que la marche ne serait point forcée, mais établie par étapes, d'après les règlements militaires. La fixation du bivouac serait faite de concert par le général Monnier et l'officier d'état-major autrichien, ainsi que celle des heures de départ et des lieux de séjour. Les malades et les blessés capables de supporter le voyage seraient transportés aux frais de l'Empereur, avec les vivres, les médicaments et les chirurgiens chargés de les soigner; les autres seraient entretenus dans les hôpitaux; enfin, les chariots mêmes chargés des effets personnels des officiers, employés, conseils d'administration et dépôt des corps de la division, étaient soldés par les Autrichiens.

Quoiqu'il eût alors été, semble-t-il, possédé du démon de la guerre, Bonaparte avait pourtant la pensée de donner à la France une paix qui lui permît de cicatriser ses blessures. Il s'adressa d'abord à l'Angleterre, d'où venait tout le mal, persuadé que, si elle adhérait à des conditions honorables, l'Europe et la France particulièrement en recueilleraient d'inappréciables bienfaits. Il écrivit le 26 décembre 1799 au roi d'Angleterre la lettre suivante :

« Appelé, Sire, par le vœu de la nation française à occuper la première magistrature de la République, je crois convenable, en entrant en charge, d'en faire directement part à Votre Majesté.

La guerre qui, depuis huit ans, ravage les quatre parties du monde, doit-elle être éternelle ? N'est-il donc aucun moyen de s'entendre ?

Comment les deux nations les plus éclairées de l'Europe, puissantes et fortes plus que ne l'exigent leur sûreté et leur indépendance, peuvent-elles sacrifier à des idées de vaine grandeur, le bien du commerce, la prospérité intérieure, le bonheur des familles ? Comment ne sentent-elles pas que la paix est le premier des besoins, comme la première des gloires ?

Ces sentiments ne peuvent pas être étrangers à Votre Majesté, qui gouverne une nation libre, et dans le seul but de la rendre heureuse.

Votre Majesté ne verra dans cette ouverture que mon désir sincère de contribuer efficacement, pour la seconde fois, à la pacification générale, par une démarche prompte, toute de confiance, et dégagée de ces formes, qui, nécessaires peut-être pour déguiser la dépendance des Etats faibles, ne décèlent dans les Etats forts, que le désir mutuel de se tromper.

La France, l'Angleterre, par l'abus de leurs forces, peuvent longtemps encore, pour le malheur de tous les peuples, en retarder l'épuisement; mais, j'ose le dire, le sort de toutes les nations civilisées est attaché à la fin d'une guerre qui embrase le monde entier.

« *Signé :* BONAPARTE,

« *Premier Consul de la République française* ».

Le même jour, le Premier Consul adressa la lettre suivante à l'empereur d'Allemagne :

« De retour en Europe après dix-huit mois d'absence, je retrouve la guerre allumée entre la République française et Votre Majesté.

La nation française m'appelle à occuper la première magistrature.

Étranger à tout sentiment de vaine gloire, le premier de mes vœux est d'arrêter l'effusion du sang. Tout fait prévoir que dans la campagne prochaine, des armées nombreuses et habilement dirigées tripleront le nombre des victimes que la reprise des hostilités a déjà faites. Le caractère connu de Votre Majesté ne me laisse aucun doute sur le vœu de son cœur. Si ce vœu est seul écouté, j'entrevois la possibilité de concilier les intérêts des deux nations.

Dans les relations que j'ai eues précédemment avec Votre Majesté, elle m'a témoigné personnellement quelque égard. Je la prie de voir dans la démarche que je fais, le désir d'y répondre, et de la convaincre de plus en plus de la considération toute particulière que j'ai pour elle.

« *Signé :* BONAPARTE,

« *Premier Consul de la République française* ».

L'Angleterre avait alors à la tête de ses affaires un ministre jeune, mais impitoyable, qui ne voulut rien entendre à une pacification : c'était Pitt. Il s'opposa à toute transaction; comme ce Caton si funeste à Carthage, il terminait ses discours en recommandant aux représentants de son pays de ne jamais traiter avec Bonaparte. Le cabinet britannique répondit par une note négative, Bonaparte n'hésita pas à

Combat de Stockach (duché de Bade).
(3 mai 1800).

étouffer son ressentiment en vue du bien général : il envoya une note
en réponse à celle que lui avait transmise lord Grenville, dans laquelle
il établissait que la France n'avait pris les armes que pour résister
à une coalition européenne hostile à son gouvernement ; et, tout en
déplorant les malheurs que la Révolution avait entraînés pour tout
le monde, il insinuait que ceux-là pouvaient bien avoir aussi quelques
reproches à se faire, qui, méconnaissant la liberté des peuples,
avaient poursuivi la République avec tant d'acharnement. Mais,
ajoutait le Premier Consul, à quoi bon tous ces souvenirs ? Voici
aujourd'hui un gouvernement disposé à faire la paix ; la guerre
sera-t-elle sans fin, parce que tel ou tel aura été l'agresseur ? Et, si
on ne veut pas la rendre éternelle, ne faut-il pas en finir avec ces récri-
minations incessantes ? Puisqu'il est reconnu que la France ne veut
plus des Bourbons, est-il convenable de faire des insinuations semblables à celles qu'on s'est permises ? Que dirait l'Angleterre, si la
France exigeait le rétablissement des Stuarts ? Il faut donc laisser
de côté ces questions irritantes, et en venir aux choses pratiques. Si
l'Angleterre déplore, comme la France les maux de la guerre, il n'y a
qu'un moyen d'y mettre un terme ; convenir d'un armistice, désigner
une ville, y rassembler des négociateurs et se donner mutuellement
satisfaction.

Au milieu de ces pourparlers, Bonaparte, comme s'il prévoyait
que ses propositions ne seraient pas acceptées, se hâtait de mettre
ordre à toutes les affaires de l'Etat. Il conservait surtout le contact
avec ses troupes. Ne pouvant aller à elles, il les faisait venir à lui, et
les réunissait chaque semaine, les unes après les autres, dans la cour
des Tuileries, où il les passait en revue. C'est, à cette époque, le spectacle favori des Parisiens, la grande attraction des provinciaux et
des étrangers qui sont à Paris. Empruntons le récit de ces défilés
du quintidi à plusieurs témoins dont chacun nous apporte un détail
particulier et typique.

Tous les régiments venaient successivement à Paris. Ils éblouissaient la capitale, la capitale les éblouissait. Parisiens et soldats se
comprenaient et, la revue une fois terminée, gardaient les uns des
autres un affectueux souvenir. Thibaudeau nous montre Bonaparte,
tantôt à pied, tantôt à cheval, parcourant tous les rangs pour
connaître les officiers et les soldats et s'en faire connaître lui-même,
entrant dans les détails les plus minutieux de l'équipement, de l'ar·
mement, de la manœuvre, s'occupant avec un zèle infatigable de tout
ce qui intéresse le bien-être des troupes, reconnaissant ses anciens
compagnons d'armes d'Italie et leur adressant quelque parole flatteuse qui les transportait d'enthousiasme. « Il fallait voir, a dit
Mme de Rémusat, comme il savait alors parler aux soldats, comme
il les interrogeait les uns après les autres sur leurs campagnes, sur
leurs blessures... J'ai entendu dire à Mme Bonaparte qu'il avait l'habitude d'étudier le soir en se couchant les tableaux de ce qu'on appelle
les cadres de l'armée. Il s'endormait sur tous les noms des corps, et
même sur ceux d'une partie des individus qui composaient ces corps ;
il les gardait dans un coin de sa mémoire et cela lui servait ainsi
merveilleusement pour reconnaître le soldat, et lui donner le plaisir
d'être distingué par son général. Il prenait avec les militaires en
sous-ordre un ton de bonhomie qui les charmait, les tutoyait tous,
et leur rappelait les faits d'armes qu'ils avaient accomplis ensemble. »

C'était l'époque où, conservant encore quelque chose de la familiarité républicaine, il s'adressait à un simple sous-officier, au sergent
de grenadiers Léon Aune, ce billet, qui fut célèbre dans toute l'armée :
« J'ai reçu votre lettre, mon brave camarade ; vous n'avez pas besoin
de me parler de vos actions. Je les connais ; vous êtes un des plus
braves grenadiers de l'armée depuis la mort de Banezeth. Vous êtes
compris dans la distribution des cent sabres d'honneur que j'ai fait
distribuer. Tous les soldats de votre corps étaient d'avis que c'était
vous qui le méritiez davantage. Je désire beaucoup vous revoir. Le
ministre de la guerre vous envoie l'ordre de venir à Paris. » Jamais

peut-être, excepté parmi les légionnaires de César, on n'avait vu pareil fanatisme pour la carrière des armes. Les sous-lieutenants n'auraient pas renoncé pour des millions à leurs épaulettes. Chaque officier, chaque soldat était fier de son uniforme, de son régiment, de son drapeau. Personne ne sut mieux que Bonaparte frapper l'imagination du soldat. Le subjuguant d'un mot, d'un regard, il lui apparaissait comme un être surnaturel, comme un demi-dieu. Même après ses défaites, il conserva ce prestige. Qu'était-ce donc au temps où ses compagnons d'armes, ne l'ayant jamais vu que vainqueur, le croyaient pour toujours invincible ? Chacune des revues du quintidi était pour lui une sorte d'apothéose. « Pleuvait-il, a dit Thibaudeau, témoin de ces revues, ou le ciel était-il couvert de nuages ? Souvent, dès que paraissait Bonaparte, la pluie cessait, les nuages se dissipaient, le soleil se montrait. La multitude, toujours avide de merveilleux, et les courtisans, toujours prodigues de flatteries, s'écriaient : « Le Premier Consul commande aux éléments ».

Ecoutons la femme du général Junot (la future duchesse d'Abrantès) qui nous raconte une de ces magnifiques représentations militaires. Il est près de midi, Joséphine, ses belles-sœurs, beaucoup de jolies femmes, des fonctionnaires, des étrangers de distinction sont aux fenêtres du château. Après la parade, seize magnifiques chevaux, envoyés comme cadeau par le roi d'Espagne au Premier Consul doivent lui être présentés. Les officiers parcourent les rangs des troupes, parlant, de temps en temps, mais à voix basse, pour rectifier un port d'armes défectueux, un chapeau mal posé. Chacun redouble de zèle. Il faut que le Premier Consul soit content. Les clairons sonnent. Les tambours battent aux champs. Voilà Bonaparte qui apparaît, sur son cheval blanc le *Désiré*. Ses soldats le contemplent avec des yeux dans lesquels on peut lire : « Oui, nous nous ferons tuer pour que la France soit grande, pour que son nom soit le premier du monde. Où faut-il aller ? Nous sommes prêts ». Il s'arrête sous la fenêtre où se trouvent Mme Junot et d'autres dames, et,

s'adressant à un jeune tambour, qui paraît avoir seize ans, il lui dit :
« C'est toi qui as battu la charge à Zurich, ayant le bras droit percé
d'une balle, mon brave enfant ? » Le petit tambour répond, en rou-
gissant: « Oui, mon général ». — « C'est encore toi qui, à Veser, as fait
preuve d'une présence d'esprit courageuse. » L'enfant rougit plus
fort et répond plus bas que la première fois : « Oui, mon général. » —
« Eh bien ! je dois acquitter la dette de la patrie. Il te sera donné,
non pas une baguette d'honneur, mais un sabre d'honneur. Je te fais
sous-officier dans la garde consulaire. Continue à te bien conduire,
et j'aurai besoin de toi. » Puis le Premier Consul, portant la main à
son chapeau, salue avec un gracieux sourire les dames qui viennent
de l'écouter. Le petit tambour, profondément ému, est pâle comme
la mort. Mais son regard, qu'il dit de choses ! L'enfant pâlit devant
Bonaparte; il ne pâlira point devant l'ennemi.

Aussi bien, le temps vient où le Premier Consul allait avoir besoin de tous les dévouements.

Nous avons vu plus haut les tentatives réitérées faites par Bonaparte auprès de l'Angleterre et de l'Autriche dans le but d'amener
ces nations à conclure une paix définitive. Ce fut en vain. Les dispositions de l'Angleterre et de l'Autriche rendirent la guerre inévitable;
le Premier Consul se disposa à la faire.

Dans une proclamation adressée au peuple français il dénonçait
la réponse faite par les puissances coalisées à ses avances pacifiques,
et sa résolution de trancher par le fer le nœud d'une situation que
l'on ne pouvait détendre autrement : « Français, disait-il, vous
désirez la paix; votre gouvernement la désire avec plus d'ardeur
encore. Ses premiers vœux, ses démarches constantes ont été pour
elle. Le ministère anglais a trahi le secret de son horrible politique.
Déchirer la France, détruire sa marine et ses ports, l'effacer du
tableau de l'Europe ou l'abaisser au rang des puissances secondaires,
tenir toutes les nations du continent divisées, pour s'emparer de
leurs dépouilles, c'est pour obtenir ces affreux succès que l'Anglé-

terre répand l'or, prodigue les promesses et multiplie les intrigues.

Mais ni l'or, ni les promesses, ni les intrigues de l'Angleterre, n'enchaîneront à ses vues les puissances du continent. Elles ont entendu le vœu de la France; elles connaissent la voix de l'humanité et la voix puissante de leur intérêt. S'il en était autrement, le gouvernement, qui n'a pas craint d'offrir et de solliciter la paix, se souviendrait que c'est à vous de la commander. Pour la commander, il faut de l'argent, du fer et des soldats. Que tous s'empressent de payer le tribut qu'ils doivent à la défense commune; que les jeunes citoyens marchent. Ce n'est plus pour des factions ce n'est plus pour le choix des tyrans qu'ils vont s'armer; c'est pour la garantir de ce qu'ils ont de plus cher, c'est pour l'honneur de la France, c'est pour l'intérêt sacré de l'humanité et de la liberté. Déjà les armées ont repris cette attitude, présage de la victoire. A leur aspect, à l'aspect de la nation entière réunie dans les mêmes intérêts et dans les mêmes vœux, n'en doutez point, Français, vous n'aurez plus d'ennemis sur le continent.

Mais si quelque puissance encore veut tenter le sort des combats, le Premier Consul a promis la paix, il ira conquérir à la tête de ces guerriers qu'il a plus d'une fois conduits à la victoire. Avec eux, il saura retrouver ces champs encore pleins de souvenirs de leurs exploits. Mais, au milieu des batailles, il invoquera la paix, et il jure de ne combattre que pour le bonheur de la France et le repos du monde. »

Une acclamation universelle salua ces énergiques paroles; l'élan se communiqua dans toute la France, les soldats affluèrent. On voyait se renouveler cet enthousiasme guerrier qui avait été si puissant dans les premiers temps de la Révolution.

Avant d'entreprendre le récit de cette nouvelle campagne, notons la situation exacte, au point de vue militaire. Ce tableau nous sera d'un utile secours pour suivre la marche des événements.

En 1799, les victoires de Zurich et de Bergen (1) ont sauvé la

(1) Voir *Au Pas de Charge*, par PAUL DE CLERMONT. — PACLOT, éditeur.

France de l'invasion étrangère; elles ont décidé les Russes à se retirer en fait de la deuxième coalition. Mais, nous nous défendons très péniblement sur le Rhin, nos armées d'Italie, naguère écrasées à la Trebbia et à Novi, sont rejetées sur le revers méridional de l'Apennin ligurien, c'est-à-dire entre les montagnes dont les Autrichiens tiennent les crêtes, et la mer où dominent les flottes anglaises.

Au printemps de 1800, nous avons donc, comme en 1796, à lutter sur le Rhin et en Italie contre les Autrichiens, les princes allemands et les émigrés, sur mer contre les Anglais.

Le Premier Consul Bonaparte a profité de l'hiver 1799-1800 pour réorganiser nos forces militaires actives. Il les répartit entre trois armées d'opérations :

1° Des débris de l'armée d'Italie (Championnet), on forme l'armée de Ligurie. Celle-ci compte 35.000 hommes dispersés de Gênes à Nice. Masséna, le vainqueur de Zurich, vient de la Suisse prendre le commandement, mais trop tard pour conjurer le danger d'être refoulé sur Gênes. Masséna a pour principaux lieutenants: Soult, Suchet, Gazan, Miollis, etc. ;

2° Armée du Rhin, formée des anciennes armées du Rhin et d'Helvétie maintenant réunies sous le commandement unique de Moreau: l'effectif des troupes d'opération dépasse 100.000 combattants: Les lieutenants de Moreau sont des généraux de haute valeur: Dessoles, chef d'état-major; Lecourbe, Gouvion-Saint-Cyr, Sainte-Suzanne, Grouchy, Ney, Richepanse, etc. ;

3° Armée de réserve, ostensiblement formée à Dijon, mais qui, en réalité, se formera en marchant vers la Suisse par la concentration de troupes appelées de tous les points du territoire français. Cette armée n'a pas encore de destination précise; elle est provisoirement aux ordres de Berthier, la Constitution interdisant au Premier Consul de prendre en personne le commandement des armées.

La situation des Autrichiens est, à peu près semblable à la nôtre.

Soult, duc de Dalmatie.

Comme nous, ils forment de leurs troupes deux grosses masses, lesquelles sont séparées par le massif suisse, qui nous appartient sans conteste depuis la victoire de Zurich :

1° En Italie, Mélas commande à 120.000 hommes éparpillés dans toute la Lombardie, le Piémont et la Ligurie. Maîtres des cols de l'Apennin, Mélas a réussi dès le début de la campagne à rejeter Masséna dans Gênes et le couper de son aile gauche; cette aile gauche, sous Suchet, a regagné en combattant la rive droite du Var. Le général Ott assiège Gênes, tandis que Mélas en personne et Elsnitz se portent vers le Var. En Allemagne, l'archiduc Charles, partisan de la paix, a été remplacé par le général Kray. Celui-ci dispose de 120.000 hommes, dispersés de Mannheim à Coire : A droite, le général Starray, vers Rastadt et Mannheim. A gauche, le prince de Reuss dans le Vorarlberg. Au sources du Danube, le centre, aux ordres directs de Kray que seconde plus immédiatement le général Nauendorf. De fortes avant-gardes tiennent les passages de la Forêt Noire; leurs pointes vont jusqu'à la rive droite du Rhin.

L'ARMÉE DU RHIN

L'armée traitée avec un soin tout particulier, dit Thiers, fut celle qui, sous les ordres de Moreau, était destinée à opérer en Souabe. On lui envoya tout ce qu'on put en hommes et en matériel. On fit les plus grands efforts pour lui assurer une artillerie complète et de grands moyens de passage, afin qu'elle se trouvât en mesure de franchir le Rhin à l'improviste, et, s'il était possible, sur un seul point. Le général Moreau, dont on a dit le Premier Consul si jaloux, allait donc avoir sous ses ordres la plus belle, la plus nombreuse armée de la République, cent trente mille hommes environ, tandis que Masséna n'en avait que trente-six et le Premier Consul tout au plus quarante. Ce n'était point, au surplus, une vaine caresse adressée à l'orgueil de Moreau. Des motifs plus sérieux avaient déterminé cette distribution des forces.

L'opération destinée à jeter le Premier Consul sur Ulm et Ratisbonne était de la plus haute importance pour le succès général de la campagne; car, en présence de ces deux puissantes armées autrichiennes qui s'avançaient vers nos frontières, il fallait d'abord avoir éloigné l'une, pour pouvoir franchir les Alpes sur les derrières de l'autre. Cette première opération devait donc être tentée avec des moyens décisifs qui en rendissent la réussite infaillible. Le Premier Consul, tout en estimant Moreau, s'estimait lui-même beaucoup plus; et, s'il fallait que l'un des deux se passât de grands moyens, il croyait pouvoir s'en passer plus que Moreau. Le sentiment qui le dirigeait dans cette occasion, était un sentiment meilleur dans les grandes affaires de l'État, que la générosité elle-même, c'était l'amour de la chose publique, il la mettait au-dessus de tout intérêt particulier, que ce fût celui des autres ou le sien.

Cette armée du Rhin, quoique portant, comme les autres armées de la République, les haillons de la misère, était superbe. Quelques conscrits lui avaient été envoyés, mais en petit nombre, tout juste assez pour la rajeunir. Elle se composait en immense majorité de ces vieux soldats, qui, sous les ordres de Pichegru, Kléber, Hoche et Moreau, avaient conquis la Hollande, les rives du Rhin, franchi plusieurs fois ce fleuve, et paru même sur le Danube. On n'aurait pas pu dire, sans injustice, qu'ils étaient plus braves que ceux de l'armée d'Italie, mais ils présentaient toutes les qualités de troupes accomplies : ils étaient sages, sobres, disciplinés, instruits et intrépides. Les chefs étaient dignes des soldats. La formation de cette armée en divisions détachées, complètes en toutes armes, et agissant en corps séparés, y avait développé au plus haut point le talent des généraux divisionnaires. Ces divisionnaires, avaient des mérites égaux, mais divers. C'était Lecourbe, le plus habile des officiers, dont les échos des Alpes répétaient le nom glorieux; c'était Richepanse qui joignait à une bravoure audacieuse une intelligence rare, et qui rendit bientôt à Moreau, dans les champs de bataille de Hohenlinden, le plus grand service qu'un lieutenant ait jamais rendu à son général ; c'était Gouvion-Saint-Cyr, esprit froid, profond, caractère peu sociable, mais doué de toutes les qualités du général en chef; c'était enfin ce jeune Ney, qu'un courage héroïque, dirigé par un instinct heureux de la guerre, avait déjà rendu populaire dans toutes les armées de la République. A la tête de ces lieutenants, était Moreau, esprit lent, quelquefois indécis, mais solide, et dont les indécisions se terminaient en résolutions sages et fermes quand il était face à face avec le danger.

Il était de toute importance que Moreau se décidât à agir sur le Rhin. Le Premier Consul lui avait tracé un plan bien simple : l'armée autrichienne s'étendait de Strasbourg à Constance, ayant sa gauche commandée par le prince de Reuss, aux environs de Constance, sa droite dans la Forêt Noire, son centre à Eschingen. Bonaparte voulait que l'armée française passât rapidement le Rhin entre Bâle et

Schaffhouse, qu'elle débouchât entre Stockach et Eschingen, de manière à couper l'armée autrichienne en deux; à en jeter une partie sur la Suisse, l'autre sur le Danube. Ce plan hardi cassa la tête de Moreau : son esprit prudent, méticuleux, ne pouvait rien hasarder; tout ce qui sortait des limites de la tactique vulgaire lui paraissait de la témérité. Il hésita pour une raison, pour une autre, se plaignant tantôt de l'artillerie, tantôt de la cavalerie, en ne se décidant jamais.

Son aide de camp, le général Dessoles, mandé à Paris, donna le vrai mot de cette inertie. Le plan du Premier Consul était décisif, probablement le plus sûr qu'on pût suivre; mais il n'était pas adapté au génie de celui qui devait l'exécuter. Le Premier Consul avait une manière de faire la guerre infiniment supérieure à toutes les autres; Moreau avait la sienne, inférieure sans doute, mais excellente néanmoins. Il n'y avait rien de mieux à faire que de l'abandonner à lui-même : il agirait prudemment, sûrement, un peu lentement peut-être; mais il n'en obtiendrait pas moins le succès demandé. Si, au contraire, on lui imposait des idées en désaccord avec sa manière de procéder, on le troublerait inutilement, peut-être le blesserait-on, et, en définitive, on n'obtiendrait rien, pour avoir voulu trop obtenir. Ces réflexions furent adressées au Premier Consul personnellement; il en apprécia la sagesse. « Vous avez raison », dit-il au général : « Moreau n'est pas capable de saisir et d'exécuter le plan que j'ai conçu. Qu'il fasse comme il voudra, pourvu qu'il jette le maréchal de Kray sur Ulm et Ratisbonne, et qu'ensuite il renvoie à temps son aile droite sur la Suisse. Le plan qu'il ne comprend pas, qu'il n'ose pas exécuter, je vais l'exécuter, moi, sur une autre partie du théâtre de la guerre; ce qu'il n'ose pas faire sur le Rhin, je le ferai sur les Alpes. Il pourra regretter dans quelque temps la gloire qu'il m'abandonne. »

Le Premier Consul rendit à Moreau toute sa liberté; il lui demanda seulement d'envoyer, aussitôt qu'il serait à Ulm, un corps de vingt-cinq mille hommes sur les Alpes. Tout fut accepté; mais les lenteurs se prolongèrent; l'armée d'Italie était écrasée; il fallait nécessairement agir en Allemagne, pour éviter une entière destruction : l'ordre formel en fut donné à Moreau. Le Rhin fut franchi sur trois points : à Strasbourg, au Vieux-Brisach et à Bâle (5 floréal-25 avril).

Le 13, l'armée française atteignit l'ennemi à Stockach et à Engen. Le général Lecourbe, qui commandait l'aile droite, fut le premier engagé. Il envoya la division Vandamme par Bodmann sur Wahlwies, la division Montrichard directement sur Stockach; celle du général Lorges fut poussée à gauche sur Aach, de manière à couper toute communication avec Engen, et à pouvoir soutenir au besoin Montrichard sur Stockach, ou le corps de réserve qui se disposait à agir contre Engen. Le combat fut vif, mais ne dura pas longtemps. Le général Vandamme éprouva d'abord une forte résistance à l'aile gauche de l'ennemi, parce que Montrichard, arrêté par un feu violent, ne pouvait avancer qu'à petits pas, en déguisant sa marche; mais, du moment où il fut à portée de faire sentir ses coups, les troupes autrichiennes, inférieures en nombre, furent enfoncées. La cavalerie, s'élançant dans les intervalles demeurés libres, entra avec les Autrichiens dans Stockach. Vandamme menaça leur retraite en se prolongeant sur leur gauche bien au delà du lac de Bodmann. Les Autrichiens veulent se rejeter sur Engen; ils tombent sur la division Lorges; pressés de toutes parts, ils se retirent précipitamment sur Pfullendorf et Moeskirch, abandonnant quatre mille prisonniers, huit canons, cinq cents chevaux et leurs magasins.

Cette affaire était terminée, que la bataille d'Engen, engagée tout à côté, demeurait en suspens. Les deux généraux en chef, Moreau, du côté des Français, Kray, du côté des Autrichiens, commandaient leurs troupes en personne. Les hauteurs qui environnent Engen, étaient garnies de tirailleurs; le mamelon de Hohenhœwen était hérissé d'une puissante artillerie, dont le feu plongeant rendait le défilé entre Wolterdingen et Blumenfeld inabordable. Les deux divisions Delmas et Bastoul furent lancées dans les bois de Wels-

chingen, pour en chasser l'infanterie autrichienne. La défense fut
aussi vigoureuse que l'attaque. Chaque arbre recélait un tirailleur,
chaque pli de terrain cachait une embuscade, et le gros des troupes,
retranché derrière des abatis, ne se lassait pas de tirer. Mais la
brigade du général Bontemps, de la division Lorges, attirée par la
fusillade, s'empara de la hauteur de Mühlhausen, y établit de l'artillerie, foudroya l'ennemi en flanc, et le général de brigade Grandjean,
de la division Bastoul, chassa du bois huit bataillons de grenadiers
qui nous faisaient le plus de mal. Ce point était gagné. La lutte
continua avec acharnement des deux côtés de la montagne de
Hohenhœwen.

Pendant que Moreau faisait face aux Autrichiens établis dans
cette position inexpugnable, Richepanse avait divisé ses forces, en
avait placé une partie à droite de Blumenfeld, à Wolterdingen, et
était allé avec l'autre à Leipferdingen, à l'extrémité gauche du champ
de bataille, pour tourner la position. Il engagea aussitôt avec la
droite de Kray un violent combat d'artillerie. Il espérait être secouru
par le général Gouvion-Saint-Cyr, qui, passé de la Ligurie sur le
Rhin, commandait l'aile gauche; mais le mauvais état des chemins
et divers engagements l'avaient empêché d'avancer. Richepanse restait donc aux prises avec l'ennemi, ayant sa gauche découverte. Plusieurs fois il faillit être tourné et culbuté sur la division Delmas, au
centre; ses troupes redoublaient alors d'énergie, et parvenaient à se
dégager seules.

Ennuyé de n'obtenir aucun avantage, Kray poussa une forte colonne d'attaque sur Welchingen, pour percer la ligne française. Moreau soutint fermement son choc, et répondit à sa bonne volonté en
attaquant avec la dernière violence le village d'Ehingen, qui servait de
pivot à l'armée autrichienne. Le village fut pris, repris, et enfin par-
tagé. Saint-Cyr approchait péniblement, ayant à repousser les attaques réitérées du corps de Nauendorf, qui lui était opposé. Le combat
fut particulièrement rude au défilé de Zollhaus; mais vers quatre

PASSAGE DU GRAND SAINT-BERNARD
(20 mai 1800).

heures, Saint-Cyr était assez rapproché du corps de Richepanse pour le protéger. L'attaque du mamelon de Hohenhœwen reprit une nouvelle vigueur. Les troupes le gravirent des deux côtés à la fois; les Autrichiens l'abandonnèrent, et Kray, n'ayant plus ce fort rempart, se retira sur Moeskirch. Cette affaire coûta beaucoup de sang aux deux partis.

La bataille recommença le lendemain à Moeskirch. Moreau, d'ordinaire si perspicace, n'avait pas eu la prudence de le prévoir. Il pensait seulement qu'il pourrait y avoir quelque résistance à cause des magasins; il en avait averti Lecourbe, sans lui prescrire toutefois de concentrer ses forces en vue d'une action sérieuse. Ce général suivit la route de Stockach, et entra dans le défilé qui sépare ce village de Moeskirch, laissant la petite rivière d'Ablach sur sa droite, sans avoir d'autre difficulté que de refouler des avant-postes qui stationnaient de distance en distance ; il aperçut en avant, sur les hauteurs, particulièrement à gauche, vers Heudorf, de nombreux régiments qui l'attendaient de pied ferme, et il fut assailli par une grêle de boulets et de mitraille. Il était impossible d'aller plus loin à découvert, à moins de vouloir se faire tuer en pure perte. Il envoya seulement quelques bataillons d'infanterie et trois régiments de cavalerie sur la lisière du bois, pour protéger l'établissement de son artillerie : infanterie et cavalerie furent obligées de se replier, et l'artillerie fut en grande partie démontée avant de tirer. On n'essaya pas d'en faire davantage ; il devenait évident que Moeskirch serait imprenable de ce côté.

En attendant que Vandamme ait pu l'attaquer à droite, Lecourbe tenta de chasser l'ennemi du village de Heudorf, situé à gauche, au bas des montagnes. La 10ᵉ légère y arriva en se glissant sur la lisière des bois, et pénétra dans les premières rues; l'artillerie autrichienne l'en chassa aussitôt. Les Autrichiens se mettent à sa poursuite; la 38ᵉ vient la défendre et repousser l'ennemi. Tout à coup sort des rochers boisés qui environnent le village au nord et à l'ouest une nuée d'ennemis; la 38° cède à son tour et s'enfuit en désordre. Elle rencontre dans sa retraite la 67°, se rallie à elle et charge de nouveau. Au même moment un feu nourri se fait entendre au delà de Moeskirch : c'est Vandamme, qui a tourné la position et débouche sur la ville par la chaussée de Klosterwald. Montrichard, qui se tient toujours caché dans les bois, en sort inopinément; les Autrichiens sont attaqués de trois côtés.

Voyant la position gravement compromise, Kray profite de l'avantage du terrain pour faire filer en arrière de Heudorf, sur les hauteurs, jusqu'au plateau de Krumbach, une partie considérable de ses forces. Il prenait ainsi la gauche des Français à revers; ce mouvement avait pour résultat nécessaire de l'écraser. Moreau arrive sur ces entrefaites. La bataille commencée à Moeskirch, se poursuit et s'achève à Krumbach. Les Autrichiens se retirèrent sur le Danube.

La bataille était gagnée. Il est pénible de dire que, par la jalousie des généraux les uns contre les autres, on en perdit tout les fruits. Saint-Cyr était demeuré inactif durant le combat : il prétendit n'avoir pas reçu d'ordres. Moreau soutint dans la suite qu'il lui en avait envoyé par plusieurs aides de camp; mais il ne les nomma point; on peut, en conséquence, regarder le fait comme douteux.

Dans leur retraite précipitée, les Autrichiens se jetèrent précisément dans les mains de Saint-Cyr; ils pouvaient être anéantis facilement, si ce général avait du renfort. Entassés les uns sur les autres à Sigmaringen, dans l'espèce d'angle obtus qu'y forme le Danube, ils n'avaient ni la facilité de se mouvoir ni l'ordre qui rend une armée redoutable. Il suffisait de les presser en queue pour les jeter dans le fleuve. Saint-Cyr commença par les inquiéter à l'aide de quelques pièces d'artillerie; chaque coup emportait des files entières et augmentait le désordre. Il envoya en même temps avertir le général en chef, et lui demander l'ordre d'attaquer; il reçut au contraire l'ordre de se rapprocher du centre de l'armée; les Autrichiens durent leur salut à cette mésintelligence.

Le général en chef de l'armée autrichienne ne pouvait cependant pas se décider à reculer, sans essayer encore si la victoire l'avait décidément abandonné. Il repassa le Danube à Riedlingen, et vint camper sur la ligne de la Riess, à Biberach. Le corps de Sainte-Suzanne, demeuré en arrière, était arrivé à gauche de l'armée française, Saint-Cyr se vit porté au centre, et fut opposé aux Autrichiens. En l'absence de Moreau, qui était allé inspecter, au delà du Danube, le corps de réserve nouvellement arrivé, il prit sur lui d'attaquer l'ennemi. Ses troupes d'ailleurs, demandaient à marcher, et lui forçaient en quelque sorte la main. Elles ne voulaient pas laisser échapper une fois de plus l'occasion de battre les Autrichiens; et, puisque les autres divisions avaient donné à Stockach, à Engen et à Moeskirch, il était juste que chacun eût son tour. Les avant-postes établis à Oberndorf furent rejetés sur le corps d'avant-garde qui fermait le défilé de Biberach; l'avant-garde fut également enfoncée, et les Français pénétrèrent à sa suite dans Biberach, au moment où la division Richepanse, partie de Mettenberg, à l'est de la ville. Ces hauteurs étaient garnies de toute l'artillerie autrichienne, et défendues par la masse de leurs troupes. Saint-Cyr n'avait sous la main que les trois divisions Baraguey-d'Hilliers, Tharreau et Richepanse, pour chasser plus de cinquante mille hommes d'une position inexpugnable; mais telle était l'animation de ses troupes, qu'il pouvait tout oser.

Les trois divisions s'élancèrent à la fois à l'assaut des hauteurs de Mettenberg. Les voyant si intrépides, Kray les croit appuyés : la défense fléchit; la débandade commence; il abandonne plusieurs milliers d'hommes et de riches magasins, pour se retirer sur la ligne de l'Iller. Un gros détachement fut dirigé sur Memmingen, pour protéger la ville et sauver les approvisionnements qui y étaient. Lecourbe, qui se trouvait dans les environs, y accourut, écrasa le détachement et s'empara des dépôts. L'armée autrichienne, plus découragée encore que maltraitée, se retira sur Ulm. Le but était atteint (20 floréal-10 mai), Après bien des tâtonnements, Moreau prit position définitive en avant d'Augsbourg.

LA CAMPAGNE DES APENNINS

L'armée française d'Italie n'avait reçu que peu ou point de renforts pour réparer les pertes faites dans le cours de la dernière campagne si longue et si désastreuse. Nous avons vu l'état de misère où elle était réduite à la fin de 1799; le désordre n'avait fait que s'accroître depuis cette époque. Cette pauvre armée, abandonnée par son gouvernement, venait de passer un hiver rigoureux, sans solde, sans vêtements, sans vivres, dans un pays ruiné par la guerre, découragé par les désastres et les maladies. Couverts de haillons, ayant les pieds enveloppés dans des étoffes grossières, pâles, languissants, affamés, les soldats erraient sur les chemins ou se traînaient dans quelque réduit pour rendre l'âme. Le service administratif était nul, les coffres vides, les magasins déserts et abandonnés. Les corps qui conservaient un reste d'énergie, changeaient de position, quittaient la ville sans congé ni permission, espérant se trouver mieux ailleurs. Tant que Championnet put sortir, il visitait ses soldats et les encourageait à prendre patience, en leur promettant des secours dans un avenir prochain; mais il fut, lui aussi, atteint de l'épidémie qui décimait ses troupes. Dans son délire, il demandait encore si les vaisseaux chargés de vivres étaient arrivés; si le gouvernement avait envoyé des vêtements pour habiller les troupes, de l'argent pour les payer. Le soin de son armée lui rendait par moments toute sa raison. Deux heures avant d'expirer, il fit encore écrire en France pour hâter l'envoi des secours promis. Il mourut. Les détails de sa maladie rendirent plus poignante la douleur de son trépas.

Le Premier Consul ne pouvait pour le moment, que donner des paroles d'encouragement. En chargeant Masséna de prendre le commandement de cette armée désorganisée, il fit entendre à ces vieux militaires le langage qu'il savait si bien parler. « Soldats », leur disait-il « les circonstances qui me retiennent à la tête du gouvernement m'empêchent de me trouver au milieu de vous. Vos besoins sont grands : toutes les mesures sont prises pour y pourvoir. Les premières qualités du soldat sont la constance et la discipline; la valeur n'est que la seconde. Soldats ! plusieurs corps ont quitté leurs positions; ils ont été sourds à la voix de leurs officiers : la dix-septième légère est de ce nombre. Sont-ils donc tous morts, les braves de Castiglione, de Rivoli, de Newmark ? Ils eussent péri plutôt que de quitter leurs drapeaux, et ils eussent ramené leurs jeunes camarades à l'honneur et au devoir. Soldats ! vos distributions ne sont pas régulièrement faites, dites-vous ? Qu'eussiez-vous fait, si, comme les quatrième et vingt-deuxième légères, les dix-huitième et trente-deuxième de ligne, vous vous fussiez trouvés au milieu du désert, sans pain ni eau, mangeant du cheval et du mulet ? La victoire nous donnera du pain, disaient-elles; et vous, vous quittez vos drapeaux !

« Soldats d'Italie ! un nouveau général vous commande; il fut toujours à l'avant-garde dans les plus beaux jours de votre gloire. Entourez-le de votre confiance : il ramènera la victoire dans vos rangs. Je me ferai rendre un compte journalier de la conduite de tous les corps, et spécialement de la dix-septième légère et de la soixante-troisième de ligne. Elles se ressouviendront de la confiance que j'avais en elles. »

Masséna utilisa son voyage de Paris à Gênes, en s'arrêtant à Lyon et à Marseille, pour hâter la confection des équipements et le transport des vivres. Il acheta lui-même douze mille quintaux de blé à des marchands génois stationnés à Marseille, et les fit rendre immédiatement à son quartier général. A mesure qu'il approchait, il rencontrait sur les chemins des bandes de soldats déguenillés qui désertaient leurs corps, et allaient de village en village mendier leur morceau de pain. Des bataillons entiers erraient aux alentours de Nice, de Fréjus et d'Antibes : il les fit refluer sur Gênes. Les 2e, 14e, 21e, 24e, 63e, et 74e demi-brigades de ligne ; les 5e, 17e et 25e légères virent revenir en foule sous les drapeaux les malheureux troupiers qui les avaient abandonnés. La misère était si profonde, si cruelle, qu'ils n'en étaient pas déshonorés.

« La faim de nos soldats, dit un témoin oculaire, le général Thiébault, « était souvent telle, qu'ils dévoraient les herbes et les racines qu'ils pouvaient rencontrer dans les montagnes et sur les rochers arides au milieu desquels ils étaient cantonnés. C'est ainsi qu'une compagnie entière de la vingt-quatrième de ligne s'empoisonna en mangeant de la ciguë. Les hommes de corvée n'avaient plus la force de venir aux distributions qui se faisaient dans Gênes ou dans d'autres chefs-lieux, faute de moyens de transport, dans l'obligation de tout porter eux-mêmes ; et, quoique ce fardeau fût souvent fort léger, un trajet de cinq à six milles dans les montagnes était, pour ces hommes exténués par le besoin, un effort au-dessus de leurs moyens physiques. »

L'arrivée d'un convoi de vivres acheté par Masséna rendit aux troupes une énergie nouvelle ; la discipline revint avec le bien-être, et l'on se mit en campagne. Mais l'armée, affaiblie par tant de maux divers, la faim, la maladie, le fer, la désertion, et réduite à vingt-cinq mille hommes, ne pouvait plus tenir tête à l'innombrable armée autrichienne, qui avait tout à souhait.

Du 6 au 21 avril 1800 elle remporta la victoire dans une foule de combats partiels où les actes de valeur sont trop nombreux pour que nous les puissions citer tous. Généraux et soldats combattaient ensemble, confondus dans les rangs ; et plus d'une fois Soult et Suchet firent le coup de feu comme de simples grenadiers.

Un jour, sur la Vereira, les Français qui venaient de lutter un contre trois, et battaient en retraite en emportant tous leurs blessés, furent débordés et presque enveloppés. Le général autrichien Bellegarde envoya son chef d'état-major au général Soult, pour le sommer

L'Armée française au bourg de Saint-Pierre traverse le Grand Saint-Bernard
(20 mai 1800).

3

de mettre bas les armes, lui faisant représenter que c'était le seul
moyen de salut qui lui restât. Soult était dans la situation la plus
critique, ses soldats n'avaient pas deux coups de fusil à tirer; mais,
plein de confiance dans leur énergie, il répondit à l'Autrichien,
« qu'avec des troupes françaises il n'y avait pas de situation déses-
pérée et qu'il saurait bien s'ouvrir un passage avec les seuls moyens
qui restassent encore à sa disposition ». Cette fière réponse diminua
la confiance que l'ennemi avait en la certitude du succès; il n'osa point
attaquer sur-le-champ quoiqu'il eût l'avantage des positions, et Soult
s'échappa à la faveur du brouillard.

Malgré des efforts surhumains, l'armée accablée par des forces
supérieures, fut coupée en deux : la moitié fut jetée sur Nice, avec
Suchet ; l'autre moitié, avec Masséna, fut acculée sous les murs de
Gênes et bloquée dans l'étroit espace compris entre le Campo-Freddo,
le Monte-Creto et la Sturla (21 avril 1800).

Les Autrichiens poursuivaient donc Suchet dans la direction de
la France. Ils l'avaient chassé d'Oneille sur la Roya. Suchet avait
dessein de s'arrêter à Vintimiglia, qui offrait de grandes difficultés
à l'ennemi, à cause de l'embranchement de la Roya et de la Bevera,
et de l'escarpement de leurs rives; mais, tout en le suivant pas à pas,
le général Mélas avait envoyé son lieutenant Gorupp à la tête de six
mille hommes, tourner la position au col de Tende. Il ne restait plus
d'autre ligne que le Var, dont l'évasement, à partir de son point de
jonction avec l'Esteron, formait une barrière naturelle opposée à
l'ennemi. Suchet se hâta d'y arriver. Il établit son armée sur deux
lignes, au-dessus et au-dessous de Saint-Laurent, où il tint longtemps
contre l'armée autrichienne, sans se laisser jamais entamer, quelque
violentes que fussent les attaques. L'ennemi, désespérant de réussir et
recevant, du reste, de mauvaises nouvelles du Piémont, se replia, et
fut accompagné jusqu'à Gênes par la division qu'il avait précédemment chassée devant lui. Les Français se flattaient de délivrer Masséna; ils apprirent en chemin qu'il avait rendu la ville.

Quels événements s'étaient donc passés ?

LE SIÈGE DE GÊNES

Gênes pesait alors d'un poids immense dans les destinées de la
France. Notre armée était coupée; le centre et l'aile gauche s'étaient
retirés derrière le Var, tandis que Masséna s'était enfermé dans
Gênes pour retenir devant cette place une partie de l'armée autrichienne, l'empêchant ainsi de porter toutes ses forces sur la Provence. Masséna savait que le Premier Consul réunissait à Dijon, à
Lyon et à Genève, une armée de réserve, avec laquelle il se proposait
de passer les Alpes par le Saint-Bernard, afin de rentrer en Italie,
de surprendre les Autrichiens et de tomber sur leurs derrières, pendant qu'ils ne s'occupaient que du soin de prendre Gênes. Nous
avions donc un immense intérêt à conserver cette ville le plus longtemps possible, ainsi que le prescrivaient les ordres du Premier
Consul.

On devait supposer qu'un homme du caractère de Masséna n'avait
cédé qu'à la dernière extrémité. Pendant longtemps, il avait soutenu
contre le général Ott et la croisière anglaise une lutte de chaque jour.
La ville et l'armée avaient supporté avec héroïsme ce long siège, qui
devait faire la gloire de l'une et de l'autre; mais les vivres avaient
manqué. Tant que la faim ne se fit pas trop sentir, l'espoir d'être délivré, les nouvelles que des émissaires intrépides apportaient au péril
de leur vie, soutinrent le courage. Un bruit, un orage dans le lointain,
le vague murmure des vents dans les montagnes, les accidents fortuits
de la nature, attribués à l'œuvre des hommes, entretenaient l'illusion.
L'on se flattait chaque jour d'être secouru, et, le soir, on retombait
dans la tristesse en songeant que cette journée s'était passée comme
les précédentes.

Je ne me sens pas le courage d'écrire, dit le général Marbot dans ses « *Mémoires* », ce que la garnison et la population de Gênes eurent à souffrir pendant les deux mois que dura ce siège mémorable. La famine, la guerre et un terrible typhus firent des ravages immenses!... La garnison perdit dix mille hommes sur seize mille, et l'on ramassait tous les jours dans les rues sept à huit cents cadavres d'habitants de tout âge, de tout sexe et de toute condition, qu'on portait derrière l'église de Carignan dans une énorme fosse remplie de chaux vive. Le nombre de ces victimes s'éleva à plus de trente mille, presque toutes mortes de faim !...

Pour comprendre jusqu'à quel point le manque de vivres se fit sentir parmi les habitants, il faut savoir que l'ancien gouvernement génois, pour contenir la population de la ville, s'était de temps immémorial emparé du monopole des grains, des farines et du pain, lequel était confectionné dans un immense établissement garni de canons et gardé par des troupes, de sorte que si le doge ou le Sénat voulaient prévenir ou punir une révolte, ils fermaient les fours de l'Etat et prenaient le peuple par la famine. Bien qu'à l'époque où nous étions la Constitution génoise eût subi de grandes modifications, et que l'aristocratie n'y eût que fort peu de prépondérance, il n'y avait cependant pas une seule boulangerie particulière, et l'ancien usage de faire le pain aux fours publics s'était perpétué. Or, ces fours publics, qui alimentaient habituellement une population de plus de cent vingt mille âmes, restèrent fermés pendant quarante-cinq jours, sur soixante que dura le siège! Les riches n'ayant pas plus que les pauvres le moyen de se procurer du pain!... Le peu de légumes secs et de riz qui se trouvait chez les marchands avait été enlevé à des prix énormes dès le commencement du siège. Les troupes seules recevaient une faible ration d'un quart de livre de cheval et d'un quart de livre de ce qu'on appelait du pain, affreux mélange composé de farines avariées, de son, d'amidon, de poudre à friser, d'avoine, de graine de lin, de noix rances et autres substances de mauvaise qualité, auxquelles on donnait un peu de solidité en y mêlant quelques parties de cacao, chaque pain étant d'ailleurs intérieurement soutenu par de petits morceaux de bois, sans quoi il serait tombé en poudre. Le général Thiébault, dans son journal du siège, compare ce pain à de la tourbe mélangée d'huile!...

Pendant quarante-cinq jours, on ne vendit au public ni pain ni viande. Les habitants les plus riches purent (et seulement vers le commencement du siège) se procurer quelque peu de morue, des figues et autres denrées sèches, ainsi que du sucre. L'huile, le vin et le sel ne manquèrent jamais; mais que sont ces denrées sans aliments solides? Tous les chiens et les chats de la ville furent mangés. Un rat se vendait fort cher. Enfin, la misère devint si affreuse, que lorsque les troupes françaises faisaient une sortie, les habitants les suivaient en foule hors des portes, et là, riches et pauvres, femmes, enfants et vieillards, se mettaient à couper de l'herbe, des orties et des feuilles qu'ils faisaient ensuite cuire avec du sel... Le gouvernement génois fit faucher l'herbe qui croissait sur les remparts, puis il la faisait cuire sur les places publiques et la distribuait ensuite aux malheureux malades qui n'avaient pas la force d'aller chercher eux-mêmes et de préparer ce grossier aliment. Nos troupes elles-mêmes faisaient cuire des orties et toutes sortes d'herbes avec de la chair de cheval. Les familles les plus riches et les plus distinguées leur enviaient cette viande, toute dégoûtante qu'elle fût, car la pénurie des fourrages avait rendu presque tous les chevaux malades, et l'on distribuait même la chair de ceux qui mouraient d'étisie!...

Pendant la dernière partie du siège, l'exaspération du peuple génois était à craindre. On l'entendait s'écrier qu'en 1746 leurs pères avaient massacré une armée autrichienne, qu'il fallait essayer de se débarrasser de même de l'armée française, et qu'en définitive il valait mieux mourir en combattant, que de mourir de faim après avoir vu succomber leurs femmes et leurs enfants. Ces symptômes de révolte étaient d'autant plus effrayants, que s'ils se fussent réalisés, les Anglais, par mer, et les Autrichiens, par terre, seraient indubitablement accourus joindre leurs efforts à ceux des insurgés pour nous accabler.

Au milieu de dangers si imminents et de calamités de tous genres, le général en chef Masséna restait impassible et calme, et pour éviter toute tentative d'émeute, il fit proclamer que les troupes françaises avaient ordre de faire feu sur toute réunion d'habitants qui s'élèverait à plus de *quatre* hommes... Nos régiments bivouaquaient constamment sur les places et dans les rues principales, dont les avenues étaient munies de canons chargés à mitraille. Ne pouvant se réunir, les Génois furent dans l'impossibilité de se révolter.

Quant aux opérations du siège, nous ne pouvons en rapporter que des épisodes épars. Les fortifications de Gênes ne consistaient, à cette époque, du côté de la terre, qu'en une simple muraille flanquée de tours; mais ce qui rendait la place susceptible d'une bonne défense, c'est qu'elle est entourée, à peu de distance, par des montagnes dont les sommets et les flancs sont garnis de forts et de redoutes. Les Autrichiens attaquaient constamment ces positions; dès qu'ils en enlevaient une, nous marchions pour la reprendre, et le lendemain ils cherchaient encore à s'en emparer; s'ils y parvenaient, nous allions les en chasser derechef. Enfin, c'était une navette continuelle, avec des chances différentes mais, en somme, nous finissions par rester maîtres du terrain. Ces combats étaient souvent très vifs et donnaient lieu à des actes nombreux de vaillance, d'audace et de générosité.

En abandonnant la montagne des Deux-Frères, les Autrichiens avaient précipité dans un ravin deux pièces de canon. Mirolle et Leclerc, grenadiers de la soixante-treizième, descendent dans le ravin suivis de quelques-uns de leurs camarades, chargent les deux pièces sur leurs épaules, les reportent sur la montagne, et les placent en batterie assez promptement pour qu'elles puissent tirer encore plusieurs coups sur l'ennemi. Un caporal de grenadiers, nommé Bonneau, se distingua particulièrement dans un des nombreux assauts livrés autour de Monte-Creto. S'étant élancé le premier dans une redoute, il s'y trouve entouré d'ennemis, avant qu'aucun de ses camarades eût pu le suivre. Il se défend longtemps avec une intrépidité sans exemple, et renverse plusieurs de ses adversaires, mais il est enfin accablé par le nombre et désarmé; il parvient à s'échapper et à se précipiter hors du retranchement, suivi par huit Autrichiens: il se retourne, en s'écriant: « A moi, camarades, ils sont pris! » Il en amène effectivement quatre à sa compagnie, reprend son poste, et entre un des premiers dans la redoute.

Nous ne passerons point sous silence un trait remarquable et caractéristique de l'esprit du soldat français en cette circonstance. A l'époque désastreuse où l'insubordination et la désertion s'étaient introduites dans les rangs de l'armée d'Italie, accablée par le nombre, et désorganisée par la misère, la vingt-cinquième demi-brigade légère, dont la discipline s'était maintenue, avait été employée au désarmement de la vingt-quatrième de ligne; et depuis ce temps les soldats de ces deux corps s'étaient juré haine et vengeance. Masséna avait évité jusqu'à ce jour de les rapprocher; mais le hasard fit, que dans l'action dont nous allons rendre compte, les deux demi-brigades se trouvèrent placées de manière à rivaliser de valeur l'une aux yeux de l'autre: c'était à l'attaque des retranchements du Monte-Faccio. Le danger était commun, et cette circonstance effaça de leur cœur tout autre sentiment que celui d'une émulation généreuse. En marchant au combat, et sous le feu de l'ennemi, les soldats des deux corps se confondirent, s'embrassèrent, la moitié de la vingt-cinquième, passa dans les rangs de la vingt-quatrième et réciproquement: après cet heureux échange, les deux corps continuèrent le combat en redoublant d'ardeur. « Les armées françaises, dit le général Thiébault, qui rapporte cette anecdote, pouvaient seules présenter un pareil exemple. »

L'Armée française traverse le défilé d'Albaredo près du fort de Bard
(21 mai 1800).

Une autre fois, le général Soult, qui était le bras droit de Masséna, gravissait à la tête de ses colonnes le *Monte-Corona*, pour reprendre le fort de ce nom que nous avions perdu la veille, lorsqu'une balle lui brisa le genou au moment où les ennemis, infiniment plus nombreux que nous, descendaient en courant du haut de la montagne. Il était impossible que le peu de troupes que nous avions sur ce point pût résister à une telle avalanche. Il fallut donc battre en retraite. Nos soldats portèrent quelque temps le général Soult sur leurs fusils, mais les douleurs intolérables qu'il éprouvait le décidèrent à ordonner qu'on le déposât au pied d'un arbre, où son frère et un aide de camp restèrent seuls auprès de lui. pour le préserver de la fureur des premiers ennemis. La capture du général Soult ayant exalté le courage des Autrichiens, ils nous poussèrent très vivement jusqu'au mur d'enceinte qu'ils se préparaient à attaquer, lorsqu'un orage affreux vint assombrir le ciel d'azur que nous avions eu depuis le commencement du siège. La pluie tombait à torrents. Les Autrichiens s'arrêtèrent et la plupart d'entre eux cherchèrent à s'abriter dans les cassines ou sous des arbres. Alors le général Masséna, dont le principal mérite consistait à mettre à profit toutes les circonstances imprévues de la guerre, parle à ses soldats, ranime leur ardeur, et, les faisant soutenir par quelques troupes venues de la ville, il leur fait croiser la baïonnette et les ramène au plus fort de l'orage contre les Autrichiens vainqueurs jusque-là, mais qui, surpris par tant d'audace, se retirent en désordre. Masséna les poursuivit si vigoureusement qu'il parvint à couper un corps de trois mille grenadiers, qui mirent bas les armes.

Ce n'était pas la première fois, dit encore Marbot, que nous faisions de nombreux prisonniers, car le total de ceux que nous avions enlevés depuis le commencement du siège se montait à plus de huit mille; mais n'ayant pas de quoi les nourrir, le général en chef les avait toujours renvoyés, à condition qu'ils ne serviraient pas contre nous avant six mois. Les officiers avaient tenu religieusement leur promesse; quant aux malheureux soldats qui, rentrés dans le camp autrichien ignoraient l'engagement que leurs chefs avaient pris pour eux, on les incorporait dans d'autres régiments et on les forçait à combattre contre les Français. S'ils retombaient entre nos mains, ce qui arrivait souvent, nous les rendions de nouveau; on les incorporait derechef dans d'autres bataillons, et, il y eut ainsi une grande quantité de ces hommes qui, de leur propre aveu, furent pris quatre ou cinq fois pendant le siège. Le général Masséna, indigné d'un tel manque de loyauté de la part des généraux autrichiens, décida cette fois que les trois mille grenadiers qu'il venait de prendre seraient retenus, officiers et soldats, et pour que le soin de les garder n'augmentât pas le service des troupes, il fit placer ces malheureux prisonniers sur des vaisseaux rasés, au milieu du port, et fit braquer sur eux une partie des canons du môle; puis il envoya un parlementaire au général Ott, qui commandait le corps autrichien devant Gênes, pour lui reprocher son manque de bonne foi et le prévenir qu'il ne se croyait tenu de donner aux prisonniers que la *moitié* de la ration que recevait un soldat français, mais qu'il consentait à ce que les Autrichiens s'entendissent avec les Anglais, pour que des barques apportassent tous les jours des vivres aux prisonniers et ne les quittassent qu'après les leur avoir vu manger, afin qu'on ne crût pas que lui, Masséna, se servît de ce prétexte pour faire entrer des vivres pour ses propres troupes. Le général autrichien, espérant qu'un refus amènerait Masséna à lui rendre ses trois mille hommes qu'il comptait probablement faire combattre encore contre nous, refusa la proposition philanthropique qui lui était faite; alors Masséna exécuta ce qu'il avait annoncé.

La ration des Français se composait d'un quart de livre d'un pain affreux et d'une égale quantité de chair de cheval: les prisonniers ne reçurent donc que la moitié de chacune de ces denrées; ils n'avaient par conséquent par jour qu'un quart de livre pesant pour toute nourriture!... Ceci avait lieu quinze jours avant la fin du siège. Ces pauvres diables restèrent tout ce temps-là au même régime. En vain, tous les deux ou trois jours, le général Masséna renouvelait-il son offre au général ennemi ; celui-ci n'accepta jamais, soit par obstination, soit que l'amiral anglais (lord Keïth) ne voulût pas consentir à fournir ses chaloupes, de crainte, disait-on, qu'elles ne rapportassent le typhus à bord de la flotte. Quoi qu'il en soit, les malheureux Autrichiens *hurlaient* de rage et de faim sur les pontons. C'était vraiment affreux !... Enfin, après avoir mangé leurs brodequins, havresacs, gibernes et même peut-être quelques cadavres, ils moururent presque tous d'inanition !... Il n'en restait guère que sept à huit cents, lorsque, la place ayant été remise à nos ennemis, les soldats autrichiens, en entrant dans Gênes, coururent vers le port et donnèrent à manger à leurs compatriotes avec si peu de précaution, que tous ceux qui avaient survécu jusque-là périrent...

Hélas ! il n'y avait pas que les prisonniers autrichiens qui eurent à souffrir ! Nos valeureuses troupes et les habitants de Gênes étaient en proie aux mêmes tortures.

Sous l'impression de cette horrible faim, qui ne leur permettait plus de réfléchir, les habitants prirent les armes pour bannir les Français, auteurs indirects de tous ces maux ; ils se battirent entre eux, et cette guerre fratricide acheva la misère. Les soldats ne résistèrent pas à cette espèce de folie : quelques-uns se suicidèrent ; d'autres vinrent en corps briser leurs armes sur la place Saint-Dominique, disant qu'ils ne pouvaient plus les porter ; d'autres encore, placés aux avant-postes, allèrent implorer la pitié de l'ennemi et demander du pain. Mélas en prit occasion pour prier Masséna d'avoir pitié de la ville, et de sacrifier aux sentiments de l'humanité la vaine gloire d'une défense outrée. Il lui offrit en conséquence des conditions très honorables. Masséna devina facilement le motif qui donnait subitement au général autrichien une si grande commisération : il l'attribua à des préoccupations militaires, et résista aux avances qui lui étaient faites. L'ennemi s'en vengea la nuit suivante par un bombardement acharné. L'horreur des ténèbres augmenta la terreur, et le lendemain, l'émeute reprit le dessus.

Il ne restait plus que pour deux jours de ces vivres équivoques, confectionnés à la dernière extrémité. Voyant que tout espoir était définitivement perdu, Masséna réunit les chefs de corps: « Camarades, leur dit-il, nous avons rempli notre tâche, mais qu'il ne soit pas dit qu'on a triomphé de nous. Abandonnons ce vaste tombeau, n'emportons que nos armes et notre gloire, et faisons-nous jour à travers nos ennemis. » Tous répondirent qu'ils le suivraient partout où il irait, mais qu'ils seraient seuls. Leurs soldats étaient tellement affaiblis qu'ils ne pouvaient plus tenir leurs armes; aucun effort humain ne parviendrait à secouer leur torpeur; ils souhaitaient la mort; ils y étaient résignés, mais elle viendrait les chercher, ils n'avaient plus la force d'aller au-devant; tout au plus quelques-uns pensaient-ils déserter; les autres attendraient leur fin, les Autrichiens, la captivité, sans rien faire pour les éviter.

Masséna refusait de croire à un tel abattement. Il lança une proclamation pour animer ses troupes: « Soldats, disait-il, les rapports qu'on me fait m'annoncent que votre courage et votre patience s'éteignent, qu'il s'élève des plaintes et quelques murmures dans vos rangs, que quelques-uns d'entre vous désertent à l'ennemi, et qu'il se forme des complots pour exécuter en troupe des desseins aussi lâches. Je dois vous rappeler la gloire de votre défense dans Gênes, et ce que vous devez à l'accomplissement de vos devoirs, à votre honneur et à votre délivrance. Que la conduite de vos généraux et de vos chefs soit votre exemple: voyez-les partager vos privations, manger le même pain et les mêmes aliments que vous; songez encore que, pour assurer votre subsistance, il faut veiller le jour et la nuit. Vous souffrez de quelques besoins physiques: ils souffrent ainsi que vous, et ont de plus les inquiétudes de votre position. N'auriez-vous fait jusqu'à ce jour tant de sacrifices, que pour vous abandonner à des sentiments de faiblesse et de lâcheté ? Cette idée doit révolter des soldats français.

« Soldats ! une armée commandée par Bonaparte marche à nous ; il ne faut qu'un instant pour nous délivrer, et, cet instant perdu, nous perdrions avec le fruit de nos travaux, et un avenir de captivité et de privations bien plus amères s'ouvrirait devant vous. Soldats ! je charge vos chefs de vous rassembler et de vous lire cette proclamation. J'espère que vous ne donnerez pas à ces braves si respectables par leur vertu, et dont le sang a coulé si souvent en combattant à votre tête, à ces braves qui ont toute mon estime et qui méritent toute votre confiance, la douleur de m'entretenir de nouvelles plaintes, et à moi celle de punir. L'honneur et la gloire furent toujours les plus puissants aiguillons des soldats français, et vous prouverez encore que vous êtes dignes de ce titre respectable. »

Les soldats répondirent à cette proclamation par le silence et l'inertie : le général en chef connut alors toute la grandeur du mal. Il entama une négociation avec les Autrichiens, sous prétexte d'échanger les prisonniers, et parut décidé à un accord. Il obtint que toutes les troupes sortiraient de Gênes avec armes et bagages, et que le mot de capitulation ne serait pas employé dans le traité. Pour montrer néanmoins leur avantage, les alliés exigeaient impérieusement que ces mêmes troupes fussent embarquées et conduites en France sur les vaisseaux anglais ; Masséna s'y refusait avec toute l'énergie dont il était capable. N'obtenant rien, il leva brusquement la séance : « Eh bien ! Messieurs, », dit-il au général Ott et à l'amiral Keith, « à demain, sur le champ de bataille ! » Cette fermeté imposa aux alliés : ils consentirent à tout. Malgré ces conditions exceptionnelles, Masséna ne pouvait se décider à remettre Gênes aux mains des Autrichiens. Comme on le pressait de s'exécuter : « Malheureux », dit-il aux Génois qui lui en parlaient, « sauvez donc encore votre patrie ! Donnez-moi, assurez-moi des vivres pour quatre ou cinq jours, et je déchire l'acte qui vous livre aux alliés. »

On était à bout de tout: patience, ressources, courage, tout était épuisé. On se rendit. (4 juin).

Après tant d'efforts, de constance, que pouvait-il manquer à la gloire des défenseurs de Gênes et de leur chef, dit le général Thiébault, en terminant son journal des opérations du blocus et du siège de Gênes! Rien, si ce n'est d'avoir obtenu un succès digne de l'un et des autres.

Si l'histoire doit consacrer la résignation, le dévouement de la masse du peuple génois dans les terribles circonstances que nous venons de rapporter, elle n'oubliera pas, sans doute, la conduite pleine de gratitude de Masséna à l'égard de ce même peuple dans la conférence de Cornigliano. Il réclama fortement l'indépendance de la Ligurie, et fit, pour les intérêts de ce malheureux pays tout ce qu'il était en son pouvoir de faire. La cause des Génois ne fut pas plaidée avec moins de chaleur que celle de l'honneur français.

Prise de la ville et de la citadelle d'Ivrée
(21 mai 1800).

L'ESCALADE DU SAINT-BERNARD

Au tome quatrième de ses « *Mémoires* », Bourrienne, le secrétaire particulier de Bonaparte, nous raconte la curieuse anecdote suivante:

« Le 17 mars (1800), dans un moment de gaîté et de bonne humeur, il me dit de faire dérouler dans son cabinet la grande carte d'Italie, de Chauchard; il s'étendit dessus, et me fit mettre à côté de lui. Puis il piqua avec une sérieuse attention des épingles dont les têtes étaient garnies de cire rouge et de cire noire. Je le regardais faire dans le plus profond silence, et j'attendais le résultat de ce plan de campagne inoffensive. Lorsqu'il eut fini de placer les corps ennemis et aligné les épingles à tête rouge sur les points où il espérait bien conduire ses troupes, il me dit: « Où croyez-vous que je battrai Mélas ? — Le diable m'emporte si j'en sais quelque chose. — Vous êtes un nigaud; regardez un peu: Mélas est à Alexandrie, où il a son quartier général. Il y restera tant que Gênes ne sera pas rendu. Il a dans Alexandrie ses magasins, ses hôpitaux, son artillerie, ses réserves. Passant les Alpes ici (en montrant le grand Saint-Bernard), je tombe sur Mélas, je coupe ses communications avec l'Autriche, et je le joins ici dans les plaines de la Scrivia » (plaçant une épingle rouge à San-Juliano). Il s'aperçut que je regardais cette manœuvre d'épingles comme un passe-temps; il recommença ses petites apostrophes ordinaires, qui étaient pour lui une sorte de contre-politesse affectueuse; et puis ses démonstrations fort lucides sur la carte. Nous nous relevâmes après un quart d'heure, je reployai la carte et je n'y pensai plus. Mais lorsque quatre mois après, je me trouvai à San-Juliano avec son portefeuille et ses dépêches, que je fus contraint de sauver de la déroute qui eut lieu pendant une grande partie de la journée, et que, le soir même, j'écrivis sous sa dictée, à Torre-di-Galifolo, qui est à une lieue de là, le bulletin de la bataille, je lui avouai franchement mon admiration pour ses conceptions militaires. Il souriait lui-même de la justesse de ses prévisions. »

Pour le moment, nous ne sommes qu'au 6 mai. Bonaparte vient de quitter Paris, pour se rendre à Dijon, quartier général de l'armée de réserve.

Mais que font les ennemis, les Autrichiens, pendant cette période de préparation ? Nous l'avons vu dans les pages précédentes que, pour plus de clarté, nous allons résumer en quelques mots. Le général autrichien Mélas, avait au mois de mars laissé en Lombardie une partie de ses forces et de ses bagages, et s'était approché de Gênes avec 80.000 hommes. Ce n'était pas Gênes seulement qui était menacé, c'était le midi de la France. Nul doute n'existait à Londres et à Vienne que la Provence ne fût bientôt envahie; l'Angleterre avait même promis que, cette fois, elle enverrait un corps de vingt mille hommes pour seconder les Autrichiens dans cette entreprise.

Le 6 avril, Mélas, avec quatre divisions, s'était porté sur Savone; et, dès ce premier mouvement, il avait séparé de Gênes le général Suchet, qui commandait la gauche de l'armée française. Masséna, malgré un glorieux combat remporté d'abord sur le général Ott, était assiégé dans Gênes, tandis que Mélas faisait dans Nice une entrée triomphale.

L'orgueil des Autrichiens s'exalta au plus haut point en foulant le sol de la République; eux, qui peu d'années auparavant combattaient loin de nos frontières, comptaient bien passer le Var, et, comme en 1792, dévaster les campagnes de la Provence.

Mais comment put-il se faire que le général en chef de l'armée autrichienne n'eût pas su plus tôt qu'il aurait à combattre une armée française en Italie, et qu'il n'en eût été informé qu'au moment où déjà cette armée, descendue du haut des Alpes, avait occupé une partie du Piémont? L'ignorance de Mélas et de la cour de Vienne était excusable; en France même, l'opinion à cet égard fut en défaut. Il est constant que les chefs de l'administration militaire, tels que Piétat, Dejean et Daru, au moment où ils reçurent l'ordre de départ pour Dijon, se demandaient ce qu'ils allaient faire dans cette ville où il n'existait pas d'armée. Il est peu de ruses de guerre qui aient produit un si immense résultat, et cependant le secret de Napoléon avait été de n'en point avoir. Il avait annoncé la formation d'une armée de réserve, et il disait vrai. Il avait annoncé que cette armée se formerait à Dijon, et cette désignation était vraie encore; de là l'erreur. Lorsque Napoléon arriva dans cette ville pour passer l'armée en revue, cette revue n'offrait que sept à huit mille hommes. L'Europe se crut donc autorisée à regarder la fastueuse annonce de cette armée de réserve comme un épouvantail, ou plutôt comme un fantôme qui avait pour objet d'inquiéter les Autrichiens. Les corps dont l'armée française se composait, organisés sur des points épars, réunis par divisions à des embranchements de route convenus, se trouvaient, vers le 8 mai, au nombre d'à peu près quarante mille combattants, avec quarante bouches à feu, rassemblés auprès de Genève, où une sage prévoyance avait fait arriver à temps des approvisionnements et des vivres. Les généraux étaient: Lannes, Victor, Loison, Watrin, Chamberlac, Boudet et Monnier, pour l'infanterie; Murat, Kellermann, Rivaud et Champeaux, pour la cavalerie. En arrivant, de son côté, Napoléon ignorait encore lui-même s'il prendrait la route du Grand ou du Petit Saint-Bernard.

Le 13 mai, Bonaparte passa la revue d'une partie de ses troupes, et entra en conférence avec les officiers qui avaient reçu des rendez-vous, pour lui rendre compte de ce qu'ils avaient fait, et pour recevoir ses derniers ordres. Le général Marescot chargé de la reconnaissance des Alpes, était celui qu'il était le plus impatient d'entendre. A toutes les questions que lui fit Bonaparte sur les localités, sur les craintes plus ou moins fondées que pouvaient inspirer les avalanches si redoutables sur ces monts élevés, Marescot répondit avec une clarté bien propre à satisfaire les vues du Premier Consul, qui finit l'entretien par cette dernière question: « Croyez-vous, enfin, que l'armée puisse tenter ce passage?. — Oui, général, répondit l'intrépide officier, cela est possible aux soldats français. — Eh bien! reprit Bonaparte, partons. »

Trois jours après, le général Berthier mit à l'ordre du jour de l'armée la proclamation suivante:

« Soldats! l'armée du Rhin remporte des victoires éclatantes, celle d'Italie lutte contre un ennemi supérieur en nombre, et balance la victoire par des prodiges de valeur: c'est à vous, mes camarades, à rivaliser de gloire avec elles, et à conquérir au delà des Alpes, ce beau théâtre de la bravoure française. Conscrits! l'heure du combat est sonnée. Votre cœur brûle d'égaler ces anciens soldats tant de fois vainqueurs. Vous apprendrez avec eux à supporter les privations, à braver les fatigues inséparables de la guerre. N'oubliez jamais que la victoire ne s'obtient que par la valeur et la discipline. Soldats! Bonaparte s'est rapproché de vous, pour jouir de vos nouveaux triomphes. Vous lui prouverez que vous êtes toujours les braves qui se sont illustrés sous ses ordres. La France et l'humanité vous demandent la paix, et vous allez la conquérir. »

Quiconque n'a pas visité les Alpes et ne s'est pas aventuré au centre de ces montagnes ne saurait s'en faire une idée. Des masses prodigieuses s'élevant aux nues, n'ayant de bois qu'à leurs pieds, couvertes partout d'ailleurs d'une neige éternelle, forment l'ensemble de la chaîne. Le détail varie à l'infini. Au-dessus des chalets et des habitations champêtres qu'habite l'innocence, se dressent de loin en loin des pics aigus comme des pyramides, inaccessibles aux hommes et aux bêtes, ou des remparts immenses présentant une large façade, tantôt droite comme un mur, tantôt poussant dans le vide sa crête menaçante et surplombant des gouffres sans fond, où gémissent des torrents impétueux. Point de chemin, point d'autre endroit pour poser le pied que les rugosités de la pierre ou les aspérités d'une neige durcie par mille hivers. A mesure que l'on s'élève, toute trace de végétation disparaît; les pâturages, les bois, les pins même, ne trouvant plus dans le roc et dans une atmosphère glaciale les sucs qui leur conviennent, s'effacent insensiblement. Le paysage devient dur: on ne voit plus que des agglomérations gigantesques, d'une teinte uniforme, brillant le jour d'une éclatante blancheur, fatiguant l'œil par une réverbération éblouissante, et se dressant la nuit comme de noirs fantômes sous la voûte des cieux. A part des aigles monstrueux qui planent sur la tête du voyageur, il n'aperçoit plus désormais aucune trace d'être vivant. Un silence absolu l'environne; sa vue s'égare sur un horizon incommensurable; il se trouve transporté dans un monde inconnu où il règne une solitude, un abandon complet. Mais si, par malheur, l'air se met en mouvement, tout à coup ces lieux mornes et silencieux semblent prendre vie. D'horribles craquements retentissent sur le flanc des montagnes; les glaciers frémissent avec fracas; on entend au loin un grondement sourd et majestueux; il s'avance: la nature entre dans une espèce de convulsion; la neige roule par gros tourbillons, ou bien, se détachant par masses énormes, s'élance dans la vallée, renversant sur son passage tout ce qu'elle rencontre, rochers, blocs, pins, chênes, voyageurs, avec un bruit égal à cinquante pièces de gros calibre tonnant à la fois. Les pics d'alentour reproduisent en longs échos ce broiement formidable: tout se confond, se heurte, se combat. Dans cette lutte des éléments, il reste à peine à l'homme assez de raison pour apprécier un danger auquel il ne peut remédier en aucune manière.

Sans avoir toute l'horreur des hautes cimes inhabitées de la chaîne des Alpes, le passage du Saint-Bernard offrait encore des difficultés insurmontables à tout autre qu'à Bonaparte et à ses soldats. Il fallait compter huit heures de marche pour en gravir les flancs escarpés, jusqu'à la hauteur de l'hospice célèbre. Le sentier qui y conduisait, étroit, pénible, inégal, souvent enseveli sous la neige, n'était guère praticable qu'aux piétons; mais là, il s'agissait de jeter par-dessus la chaîne cavalerie, artillerie, matériel d'équipages et munitions. On ne pouvait donc s'entourer de trop de précautions. Il est vrai que jamais homme, tout en paraissant brusquer la nature et la fortune, n'en prit plus que Bonaparte. Les Alpes devaient être franchies en plusieurs endroits. Moncey, avec un corps de troupes de quinze mille hommes détachés de l'armée de Moreau, devait franchir le Saint-Gothard et déboucher sur Bellinzona, tandis qu'un détachement aux ordres du général Béthancourt tenterait de pénétrer par le Simplon. L'aile droite, aux ordres de Thureau, se portait à Suze par le mont Cenis et le Genèvre; Chabran traversait le petit Saint-Bernard pour entrer dans la vallée de la Doria. Bonaparte se réservait le plus difficile, de franchir avec quarante mille hommes et un matériel considérable le grand Saint-Bernard, dans une saison où la fonte des neiges rend la traversée plus dangereuse, même aux voyageurs peu nombreux.

Les derniers jours avaient été employés à une réquisition de guides et de mulets. On avait divisé les vivres et les munitions par petites caisses propres à être portées à dos; l'artillerie fut démontée; les affûts disjoints furent transportés par fragments numérotés; les pièces furent renfermées dans des troncs d'arbres creusés en forme d'étuis. Le Premier Consul avait l'œil à tout. Les hommes furent visités un à un, pourvus d'effets, de chaussures et d'armes, selon qu'ils en manquaient. Un atelier de bourreliers, installé à la montée, réparait sur place les harnais des chevaux. Quand tout fut disposé, Bonaparte donna le signal de l'ascension. Lannes fut le premier à s'engager dans la montagne avec sa division. Il devait se hâter de la franchir et courir se poster à Ivrée, avant que les Autrichiens aient bouché le défilé. En effectuant son ascension, ce

Défense de Gênes (25 mai 1800).
Bombardement de la ville par les Anglais.

général voyait fuir sur ses pas les habitants de ces lieux sauvages. Effrayés à l'approche d'une bande d'hommes étrangement costumés, ils se retiraient sur le sommet des rochers, et contemplaient avec effroi les envahisseurs de leurs paisibles solitudes. C'était en effet un spectacle insolite que cette longue suite de soldats s'acheminant pas à pas l'un après l'autre, traînant leurs canons et leurs chevaux, chantant des hymnes guerriers, et franchissant au bruit du tambour les endroits les plus scabreux.

Une surprise agréable attendait les troupes au sommet de la montagne : elles y trouvaient sur des tables dressées, pain, vin, des vivres abondants, que Bonaparte avait donné ordre d'y préparer. La hauteur des lieux, la grandeur de la perspective, les fatigues passées, les péripéties de la route, cet attirail guerrier étendu çà et là sur la neige: canons, affûts, caissons, traîneaux, faisceaux d'armes; les moines hospitaliers, tout l'ensemble de la scène provoquait la bonne humeur, et les soldats se disposaient à entreprendre la descente.

Si les fatigues étaient moindres, les dangers croissaient. Le nombre des voyageurs rendait le sentier glissant. Les cavaliers marchaient à pied devant leur monture; ils étaient exposés, à chaque pas de l'animal, à être jetés dans les précipices. Les canons n'avaient pas d'assise: ils roulaient de droite à gauche, et n'étaient retenus qu'à force de vigueur et de précautions. Une pièce de huit s'échappa sur la pente, entraînant avec elle trois artilleurs. Mais ni la fatigue ni le danger n'altérèrent un moment la gaieté des soldats.

Pendant les journées des 16, 17, 18, 19 et 20 mai, les divisions continuèrent à passer les vivres, les munitions et l'artillerie. Le Premier Consul qui était resté à Martigny, pressait l'expédition du matériel, que Berthier recevait et faisait réparer de l'autre côté des Alpes. Quand l'opération fut en bonne voie, il envoya dire à Lannes de se porter rapidement à Ivrée, avant que l'ennemi fût en mesure d'arrêter l'armée de réserve à l'entrée de la vallée. Lannes dirigea sa division d'Etroubles sur Aoste, chassa devant lui à la baïonnette les Croates qui gardaient la ville, s'avança sur Châtillon, culbuta de nouveau, mais après une double charge, un bataillon ennemi, lui fit quelques prisonniers, et, tournant à droite en suivant le cours de la Doria, prit le chemin de Vittone et d'Ivrée. Mais, à cinq lieues de Châtillon, la vallée se rétrécit tout à coup; les deux chaînes de montagnes de droite et de gauche, courant l'une sur l'autre, la ferment à peu près complètement. Les Autrichiens avaient construit en cet endroit étranglé le fort de Bard devant lequel l'avant-garde française se trouva inopinément arrêtée. Berthier s'y transporta de sa personne pour reconnaître cet obstacle qu'on ne croyait pas d'abord aussi difficile à surmonter.

Le fort est construit sur un rocher de forme pyramidale, qui, se trouvant détaché et isolé sur la rive gauche de la Doria Baltea, dont le cours en cet endroit est plus rapide et le lit plus profond, forme la vallée d'Aoste et présente une barrière formidable. Son tracé est irrégulier comme la coupe du terrain. Il a un bon revêtement, et presque partout une double enceinte. Les batteries sont placées de manière à ne laisser ni dans la petite ville, bâtie au-dessous et à l'extrémité du plateau, au bord de la rivière, ni sur aucun des endroits qui paraissent accessibles, un point qui ne soit vu et ne puisse être atteint par l'artillerie : elles étaient alors garnies de vingt-deux pièces. Comme le fort est dominé, à portée de fusil, par les pointes et les anfractuosités d'une montagne appelée Albaredo, d'où le rocher a été détaché, la garnison, forte d'environ quatre cents hommes était logée bien à couvert dans des casernes formant le terre-plein, et prenant jour par les créneaux dont le revêtement était percé. Ces casernes se trouvaient en outre blindées, chargées et recouvertes avec de larges pierres.

Berthier avait ordonné au général Marescot de faire une reconnaissance exacte de la position; et ce chef du génie déclara que le fort ne pouvait être enlevé de vive force si le commandant voulait opposer une résistance convenable.

Le général Lannes, ayant fait replier les avant-postes qui défendaient les hauteurs, Berthier ordonna d'attaquer la ville; le général Watrin s'avança à la tête de quatre compagnies de grenadiers et de deux autres de sapeurs. Les ponts-levis furent baissés, les portes brisées à coups de hache, les troupes ennemies chassées de la ville, poursuivies et forcées de se réfugier dans le fort, qui, dès ce moment, fut bloqué étroitement. Les grenadiers français se logèrent dans les maisons les plus rapprochées du fort, d'où ils tiraient dans les embrasures et les créneaux. Berthier voulut, dès le même jour, essayer une attaque, qui fut repoussée avec perte. Cette tentative, qui permit de voir de plus près la force de l'obstacle et la nécessité de le surmonter, acheva de démontrer la justesse de l'observation faite par le général Marescot, quand il avait rapporté que la possession du fort dépendait de la plus ou moins grande fermeté du commandant autrichien. L'armée se trouvait dans une position fort critique. Resserrée dans un petit espace, elle ne vivait que des approvisionnements si difficilement encore charriés en deçà. Aussi, l'inquiétude et l'impatience du Premier Consul étaient-elles extrêmes. Il écrivait de son quartier général d'Aoste lettre sur lettre au général Berthier; celui-ci, n'osant plus hasarder une nouvelle attaque, mais voulant toutefois satisfaire Bonaparte, donna l'ordre de travailler sans délai à ouvrir un passage aux troupes à travers les rochers d'Albaredo, et dans une distance assez éloignée pour que les feux du fort ne pussent y apporter empêchement. Quinze cents hommes furent employés à cette opération et travaillèrent avec tant d'activité qu'en moins de deux jours elle fut terminée. Des escaliers furent taillés dans les endroits où la pente était trop rapide; dans ceux où le sentier, étroit et fortement incliné, était bordé à droite et à gauche par des précipices, on éleva des murs en pierre sèche pour garantir des chutes; là où les rochers se trouvaient séparés

par des crevasses trop profondes, on jeta des ponts. L'avant-garde,
les autres divisions, et même la cavalerie purent défiler par ce sentier périlleux, qui offrait de bien plus grandes difficultés que celles
rencontrées au passage du Saint-Bernard. Toutefois, comme l'artillerie ne pouvait pas être transportée par cette voie nouvelle, les deux
chefs de l'artillerie et du génie, Marmont et Marescot, étudièrent le
terrain, et cherchèrent, avec toute l'attention que réclamait impérieusement le succès de l'entreprise, les points les plus avantageux
pour battre le fort et en éteindre les feux. Ils parvinrent, avec des
peines inouïes, à faire placer quelques pièces qui dominaient le
rocher, mais dont l'effet fut peu satisfaisant.

Le commandant du fort, sommé de se rendre, répondit en homme
qui connaissait toute l'importance de son poste et les moyens de défense qu'il avait à sa disposition.

Le retard éprouvé par l'armée française dans sa marche avait
déterminé le Premier Consul à se rendre sur les lieux. Il avait visité
à diverses reprises les environs du fort et les travaux entrepris pour
frayer le passage dont nous avons parlé plus haut. Montrant en
cette occasion la même opiniâtreté qu'il avait manifestée l'année
précédente au siège de Saint-Jean-d'Acre, Bonaparte voulut,
contre l'opinion des généraux Berthier et Marescot, tenter de nouveau l'attaque de la première enceinte palissadée, l'escalade et l'assaut du corps de la place. Berthier ordonna, à cet effet, les dispositions nécessaires; et, dans la nuit du 23 au 24 mai, trois colonnes, de
trois cents grenadiers chacune, se mirent en mouvement, soutenues
par des réserves. Les grenadiers s'avancèrent en silence, et arrivèrent, en sautant d'un rocher à l'autre, jusqu'aux palissades de la première enceinte, qui fut emportée sous une grêle de balles. L'ennemi
fut chassé à la baïonnette des ouvrages avancés, et obligé de rentrer
dans la place. Il fallut alors tenter d'abattre les ponts-levis, briser
les portes, et appliquer les échelles qu'on avait apportées pour livrer
l'assaut; mais les Autrichiens dirigèrent un feu de mousqueterie

très vif sur les assaillants, en même temps que les pièces qui battaient le pied du rempart balayaient ce terrain. Des obus et des grenades, lancées à la main, achevèrent de mettre le désordre dans les deux colonnes, et les forcèrent à la retraite. Les annales de la guerre offrent peu d'exemples d'une attaque aussi audacieusement conduite. Le général Loison, qui commandait les troupes françaises, fut renversé au pied du rempart par l'explosion d'une bombe, et le chef de brigade Dufour fut blessé grièvement, au moment où il faisait, avec ses grenadiers, de vains efforts pour abattre le pont-levis.

Quoiqu'un pareil échec dût le convaincre que le commandant du fort était déterminé à se défendre jusqu'à la dernière extrémité, Berthier fit sommer celui-ci pour la quatrième fois. La réponse ayant été négative, on ne songea plus qu'à employer les moyens ordinaires pour pousser le siège avec vigueur. Le général Chabran fut chargé de cette opération, et choisit les positions les plus convenables à l'effet de l'artillerie sur la place.

Cependant le général Lannes, qui, dès le 20 mai, se trouvait avec l'avant-garde sur la route d'Ivrée, courait risque d'être attaqué, sans avoir d'artillerie pour se défendre. Toute celle de l'armée se trouvait encombrée au-dessus du fort de Bard, et jusqu'alors on n'avait point pensé qu'il fût possible de la faire avancer avant d'être maître de ce fort qui fermait le seul passage praticable. Mais dans une circonstance telle, le général Berthier prit une détermination dont le désespoir et l'impérieuse nécessité pouvaient seuls justifier la témérité. Secondé par la décision et l'intrépide activité de Marmont, il osa entreprendre de faire passer les pièces et les caissons à travers la ville de Bard, sous le feu du fort, à demi-portée de fusil. On couvrit la route de fumier, on enveloppa les roues avec de la paille et du foin; les pièces furent traînées à la prolonge, chacune par cinquante hommes dévoués, dans le plus profond silence. On avait choisi les moments où la profonde obscurité de la nuit faisait espérer que le mouvement ne serait point aperçu; mais ces moments étaient toujours trop courts: la vigilance de l'ennemi, dont le tir était fixé et éprouvé sur les divers points du passage, et qui, d'ailleurs, pour éclairer la route, lançait incessamment des obus, des grenades et des pots à feu, rendit cette opération très périlleuse. Plusieurs des braves employés à traîner les pièces et les caissons furent victimes de leur dévouement. Cependant l'artillerie franchit le terrible défilé, l'armée se trouva en mesure de continuer sa marche, le fort de Bard fut laissé en arrière, et l'importance de son occupation ne fut plus regardée que comme secondaire. Il se rendit, du reste, quelques jours après.

Aussitôt que le passage de l'artillerie fut effectué, Bonaparte donna au général Lannes l'ordre d'attaquer vigoureusement la ville et la citadelle d'Ivrée. Quatre mille Autrichiens qui défendaient ces deux postes se hâtaient d'en réparer les fortifications et élevaient de nouvelles batteries, lorsque l'avant-garde française les surprit dans ces travaux tardifs.

Deux assauts partiels livrés par nos troupes furent d'abord repoussés. Mais le 25 mai, le capitaine Cochet parvint à escalader la citadelle et les troupes effondrèrent les portes de la ville à coups de hache ou de canon. Les Autrichiens eussent été cernés si le point de la Chiusella ne leur eût offert un passage. La prise d'Ivrée nous ouvrait l'Italie.

Tandis que le gros de l'armée gravissait le Saint-Bernard, le général Moncey, avec le corps détaché de l'armée du Rhin, débouchait du Saint-Gothard et s'avançait sur Bellinzona. Une petite colonne de ce même corps, sous les ordres du général Béthencourt, traversait le Simplon, en surmontant des difficultés non moins grandes que celles éprouvées dans les autres passages.

On ne lira pas sans intérêt le rapport fait par l'adjudant-général Quatremère-Disjonval au général en chef Berthier sur les aven-

Mortier, duc de Trévise.

tures de cette dernière colonne. Nous lui laissons son cachet primitif, le style du temps qui donne une saveur toute particulière:

« C'est le 6 prairial que vous avez ordonné au général Béthencourt, chargé de conduire l'expédition par le Simplon, de commencer à tenter le passage. La nature, pour ainsi aux ordres du Premier Consul, même sur les lieux où elle domine avec le plus d'empire, avait pris soin d'aplanir cette année, deux mois plus tôt qu'à l'ordinaire, un obstacle qui ajoute beaucoup aux difficultés de ces routes si étroites et si scabreuses. La neige était disparue de dessus les chemins, mais sa chute en avalanches avait rompu les mêmes chemins en plusieurs endroits, et je me hâte de vous faire voir les Français placés par un de ces éboulements dans des situations les plus extraordinaires qu'on puisse voir.

« Le 8 prairial, le général Béthencourt arrive avec environ mille hommes, tant de combat que de suite, à l'un de ces points où le passage n'est obtenu que par des pièces de bois dont une extrémité pose dans le rocher creusé, l'autre est supportée par une poutre en travers. Cette espèce de pont avait été emporté par un éclat de roche parti de la grande élévation, et qui avait tout entraîné dans un torrent roulant avec le plus horrible fracas. Le général Béthencourt avait vos ordres; il déclara que nul obstacle ne devait arrêter, et aussitôt il fut résolu d'employer le moyen suivant :

« Il ne restait, de tout ce que l'art avait ici tenté pour vaincre la nature, que la rangée de trous dans lesquels avait été engagée l'une des extrémités de chaque pièce de bois: un des soldats les plus hardis s'offre à mettre les pieds dans les deux premiers trous, puis à tendre une corde à hauteur d'homme, en marchant de cavité en cavité, et lorsqu'il est parvenu à fixer la corde jusqu'à l'autre extrémité de l'intervalle entièrement vide au-dessus de l'abîme, c'est le général Béthencourt qui donne l'exemple de passer ainsi suspendu par les bras à une corde même très peu forte; et c'est ainsi que près de trois mille Français ont franchi un intervalle d'environ dix toises, chargés de leurs sacs, chargés de leurs armes. On les avait vus se servir de leurs baïonnettes, employer des crochets pour pouvoir gravir des montagnes dont l'escarpement semblait avoir banni à jamais les humains. Je crois pouvoir vous les présenter ici, citoyen général, luttant contre les plus affreux périls, dans une attitude nouvelle, suspendus entre le ciel et le plus effroyable abîme, par l'unique espoir de vaincre, par l'unique envie de vous obéir.

« Si quelque chose peut aider à concevoir quel a été le péril des hommes, c'est le sort des chiens. Cinq seulement suivaient la colonne. L'amour de leurs maîtres ne leur a pas permis, ici plus qu'ailleurs, de s'en séparer. Ces animaux, dont l'histoire offre tant d'actions de morale et de courage plus ou moins touchantes, après avoir vu partir leur maître pour placer leurs pieds dans des trous où des pieds d'homme pouvaient seulement entrer, après les avoir vus se pendre à la corde que des mains d'hommes seules pouvaient encore saisir, se précipitent dans le gouffre comme d'un commun accord. Trois sont à l'instant entraînés pour jamais dans les flots du torrent qui coulait au fond du précipice; mais deux sont assez vigoureux pour lutter contre le torrent, pour se tirer des eaux écumantes, pour triompher des roches à pic qui les séparaient du chemin redevenu praticable, pour arriver enfin moins mouillés encore que meurtris jusqu'aux pieds de leurs maîtres.

« Je reviens à nos combattants: il est temps de vous rappeler, citoyen général, que c'étaient des détachements de la quarante-quatrième et cent-deuxième demi-brigade, auxquels se joignaient quelques compagnies de l'infanterie helvétienne. Les noms du général, des officiers de son état-major tant français qu'helvétiens, qui ont donné l'exemple d'une telle audace, sont déjà gravés sur le roc qui leur avait refusé le passage. Ils trouveront là sans doute le plus beau temple de mémoire, mais ils trouveront de plus cette force d'élan qui leur a fait ensuite renverser, surprendre les postes autrichiens avec tant de bonheur : ceux-ci dormaient, pour ainsi dire, appuyés sur cette barrière. Avec quelle stupeur ils ont vu arriver les Français sur leur front, sur leur flanc, et descendre le Simplon, lorsqu'ils les croyaient loin de pouvoir le gravir ! »

Ainsi fut opéré ce prodige des temps modernes; le passage d'une armée française à travers la chaîne la plus élevée des Alpes : il rendait moins merveilleux celui des Carthaginois conduits par Annibal sur le même terrain et presque dans les mêmes sentiers. En effet, le passage des troupes du Premier Consul présente encore quelque chose de plus extraordinaire. Le héros carthaginois, avec un attirail moins nombreux et moins embarrassant, perdit une partie de son armée, et Bonaparte n'eut à regretter que la perte de quelques soldats et de quelques transports. Au surplus, Annibal n'a pénétré que par un point unique, et les troupes françaises, indépendamment de ce passage, en opérèrent plusieurs autres avec un égal succès.

Le gros de l'armée de réserve est enfin réuni autour d'Ivrée, tout prêt à s'échapper des montagnes pour s'étendre dans le bassin du Pô. A ce même moment le général Thureau est à Suze; Béthencourt et Moncey arrivent à Arona et à Varede, sur les deux rives du Tessin. Les opérations décisives vont pouvoir commencer.

DU SAINT-BERNARD A MONTEBELLO

Le Premier Consul avait donné l'ordre au général Lannes de
s'avancer rapidement sur Turin, immédiatement après la prise
d'Ivrée. Le 26 mai, l'avant-garde se trouva en présence du corps
autrichien, commandé par les généraux Kaim et Haddick ; la division
Boudet et deux régiments de troupes à cheval soutenaient les deux
divisions d'avant-garde. La sixième demi-brigade légère commença
l'action en attaquant et emportant le pont de la Chiusella ; le chef
de cette demi-brigade, Macon, voyant que le feu de quatre pièces
d'artillerie placées à l'autre extrémité du pont arrêtait la tête de
sa colonne, se précipita dans la rivière, fut suivi par sa troupe, et
sous un feu de mitraille très meurtrier, il parvint à tourner le pont,
et toutes ensemble se portèrent rapidement sur l'infanterie qui
s'était formée sur les hauteurs de Romano. Le combat s'engagea de
nouveau dans cette position, et les Autrichiens furent chargés avec
tant d'impétuosité que, ne pouvant résister au choc, ils se replièrent
en désordre sur le village. Ils traversaient la plaine, lorsque le général Kaim, pour les rallier et les soutenir, fit déployer sa nombreuse
cavalerie. Celle-ci chargea à son tour l'infanterie française et réussit à la repousser, au moment où elle allait s'emparer de l'artillerie de ses adversaires ; mais le général Malher, arrivant alors
avec ses demi-brigades, les vingt-deuxième et quarantième de ligne,
arrêta cette cavalerie, repoussa jusqu'à trois charges successives,
dans lesquelles les ennemis finirent par se rompre eux-mêmes : ce
qui leur fit éprouver une perte considérable. En couvrant la retraite
sur Chivasso, le seul régiment de La Tour perdit plus de deux cents
chevaux ; le général de Palfi, qui commandait ce corps de cavalerie,

fut blessé mortellement et mourut le lendemain à Chivasso, où il
fut conduit. Les Français eurent à regretter, de leur côté, les chefs
de bataillon Dumont, de la vingt-deuxième, et Larret, de la sixième
légère. Ce combat glorieux, prélude de victoires encore plus importantes, augmenta l'ardeur déjà si vive qui animait toutes les troupes
françaises; il accrut aussi la confiance des jeunes conscrits qui
remplissaient les différents cadres, en leur montrant qu'il devenait
facile, avec du sang-froid et de la fermeté, d'arrêter en plaine les
charges de cavalerie les plus redoutables, exemple important surtout dans cette campagne, et contre un ennemi dont les forces en
cavalerie étaient considérables.

Avant de rien entreprendre, Bonaparte voulut passer en revue
à Chivasso les troupes de l'avant-garde qui s'étaient si bien conduites dans cette affaire. Toujours habile à saisir l'à-propos du
moment pour entretenir parmi ses troupes une émulation continuelle, le Premier Consul témoigna à la 6e demi-brigade légère sa
satisfaction de la vigueur qu'elle avait montrée au passage de la
Chiusella, loua les vingt-deuxième et quarantième demi-brigades
du sang-froid et de l'intrépidité qu'elles avaient montrés sur le
champ de bataille de Romano, en repoussant les attaques de la nombreuse cavalerie ennemie, et ordonna au chef de brigade Fournier,
du douzième régiment de hussards, qui s'était surtout distingué
au combat de Châtillon, d'annoncer aux braves qu'il commandait
que la cavalerie allait être réunie en corps, et qu'à la première bataille il voulait qu'elle chargeât la cavalerie autrichienne pour ra-
baisser la morgue et les prétentions de cette troupe; enfin, il dit à la
vingt-huitième de ligne: « Il y a deux ans, soldats, que vous vous
battez dans les montagnes; souvent privés de tout, vous avez fait
votre devoir sans murmurer; c'est la première qualité du vrai guerrier. Je sais encore qu'il vous était dû, il y a quelques jours, huit mois
de paye, et que vous marchiez à l'ennemi sans proférer une seule
plainte. Je récompenserai votre conduite, et pour vous prouver ma

satisfaction, je veux qu'à la première affaire vous marchiez en tête de l'avant-garde. » Ces paroles, ce moyen de stimuler le courage produisirent un effet magique sur l'esprit du soldat : Bonaparte connaissait bien le caractère national. En effet, tous les corps de l'armée briguèrent l'honneur de marcher à l'avant-garde. On verra bientôt des preuves non équivoques de leur entier dévouement.

Pour rendre la position des ennemis telle qu'ils dussent y périr tous, Bonaparte, au lieu d'avancer du côté de Gênes, où ils étaient supérieurs en nombre, prit la direction opposée, franchit le Tessin malgré les efforts du général autrichien Laudon, et fit son entrée solennelle (3 juin) dans la capitale de la Lombardie. Il retrouvait là des amis et de précieux souvenirs. La population entière se leva et vint au-devant de lui: ce fut une allégresse universelle. Le Premier Consul rétablit aussitôt le gouvernement républicain, mais il défendit toute espèce de vengeance et de réaction. Il recommandait l'oubli des injures, l'abandon de tout ressentiment politique ou privé, et promettait de ne reconnaître pour ses amis que ceux qui sauraient obéir aux lois, étouffer la haine et honorer le malheur.

Lannes était arrivé, sur ces entrefaites, de Chivasso à Pavie, sans rencontrer d'ennemis. Les Autrichiens avaient évacué Casale et Mortara avant son arrivée: il s'empara de leurs immenses magasins sans tirer l'épée. Deux cents pièces d'artillerie grosse et petite, des munitions, des armes diverses, des amas considérables de grains et de fourrages, donnaient à l'armée française ce qu'elle n'aurait obtenu que difficilement.

Toutes ces choses s'étaient accomplies que Mélas hésitait encore et ne savait pas à quoi s'en tenir, par défaut de renseignements précis. Il demeurait buté à cette idée fixe, que les Français n'avaient d'autre dessein que de délivrer Gênes. Vainement on lui disait que ce déploiement de forces indiquait un autre projet, que le général Bonaparte ne se serait pas mis en campagne pour si peu; il ne connut véritablement sa position qu'en apprenant coup sur coup le

Bombardement et prise du Fort de Bard
(1er juin 1800).

passage du Tessin, l'entrée de l'armée française à Milan, la prise
de Pavie, la révolte de toute la Lombardie. C'est alors qu'il donna
au général Ott l'ordre de lever le blocus de Gênes, une journée trop
tard, non pour la gloire des assiégés, mais pour leur satisfaction.
Il assigna la place d'Alexandrie comme lieu de rendez-vous général
des différents corps autrichiens échelonnés dans le Piémont et la
Ligurie. Il pensait, avec raison cette fois, que ses troupes seraient
perdues s'il était obligé de se retirer sous le canon de Mantoue, et
qu'elles seraient inutiles s'il gardait intactes les rives du Pô et les
Apennins. Les garnisons de Turin, Coni, Tortone, Ceva, s'unirent
aux troupes qu'avait amenées avec lui le général en chef; la colonne
d'Elsnitz venue du Var par le col de Tende et la vallée du Tanaro,
y joignit son effectif: ces corps réunis formaient déjà une armée
respectable, que le général Ott devait renforcer à bref délai.

Les préparatifs, bien que tardifs, paraissaient devoir s'achever,
pour peu que le Premier Consul se fût endormi à Milan. On ne pouvait
attendre cette faute d'un homme tel que lui. Il avait envoyé Murat
à la poursuite des corps de Laudon et de Wukassowich, avec ordre
de les contenir au delà de l'Adda. Les généraux Loison et Duchesme
avaient poussé leurs excursions jusqu'à Castel-Leone, Pizzighettone,
Cremone et Bozzolo; le général Lechi, dirigé sur les montagnes,
après le passage du Saint-Bernard, pour se rallier avec sa légion
cisalpine au général Béthencourt, au pied du Simplon, était descendu sur l'Adda, avait chassé les Autrichiens de Lecco et soulevé
le Bergamasc. L'ennemi s'était retiré au delà de l'Oglio, la frayeur
avait atteint Mantoue. Persuadé que l'on n'avait plus rien à craindre et que les Autrichiens seraient longtemps à se rassurer au point
de reprendre l'offensive, Murat se replia sur Plaisance. Les Autrichiens avaient tout intérêt à conserver cette ville: aussi firent-ils
quelque difficulté de la rendre; elle demeura néanmoins aux Français, et leur offrit un nouveau débouché sur les deux rives du Pô.
C'était le troisième qu'ils possédaient, et les trois plus importants,

puisque Lannes tenait celui de Belgiojoso, au-dessous de Pavie, et
que Cremone était depuis longtemps en notre pouvoir.

Maîtres du cours du fleuve, de Pavie à Cremone, les Français
dominaient en même temps les cours du Tessin et de l'Adda, et pouvaient agir des deux côtés, au midi contre Mélas et Ott, au nord et
à l'est contre Laudon et Wukassowich. Ils n'avaient plus besoin
de chercher l'ennemi: il était désormais à leur merci; la reddition
de Gênes, qui paraissait devoir lui être si favorable, achevait de
rendre sa position plus critique. Masséna s'était joint à Suchet: ces
deux généraux suivaient les Autrichiens avec vingt mille hommes,
et les poussaient sur le Pô.

Dans la conviction où il était que les Autrichiens d'Ott vien-
draient tomber entre Pavie et Plaisance, le Premier Consul plaça
trente mille hommes à la Stradella, sur la route d'Alexandrie. Il
envoya aussi de Milan à ses généraux la note suivante: « Concen-
trez-vous à la Stradella: le 8, le 9 au plus tard, vous aurez sur les
bras quinze ou dix-huit mille Autrichiens, venant de Gênes. Portez-
vous à leur rencontre, écrasez-les. Ce sera autant d'ennemis de moins
à combattre, le jour de la bataille décisive qui nous attend avec l'armée entière du général Mélas. » Il quitta Milan dans la journée du
7 juin, et se rendit immédiatement sur les lieux. Il arriva pour être
témoin de la réalisation de son pronostic.

Le 8 juin, le Premier Consul donna l'ordre d'attaquer pour le
lendemain 9, et il fit la proclamation suivante:

  « Soldats,

  « Un de nos départements était au pouvoir de l'ennemi: la consternation était dans tout le midi de la France. La plus grande partie du territoire ligurien, le plus fidèle ami de la République, était
envahie. La République cisalpine, anéantie dès la campagne passée,
était devenue le jouet du grotesque régime féodal. Soldats, vous

marchez..., et déjà le territoire français est délivré; la joie et l'espérance succèdent, dans notre patrie, à la crainte et à la consternation. Vous rendrez la liberté et l'indépendance au peuple de Gênes; il sera pour toujours délivré de ses plus cruels ennemis. Vous êtes dans la capitale de la Cisalpine; l'ennemi épouvanté n'aspire plus qu'à regagner ses frontières: vous lui avez enlevé ses hôpitaux, ses magasins, ses parcs de réserve; le premier acte de la campagne est terminé; des milliers d'hommes (vous l'entendez tous les jours) vous adressent des actes de reconnaissance.

« Mais aura-t-on donc impunément violé le territoire français? Laisserez-vous retourner dans ses foyers l'armée qui a porté l'alarme dans vos familles? Vous courez aux armes! Eh bien! marchons à sa rencontre, opposons-nous à sa retraite, arrachons-lui les lauriers dont elle s'est parée; apprenons au monde que la malédiction du destin est sur les insensés qui osent insulter le territoire du grand peuple. Le résultat de nos efforts sera *gloire* sans nuage et paix *solide*. »

Cette proclamation fut lue à la tête des troupes rassemblées, et vint accroître l'impatience qu'elles avaient déjà de se mesurer avec l'ennemi.

Le 9 juin, en effet, l'avant-garde du général Lannes rencontra l'ennemi à Casteggio et à Montebello. Le général Watrin, qui la commandait, se jeta intrépidement sur les avant-postes d'O'Reilly; bien qu'il n'eût que six mille hommes, il engagea la bataille avec le corps d'armée du général Ott. Il prit et perdit tour à tour le bourg de Casteggio, repoussa les Autrichiens sur les hauteurs, et fut ramené dans la plaine par le général Gottesheim. Il luttait seul depuis quatre heures, et il était sur le point de succomber, lorsqu'il fut secouru successivement par la division Chambarlhac et par tout le corps de Lannes. Une partie des Autrichiens rejetée sur les hauteurs de Montebello; l'autre, acharnée autour de Casteggio, se défendait contre la colonne conduite par Lannes en personne, se retranchait derrière les maisons, derrière les haies vives, et recommençait indéfiniment la lutte, sous la protection d'une puissante artillerie.

Cependant, après cinq heures de combat, le village de Casteggio resta aux Français; le général Ott rallia les troupes de sa première ligne dans la position de Montebello, où un nouveau combat, non moins opiniâtre que le premier, s'engagea bientôt.

Les troupes autrichiennes, ayant à cœur de soutenir les efforts de leur général, commençaient à prendre l'avantage; mais Bonaparte, qui venait d'arriver sur le champ de bataille, fit avancer une réserve de six bataillons commandés par le général Victor, et cette troupe se porta au pas de charge sur le centre de l'ennemi. Ce puissant renfort changea la face du combat. L'élite des troupes autrichiennes défendit opiniâtrément un pont garni d'une artillerie formidable. Les soldats français s'élancèrent trois fois, sous le feu de la mitraille, pour enlever les pièces à la baïonnette, et furent repoussés trois fois. Le général Gency, qui avait enfin réussi à faire plier la gauche des Autrichiens, passa le torrent au-dessous de Casteggio avec cinq bataillons et un régiment de hussards, tourna la batterie, et se réunit à l'attaque centrale; dans le même temps, le général Rivaud, qui n'avait cessé de combattre depuis la prise du château de Dordone, s'avança jusque dans le village de Montebello; le corps autrichien se trouvait ainsi presque enveloppé, et le général Ott se décida, un peu tardivement peut-être, à la retraite. Les Français poursuivirent leurs adversaires jusqu'à Voghera, où le général ennemi ne s'arrêta qu'une heure pour continuer ensuite sa marche sur Tortone. Il jeta une garnison de deux mille hommes dans la citadelle de cette dernière ville, passa la Scrivia et vint s'établir à San Giuliano. La bataille de Montebello avait duré depuis dix heures du matin jusqu'à huit heures du soir, et l'on vit les jeunes conscrits rivaliser d'intrépidité avec les vieux soldats. La cavalerie française avait lutté glorieusement contre celle des Autrichiens, plus aguerrie et plus nombreuse; et l'artillerie, cette arme si perfectionnée depuis les guerres de la Révolution, s'était surpassée elle-même par la justesse et la précision de ses manœuvres. Cette victoire était d'autant plus remarquable qu'elle avait été remportée par des troupes presque toutes nouvellement exercées, sur les vieilles bandes autrichiennes. Celles-ci avaient perdu trois mille hommes tués sur les deux champs de bataille de Casteggio et de Montebello, cinq mille prisonniers, six pièces de canon et plusieurs drapeaux.

Cette journée fut une des plus glorieuses de la campagne, surtout pour Lannes, qui, seul pendant plusieurs heures, fit des prodiges, jusqu'à ce que, vers midi, l'arrivée du général Victor décidât complètement la victoire.

Le lendemain, en marchant sur Stradella, le Premier Consul traversa le champ de bataille de Montebello. Trouvant les églises encore pleines de mourants et de blessés:

— Diable! dit-il à Lannes qui lui servait de cicérone, il paraît que l'affaire a été chaude!

— Je le crois bien, répondit celui-ci; les os craquaient dans ma division, comme la grêle qui tombe sur les vitrages!

De ce combat de Montebello sortira, pour le général Lannes, le titre de duc de Montebello, que, depuis, tant d'autres beaux faits d'armes ont encore illustré.

MARENGO

Les deux jours qui suivirent la bataille de Montebello furent employés par Bonaparte à rassembler les colonnes éparses de son armée. Il a bien, il est vrai près de 60.000 hommes à opposer aux 80.000 Autrichiens de Mélas. Mais ses forces sont aussi égrenées que celles de son adversaire; et tout compte fait, il ne reste, sous sa main, à la veille d'une bataille qui va être l'événement capital de la campagne, que tout au plus 28.000 soldats dont 3.500 cavaliers.

Car, avec le reste, il lui faut contenir Wukassowitch et les renforts autrichiens envoyés de Vienne, occuper militairement la vaste étendue de pays conquis au pas de course des Grandes-Alpes au Pô; maintenir les communications avec la France, se ménager une ligne de retraite éventuelle, et cette ligne ne peut passer par le Saint-Bernard, au versant italien trop abrupt; elle doit être choisie plus à l'est, au Saint-Gothard et par la Suisse.

C'est pourquoi : les divisions de Moncey ont été portées : Lapoype sur le Bas-Tessin à Pavie; Lorges sur l'Adda à Lodi; Gilly à Milan même; la petite division Béthencourt, à Arona, garde directement la route du Saint-Gothard; Chabran est sur la Sesia, vers Verceil, prêt à recevoir l'ennemi qui tenterait de filer de l'ouest à l'est par la rive gauche du Pô; Thureau est resté sur le Pô supérieur, au nord de Turin; Duhesme, avec les divisions Mainoni et Loison, garde les passages de San-Cipriano, Plaisance, Crémone, etc., et surveille les débouchés est de l'Apennin toscan; enfin, Suchet et Gazan sont, pour des raisons toutes matérielles, immobiles à Acqui.

Le 11, Bonaparte arriva à Stradella où il fut rejoint par Desaix

Bataille de Montebello (9 juin 1800).
Deuxième attaque, passage du Coppo.

arrivé d'Egypte, à qui il donna le commandement des divisions Boudet, Monnier et Lapoype.

Quoiqu'il existât pour Mélas plusieurs moyens d'accabler son ennemi de tout le poids de ses forces rassemblées, ce général choisit le plus téméraire, celui de s'ouvrir un passage sur le corps de l'armée française. Cette confiance n'avait rien de présomptueux : son armée, pourvue d'une nombreuse artillerie, se montait à plus de quarante mille combattants, tous soldats éprouvés et fiers encore des succès de la dernière campagne. Le 12 juin, l'armée française passa la Scrivia; des détachements de cavalerie légère ayant, par ordre de Bonaparte, battu la plaine qui s'étend entre cette rivière et la Bormida, reconnurent que le village seul de Marengo était occupé par un corps ennemi qui paraissait être de quatre à cinq mille hommes. Le général Victor fit enlever le village, repoussa le corps autrichien jusqu'à ses retranchements; mais il fut obligé de s'arrêter devant l'artillerie des têtes de pont sur la Bormida.

Le 14 juin, les généraux autrichiens Haddick et O'Reilly parviennent, grâce à l'insouciance des avant-postes français, à portée de fusil de la division Gardanne au secours de laquelle arrive le général Victor. Après avoir, pendant quatre heures, résisté au feu de l'artillerie ennemie, Victor, obligé d'abandonner le village de Marengo, parcourut, dans sa déroute, un espace d'environ deux lieues avant de pouvoir rallier ses troupes en désordre. Le général Lannes, qui s'était porté à sa droite pour le soutenir, repoussa d'abord l'ennemi; mais, à son tour, il dut faire aussi un mouvement rétrograde : ce mouvement fut admirable. Attaqué par la plus grande partie de l'armée autrichienne, si ce général recule, il recule en héros; il ne cède que le terrain qu'il ne veut pas garder; il met trois heures à parcourir un espace de trois quarts de lieue en arrière. Il est midi, et la bataille paraît perdue pour nous.

Toute la cavalerie et une grande partie de l'infanterie légère autrichienne, formant la colonne du général Elsnitz, s'étaient dirigées après avoir passé la Bormida, sur Castel-Ceriolo. Elles avaient tourné ce village, et, s'étant formées sur deux lignes, elles se portèrent sur les derrières des divisions françaises déjà repoussées.

De nouvelles dispositions prises par le Premier Consul allaient mettre un grand obstacle au succès complet dont se flattait déjà le général Mélas avec d'autant plus de raison que les troupes du général Elsnitz n'avaient point encore été engagées, et qu'elles lui paraissaient suffisantes pour culbuter l'aile droite de l'armée française, tenue en réserve jusqu'alors par son adversaire.

Cette aile droite n'était formée, en attendant l'arrivée des deux divisions du général Desaix, sur lesquelles Bonaparte comptait puissamment, que de la garde consulaire, consistant en deux escadrons et deux bataillons de vieux grenadiers, Bonaparte voulant donner aux divisions Desaix, qu'il espérait impatiemment, le temps d'arriver, fit avancer, à six cent mètres de l'extrême droite, au milieu de la plaine, les deux bataillons de grenadiers dont nous venons de parler. Cette troupe, forte de neuf cents hommes, formée en carré, n'ayant avec elle que sa faible artillerie, repoussa les charges multipliées de la nombreuse cavalerie du général Elsnitz, sans être ébranlée, et parut, suivant la belle expression du général Berthier, *une redoute de granit*, contre laquelle tous les efforts devaient être impuissants.

La constante intrépidité de ces neuf cents braves arrêta le mouvement de l'aile gauche des Autrichiens. Le général Elsnitz aurait pu négliger ce carré isolé et continuer sa marche à travers la plaine; mais il s'opiniâtra à faire charger successivement une grande partie de ses escadrons, dont plusieurs furent rompus et éprouvèrent une perte considérable.

Néanmoins, à trois heures, le succès des Autrichiens qui avait été un instant compromis par l'intervention de ces dernières troupes, ne paraissait plus douteux. Le vieux Mélas se croit définitivement vainqueur. Il charge son chef d'état-major, le général Zach, de compléter la victoire et il rentre de sa personne à Alexandrie, d'où il expédie à Vienne des courriers porteurs de la grande et bonne nouvelle. Zach lui-même croit non seulement que la victoire est assurée, mais que la bataille est finie. Laissant livrés à eux-mêmes Ott et O'Reilly, il sème les autres le long de la route de Tortone et en forme une longue colonne, afin de continuer la marche sur Plaisance, projetée dans les conseils de Mélas. Lui-même est à la tête de ses troupes, et déjà il approchait de San-Giuliano quand la face des choses changea subitement.

Desaix, en marche vers Novi, avait entendu toute la matinée le canon de Marengo. L'intensité et la persistance de la canonnade lui firent supposer que cet ennemi qu'il cherchait au sud était resté à Alexandrie, et qu'alors que lui-même s'éloignait du champ de bataille, le Premier Consul était aux prises avec des forces très supérieures. Bien inspiré, il s'arrêta à Rivalta, lança au delà de simples reconnaissances d'officiers, et dépêcha à Bonaparte un aide de camp. Les reconnaissances envoyées dans la direction de Novi ne découvrirent pas trace d'Autrichiens; l'aide de camp Savary se croisa avec un officier d'état-major qui portait à Desaix l'ordre de revenir au plus vite à San-Giuliano.

Avec ses troupes reposées, Desaix rétrograda aussitôt et regagna la grande route de Tortone.

Nous passons à la troisième phase, la phase décisive de la bataille.

Il est quatre heures. La tête de colonne de Desaix débouche de San-Giuliano entre les débris de Victor à sa gauche et ceux de Lannes à sa droite. On en avertit Bonaparte qui, sur l'heure arrête le mouvement de retraite. Il fait former une nouvelle ligne de bataille dont il parcourt le front : l'espoir et la confiance brillent dans ses regards : « Français, s'écrie-t-il, c'est avoir trop de pas en arrière, le moment est venu de marcher en avant. Souvenez-vous que mon habitude est de coucher sur le champ de bataille ». Les

cris : « Vive Bonaparte! Vive le Premier Consul! » accueillent
cette courte, mais entraînante harangue.

Cependant les Autrichiens s'avançaient en bon ordre, et avec
cette confiance que donne un premier succès. Ils opéraient une sorte
de marche promenade. Une colonne de cinq mille grenadiers dirigée
par le général Zach, arrivait par la grande route sur la division
Boudet qui couvrait San-Giuliano; cette colonne n'était plus qu'à
demi-portée de la ligne française, quand celle-ci s'ébranla tout à la
fois. Desaix, à la tête de sa colonne d'attaque détachée de la ligne,
la mena au pas de charge à la rencontre de la colonne autrichienne;
une batterie de quinze pièces de canon, que Marmont dirigeait en
personne, et qui précédait la division Boudet, ne fut démasquée
qu'à demi-portée de fusil des rangs autrichiens. Un feu à mitraille,
aussi vif qu'il était inattendu, arrêta la tête de la colonne ennemie.
La neuvième demi-brigade légère commence aussitôt l'attaque et est
bientôt suivie des autres corps de la division. La fusillade s'engage;
une légère élévation de terrain, couvert de vignes, dérobait à Desaix
une partie de la ligne ennemie; il s'y porte pour la découvrir, reçoit
une balle au milieu de la poitrine, et tombe dans les bras du chef
de brigade Lebrun, l'un des aides de camp de Bonaparte, qui se trouvait en ce moment auprès de lui. « Allez, dit Desaix expirant, au
jeune officier qui le soutenait, allez dire au Premier Consul que je
meurs avec le regret de n'avoir pas assez fait pour vivre dans la
postérité ». Boudet le remplace à la tête de ses troupes qui se précipitent avec furie sur les grenadiers autrichiens et y jette le
désordre.

C'est alors que Kellermann, saisissant l'à-propos, débouche par
l'intervalle entre Boudet et Lannes avec ses huit cents cavaliers, le
reste de sa brigade; il fond au galop dans le flanc des grenadiers et
crève la lourde colonne de Zach. L'effet produit est irrésistible :
Deux mille grenadiers autrichiens mettent bas les armes et Zach
lui-même est fait prisonnier. Le flot des fuyards, fantassins et cava-

liers, va porter le désordre dans les autres divisions, de Kaim et de Bellegarde.

Un mouvement étrange de panique se communique dans toute l'armée ennemie : le cri : « Aux ponts ! » retentit; on se croit cerné; la cavalerie, plus rapide, arrive la première à la Bormida; l'infanterie, l'artillerie la suivent. Au bord de la rivière régnait une confusion épouvantable. Les troupes de toutes armes franchissaient pêle-mêle le pont; les abords étaient bloqués : les soldats se précipitaient à l'eau. Un conducteur d'artillerie descend dans la rivière avec une pièce légère, il réussit à la franchir; les autres, sans réfléchir au poids de leurs canons, veulent l'imiter : les pièces basculent, s'enfoncent; les chevaux se débattent, les artilleurs se noient, et la foule, qui s'augmente de plus en plus, renverse, dans sa pression irrésistible, hommes, chevaux, voitures et canons.

Il est dix heures du soir; la nuit est venue; les Français s'arrêtent et bivouaquent devant les retranchements de la tête du pont.

La journée de Marengo avait coûté aux Autrichiens quatre mille cinq cents morts sur le champ de bataille, près de huit mille blessés, six à sept mille prisonniers, parmi lesquels se trouvait le chef d'état-major général de Zach, douze drapeaux et une trentaine de pièces d'artillerie. Les Français avaient eu deux mille hommes tués, trois mille six cents blessés, et sept cents prisonniers.

Nombreux sont les actes d'héroïsme personnel qui illustrèrent cette bataille mémorable. Nous n'en citerons qu'un, parce qu'il décèle tout à la fois l'énergie ordinaire à tous les braves et une présence d'esprit bien rare d'un homme frappé à mort. Le lieutenant d'artillerie Conrad a la jambe emportée par un boulet; ses canonniers s'empressent autour de lui pour le secourir : « Retournez vite à vos pièces, dit-il à ses dévoués soldats, et pointez un peu plus bas ! »

Malgré la déroute de l'armée autrichienne, la victoire pouvait n'être pas absolument décisive, et Bonaparte croyait avoir à l'acheter par un nouvel effort. Il s'y dispose; il se prépare pendant la nuit pour forcer, à la pointe du jour, le passage de la Bormida. Déjà la fusillade commence, lorsqu'un parlementaire autrichien vient proposer une suspension d'armes.

Le général en chef de l'armée française pouvait exiger que les vaincus rendissent leurs armes; il craignait de les pousser au désespoir et de verser inutilement le sang. Il demanda que les places de Gênes, Tortone, Alexandrie, Turin, Pizzighettone, Arona, Plaisance, Ceva, Savone, Coni et Urbin fussent remises aux mains des Français, avec leur matériel et leurs approvisionnements. Mélas accepta assez facilement toutes les conditions, excepté celle de la reddition de Gênes. Il lui était particulièrement pénible de rendre, après si peu de temps, cette ville dont la possession avait exigé tant de fatigues et de périls. Le parlementaire autrichien insista pour garder cette place. « Monsieur », lui répondit le Premier Consul, « mes conditions sont irrévocables. Ce n'est pas d'hier que je fais la guerre; votre position m'est aussi connue qu'à vous-mêmes. Vous êtes dans Alexandrie, encombrés de morts, de malades, dépourvus de vivres, privés de l'élite de votre armée, enveloppés de toutes parts. Je pourrais tout exiger; mais je respecte les cheveux blancs de votre général, la vaillance de vos soldats, et je ne demande que ce qu'exige impérieusement la situation présente des affaires. Retournez à Alexandrie : quoi que vous fassiez, vous n'aurez pas d'autres conditions. »

Alors fut signée la fameuse convention d'Alexandrie, qui restituait à la France la presque totalité de ses conquêtes dans la haute Italie. Il y avait suspension d'armes jusqu'à ce que l'avis de la cour de Vienne fût connu. Si la convention était acceptée, l'armée autrichienne, divisée en trois colonnes, se retirerait avec les honneurs de la guerre derrière le Mincio; si elle était rejetée, les hostilités s'ouvriraient dix jours après. Les deux armées devaient, en attendant, rester dans leurs lignes respectives.

Aussitôt après avoir conclu avec Mélas cette convention mémo-

rable, le Premier Consul partit pour Milan. Il y fut reçu aux acclamations du peuple, à la manière des conquérants anciens. Cette
campagne prodigieuse qu'il venait d'accomplir l'élevait bien au-dessus des guerriers ordinaires.

Une vive douleur se mêla cependant à la joie publique : la perte
de Desaix fut vivement ressentie. Toute victoire à un tel prix est
toujours chèrement achetée; car nul autre général peut-être n'était
autant que lui estimé des citoyens. Il n'était à l'armée d'Italie que
depuis trois jours. A son retour d'Egypte, il avait écrit à Napoléon :
« Ordonnez-moi de vous rejoindre; général ou soldat, que m'importe, pourvu que je combatte près de vous ? Un jour sans servir
la patrie est un jour retranché de ma vie ». Le matin de la bataille,
il avait comme un pressentiment de sa fin prochaine; il disait à ses
aides de camp Rapp et Savary, que Napoléon attacha le soir même
à sa personne :

« Voilà longtemps que je ne me bats plus en Europe; les boulets ne me connaissent plus, il m'arrivera malheur. »

Le chagrin de Bonaparte fut réel et profond. En apprenant la
funeste nouvelle, il s'écria : « Ah ! pourquoi ne m'est-il pas permis
de pleurer ! » Après avoir fait embaumer le corps du jeune général,
il le fit transporter à l'Hospice du Mont Saint-Bernard où un tombeau lui fut élevé.

Ce fut dans la séance du 20 juin 1800 que le Tribunat reçut, du
second consul, la communication des nouvelles de l'armée. L'arrêté
suivant fut instantanément pris :

Le Tribunat, après avoir entendu la lecture du message relatif
à la victoire de Marengo, émet le vœu dont la teneur suit :

Qu'il soit donné aux armées de la République des témoignages
solennels de la reconnaissance nationale; que la mémoire de l'im-
mortel Desaix soit honorée dans la fête du 14 juillet prochain.

Par un autre arrêté il stipule :

Que le Tribunat, à la séance du 16 de ce mois, portera le deuil du général Desaix et des braves morts aux champs de Marengo.

Pour cette séance, la salle était ornée des drapeaux pris sur l'ennemi : au centre était disposé un cénotaphe avec cette inscription : *Aux mânes de Desaix, aux braves morts aux champs de Marengo.*

Le 23 juin suivant, les consuls, sur la proposition du ministre de l'Intérieur, arrêtèrent :

ARTICLE PREMIER. — Le nom du général Desaix, tué à Marengo, sera inscrit sur la Colonne nationale.

ART. 2. — Il sera frappé une médaille en l'honneur du général Desaix. Elle sera placée sous la première pierre de la Colonne nationale.

ART. 3. — A la fête du 14 juillet, un trophée sera élevé dans le temple de Mars à la mémoire du général Desaix.

ART. 4. — Le ministre de l'Intérieur transmettra à la famille du général Desaix le présent arrêté, en témoignage de l'estime et des regrets du gouvernement pour cet illustre citoyen.

Ce nom de Desaix brillait d'une auréole incomparable. Garat, au temple de Mars, faisait autant que l'éloge de ses vertus guerrières, celui de son amour de l'indépendance, et des rêves qu'il ne cachait point, ses rêves d'émancipation des peuples dans un avenir tout de paix et de concorde. Garat citait des traits qui honoraient le soldat; il en citait surtout qui honoraient l'homme, si généreux dans la victoire, si grand et si juste.

Un monument fut érigé à Desaix, par souscription publique, sur la place Dauphine à Paris. C'était une fontaine qui se composait d'un cippe portant le buste du général, couronné par la France militaire. Le Pô et le Nil, fleuves témoins de ses victoires, étaient représentés dans un bas-relief circulaire. Deux renommées gravaient sur les écussons : l'une *Thèbes et les Pyramides*, l'autre *Kehl et Marengo*.

Des inscriptions gravées sur les soubassements disaient la date de la naissance du soldat, présentaient une définition de son caractère : « *Les ennemis l'appelaient le Juste* ». et ces paroles qu'on lui mettait sur les lèvres avant de mourir : « *Allez dire au Premier Consul que je meurs avec le regret de n'avoir pas fait assez pour la postérité* » (1).

(1) Par décision de la Municipalité parisienne, cette fontaine, retirée depuis quelque temps de la place Dauphine, fut cédée, en 1904, à la ville de Riom, patrie d'origine de Desaix.

HOCHSTAEDT

Précédemment, nous l'avons vu, l'armée d'Allemagne, après avoir passé le Rhin et livré les batailles d'Engen, de Moeskirch, de Biberach, le combat de Stokach et celui de Memmingen, forcé l'armée autrichienne à se retirer sur la rive gauche du Danube et dans le camp retranché d'Ulm, s'était avancée jusqu'au delà de l'Iller. Cet heureux début de la campagne promettait de plus décisifs avantages. Mais le général Moreau, ayant détaché de son armée douze mille hommes de troupes d'élite, demandés par le Premier Consul pour renforcer l'armée de réserve en Italie, se vit alors contraint d'arrêter sa marche et de se borner à conserver les positions qu'il occupait dans l'Allemagne. Cependant, l'armée française subsistait difficilement ; elle avait épuisé les ressources du pays compris entre le Danube et le Tyrol; celles de la Haute-Souabe avaient été détruites ou dévorées dès l'ouverture de la campagne; la Suisse n'en pouvait fournir que de très faibles ou trop éloignées, tandis que l'armée autrichienne était au contraire abondamment pourvue. Ses magasins à Ulm étaient alimentés par le duché de Wurtemberg, le haut Palatinat, la Bavière, et même par la Bohême, dont les convois ne pouvaient être inquiétés. Le général Moreau, jugeant bien que dans ce système de temporisation, prescrit au baron Kray, la balance allait pencher en faveur de celui qui pourrait subsister le plus longtemps sur son terrain, hâta l'exécution du plan qu'il avait conçu.

Quel était ce plan ? Kray s'était retranché à Ulm avec la pensée d'y séjourner. Il y avait trois manières de le faire sortir de son campement : la première était de l'attaquer; la deuxième, de le laisser là et de foncer sur Vienne par Munich; la troisième, de passer le

Danube au-dessous d'Ulm, de menacer la retraite de l'armée ennemie et la couper de ses magasins de Donauwerth. Le premier moyen était peu pratique : à moins de faire le siège du campement, on ne pouvait espérer, avec un moindre nombre de troupes, forcer au sein de ses retranchements une armée aguerrie. Le deuxième était bon, mais trop hardi pour Moreau. Il s'arrêta au troisième, comme offrant moins de chances douteuses et un résultat aussi certain. Cette entreprise ne laissait pas de présenter aussi de grandes difficultés.

La distance qui sépare Ulm de Donauwerth est de quinze lieues. L'ennemi avait fait sauter tous les ponts sur le Danube, et garni la rive gauche de postes détachés, qui pouvaient se réunir et défendre le passage en attendant du renfort. Moreau chargea Richepanse d'occuper l'attention des Autrichiens en paradant devant Ulm, avec le corps de Sainte-Suzanne. Grenier, qui avait succédé à Saint-Cyr, était à Guntzbourg, le centre à Burgau, et la droite, commandée par Lecourbe, était portée un peu en avant, sur Dillingen. Une reconnaissance persuada au général en chef qu'il ne pouvait passer le fleuve que sur deux points, de Blindheim à Gremheim, parce que les ponts, imparfaitement rompus, pourraient plus rapidement être restaurés.

Lecourbe tenta le premier ce passage entre les deux villages. Il fut merveilleusement aidé par un adjudant nommé Quenot, homme intrépide, qui se jeta dans le fleuve et parvint à ramener, sous une grêle de balles, deux grosses barques amarrées au bord opposé. Lecourbe choisit parmi ses soldats ceux qui savaient nager : ils déposent leurs vêtements et leurs armes dans les barques, les poussent devant eux, abordent à la rive opposée. Ils prennent à peine le temps de se vêtir de quelques lambeaux de leur costume; chacun saisit ce qui lui tombe sous la main, et cette poignée de braves à moitié nus se jettent sur les Autrichiens, les fait reculer, et leur enlève deux pièces de canon avec leurs caissons. On travaille aussitôt aux ponts des deux côtés; une échelle et un madrier, jetés d'une arche à l'autre, permettent à des canonniers d'accourir. Ils retournent les pièces sur l'ennemi et le foudroient avec ses propres munitions. Un hussard audacieux passe avec les nacelles, s'empare d'un cheval de labour, court se poster dans une clairière entre deux massifs de feuillage; et appelle à lui des camarades qui n'existent pas : Les Autrichiens s'imaginent, en voyant de la cavalerie, que les ponts sont complètement rétablis : ils se retirent avec précipitation, et le passage du fleuve s'opère paisiblement. Quand ils revinrent en force au village de Schwenningen, les Autrichiens trouvèrent les Français prêts à les recevoir, et laissèrent entre leurs mains six pièces de canon, deux mille prisonniers et trois cents chevaux.

Les divisions françaises arrivaient successivement, mais l'ennemi se renforçait d'une manière menaçante. Il était accouru de divers points, et avait pris position entre Dillingen et Hochstaedt, sur les bords d'un petit cours d'eau, l'Egge, au village de Schrezheim. Une charge impétueuse de cavalerie, carabiniers, cuirassiers et hussards, rompit sa ligne. La cavalerie autrichienne prit peur, mit à découvert, dans sa retraite précipitée, un nombreux corps d'infanterie, qui, recevant dans le flanc droit, sans s'y attendre, le régiment de cuirassiers, laissa dix-huit cents prisonniers. Le reste se rallia autour des forces que le général Kray venait d'expédier de son camp d'Ulm.

Une grande partie de sa cavalerie, et toute son artillerie légère furent envoyées contre les Français. Les Autrichiens s'établirent entre la Brenz et le Danube, sur deux lignes, ayant leur artillerie au centre. Lecourbe s'était porté en avant de Lauingen pour protéger le rétablissement d'un nouveau pont; il avait avec lui une brigade de carabiniers, le 9ᵉ de hussards et le régiment de cuirassiers. Dans le dessein de réparer leurs précédents échecs, les Autrichiens prirent l'offensive. Ils chargèrent avec tant d'ensemble, que les carabiniers et les hussards, mis en désordre, durent se réfugier derrière les cuirassiers. Le premier moment de surprise passé, ils se jetèrent à leur tour sur les cavaliers du général Klinglen, et les reconduisi-

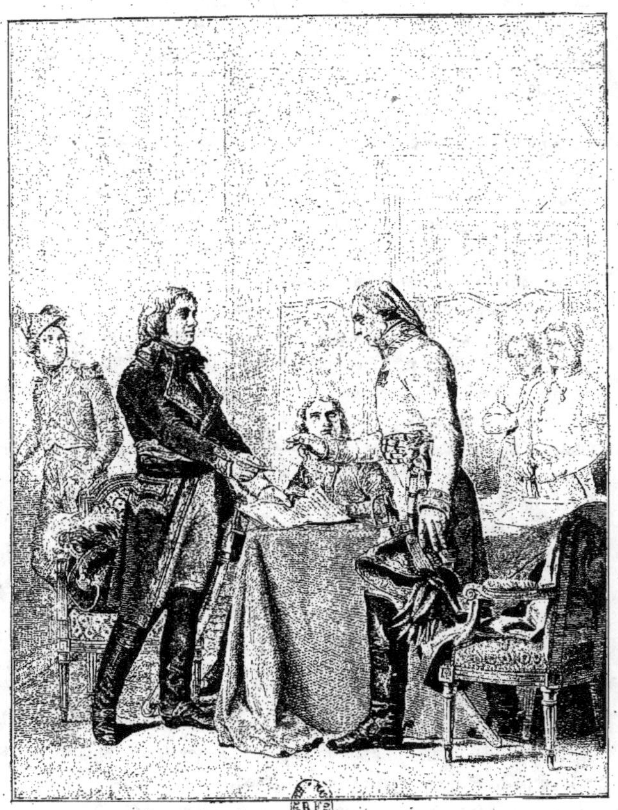

Convention après la bataille de Marengo

(15 juin 1800).

rent à mi-chemin de leur point de départ. La seconde ligne autrichienne accourut au secours de la première, et ramena les Français
jusqu'auprès de Lauingen; mais, s'abandonnant un peu trop pour
suivre les carabiniers, et laissant des vides dans ses colonnes, elle
reçut en flanc une charge du 9ᵉ de hussards qui était demeuré en
arrière. Ce régiment passa tout entier au milieu de ses escadrons
désunis. C'était la troisième fois de la journée que les Autrichiens
se laissaient couper. S'apercevant que la poursuite fléchissait, les
carabiniers et les cuirassiers font volte-face, et reconduisent cette
seconde ligne autrichienne comme la première, dans la position
qu'elle occupait.

A la faveur de ces engagements, Moreau n'avait pas été inquiété;
son corps d'armée avait franchi heureusement le Danube. Il était
huit heures du soir. Les Autrichiens arrivaient en force : il était
urgent de pousser la cavalerie au-delà de la Brenz, si l'on ne voulait
pas avoir trop de besogne le lendemain. Une bataille générale s'engagea à cette heure tardive et se prolongea, avec des succès divers
jusqu'à onze heures du soir. Pour la première fois depuis les guerres
de la République, la cavalerie française était appelée à tenir un rôle
prépondérant dans une bataille. Après de nombreuses charges bril-
lamment lancées, vaillamment reçues, dans lesquelles se trouvèrent
mêlées les cavaleries de Lecourbe et Moreau, la victoire se déclara
pour nous. Le village de Gundelfingen, qui servait d'appui aux
Autrichiens, fut emporté à la baïonnette par nos fantassins, débordé
par nos cavaliers, et les Autrichiens furent reconduits au delà de
la Brenz (19 juin).

Ainsi finit cette longue bataille, ou plutôt cette suite de longs
combats, dans un espace de sept à huit lieues. Il est à remarquer qu'à
la même époque, à trois jours de différence seulement, du 16 au
19 juin, Moreau qui aurait pu recevoir à Hochstaedt la nouvelle de la bataille de Marengo, remportait sur le Danube, et par la
même manœuvre, un avantage semblable à celui que Bonaparte rem-

portait sur le Pô. Les trophées ne furent pas moindres non plus, puisque cinq mille prisonniers, vingt pièces de canon, plusieurs drapeaux restèrent entre nos mains.

Cette victoire de Hochstaedt lavait l'affront de la défaite du 13 avril 1704, où les Français avaient été battus par le prince Eugène et Malborough.

Ne se jugeant plus en sûreté dans son camp d'Ulm, le général Kray essaya de tourner l'armée française par un mouvement excentrique sur sa gauche. Moreau le poursuivit, et nos coureurs atteignirent son arrière-garde entre Neresheim et Nordlingen. Il y eut échange de coups, mais sans résultat. Se voyant toutefois menacé de trop près et voulant gagner du terrain, Kray proposa une suspension d'armes. Cette proposition surprit le général français : il ignorait encore la bataille de Marengo, et ne pouvait s'expliquer la conduite du général Kray autrement que comme une vieille ruse de guerre. Il n'en marcha qu'avec plus d'assurance. Il envoya le général Decaen droit sur Munich, par Dillingen, Wertingen, Augsbourg et Daschau. Le général y mit une telle activité, que, le troisième jour, il entrait dans la capitale de la Bavière, après avoir battu en plusieurs rencontres Meerfeld, qui lui barrait le chemin.

Le général Lecourbe, arrivé dans la soirée du 26 juin à Rhain, après avoir chassé un bataillon ennemi qui gardait ce poste important, apprit que le général Kray avait passé le Danube à Neuburg, la veille, avec un corps de vingt-cinq mille hommes, et qu'il avait laissé une arrière-garde sur la rive gauche, à une lieue en avant de cette petite ville, sur la route qui, dans cet endroit, n'est qu'à six cents mètres du Danube.

Les deux divisions Gudin et Montrichard se mirent en marche, le 27 au matin, pour attaquer le corps autrichien, qui avait devant lui des hauteurs boisées et séparées par un ruisseau encaissé dont l'escarpement, plus rapide du côté du fleuve, couvrait parfaitement

l'aile droite. Le général Montrichard, se portant directement sur
Neuburg, rencontra le premier les avant-postes ennemis au village
de Strass. Les Autrichiens surpris par cette agression, se replièrent
sur les hauteurs d'Unterhausen, où était déjà établi le gros de leurs
troupes : Montrichard fit ses dispositions pour les y attaquer. Le
général Espagne s'avança avec trois bataillons vers le plateau d'Unterhausen, en envoyant un autre bataillon sur Rosenfeld à droite,
pour tourner la première position : la 10ᵉ légère, disposée en tirailleurs, couvrit cette attaque. Le général Schinner était en réserve
avec le 9ᵉ régiment de hussards et le 6ᵉ de cavalerie.

La position d'Unterhausen fut enlevée, mais le général Espagne,
parvenu sur le revers des hauteurs en vue de Rosenfeld, fut vivement
repoussé et l'ennemi qui le poursuivait, déborda le reste de la brigade. Espagne, attaqué par des forces supérieures, se retira, pour
se défendre, sur les hauteurs qu'il venait d'emporter. Ce fut en vain
que le général Schinner s'avança pour le soutenir; ces deux généraux furent blessés. Ainsi débordé par sa droite, canonné à sa gauche
par des batteries placées sur la rive gauche du Danube, le général
Montrichard fut forcé de repasser le ravin et de se retirer au village
d'Oberhausen.

Cependant le général Moreau, prévoyant que le général Lecourbe
aurait besoin de forces plus considérables que celles qu'il avait à sa
disposition, venait de lui envoyer une des divisions de réserve (celle
du général Grandjean), pour appuyer le mouvement des deux divisions Montrichard et Gudin : cette dernière avait marché sur
Poëmes, où elle avait eu un engagement assez vif avec la cavalerie
autrichienne, à la suite duquel le général Puthod s'était établi à
Eschling. Lecourbe accourut bientôt à Oberhausen avec la division
Grandjean, et rétablit le combat. Il fut formé trois colonnes
d'attaque : la première, dirigée par l'adjudant-général Coehorn, se
porta sur la gauche d'Unterhausen, qu'elle tourna; la seconde,
conduite par le capitaine du génie Rogniat, marcha directement

sur le plateau, tandis que l'adjudant-général Perrin, avec la troisième, dut se porter sur la gauche, pour attaquer la droite de l'ennemi. On se battit avec le plus grand acharnement. Les colonnes
françaises s'étaient d'abord avancées l'arme au bras, sans tirer un
seul coup de fusil, malgré le feu très vif de huit pièces d'artillerie.
La 14ᵉ demi-brigade légère et la 46ᵉ de ligne se trouvèrent bientôt
engagées avec la cavalerie ennemie, sans se laisser entamer par les
charges vigoureuses de celle-ci. Toutes les troupes étaient mêlées
autour d'Unterhausen, et le combat se prolongea jusqu'à dix heures
du soir. Les munitions étant épuisées de part et d'autre, on se battit
à l'arme blanche ou à coups de crosse de fusil.

C'est à ce combat que La Tour d'Auvergne, grenadier dans la
première compagnie de la 46ᵉ commandée par le capitaine Cam-
bronne (celui qui fut le fameux général), en repoussant une charge
de uhlans, fut tué d'un coup de lance, qui le traversa de part en part.

Lecourbe se porta ensuite dans la direction du Tyrol, pour chasser le prince de Reuss des montagnes qu'il occupait, aux sources de
l'Iller, du Lech et de l'Isar. Ce corps autrichien, peu important par
lui-même, l'était extrêmement par sa position, puisqu'il pouvait
d'un moment à l'autre déboucher sur nos derrières. Le général
Lecourbe s'avança vers le pays des Grisons et le Vorarlberg. Afin de
donner le change à l'ennemi sur ses projets, il divisa ses troupes en
trois corps, confiés aux généraux Gudin, Laval et Molitor. Le premier de ces généraux chassa l'ennemi de Fuessen sur Reuti, et s'arrêta au bord du défilé de Knie-Pass, ne voulant pas sacrifier ses soldats au milieu des gorges boisées qu'il avait devant lui. Laval se
dirigea sur Immenstadt, qu'il trouva évacué. Il poursuivit sa course
sur Stauffen, pénétra dans la forêt de Bregentz, remonta le torrent
de ce nom, et s'avança par l'Argenbach jusqu'à Damils. Il pouvait
de ce point descendre par la vallée de Montafou, et couper la retraite
aux troupes autrichiennes établies auprès de Feldkirch. Molitor se
porta sur Feldkirch, attaqua les redoutables retranchements cons-

truits au-dessus de cette ville, et engagea un combat acharné avec
les troupes du général Jellachich, qui y étaient campées. La première journée se passa sans avancer ; mais, craignant de voir sa
retraite fermée par le corps de Laval établi à Damils, le général
autrichien évacua, pendant la nuit, la ville et les retranchements,
pour se retirer sur Pludenz. Cette brillante expédition rendait les
Français maîtres du Vorarlberg et de la vallée des Grisons. Ils
avaient fait en quelques jours treize cents prisonniers.

A l'extrême gauche des Français, les Autrichiens éprouvaient
également un échec auprès d'Ingolstadt. La garnison de cette ville
avait fait une sortie et chassé les avant-postes français jusqu'à
Ettenheim. Ney, qui commandait dans ces parages, accourut au
secours de ses avant-postes, battit les Autrichiens, leur enleva trois
bouches à feu, six cents prisonniers, et les reconduisit sous le canon
de la place.

Là s'arrêtèrent, pour le moment, les succès de nos armées. Un
armistice fut conclu le 15 juillet. L'armée française restait établie
dans tout le pays compris depuis Balzers, dans les Grisons, jusqu'aux sources de l'Inn. De cette vallée, elle s'étendait par le revers
des montagnes du Vorarlberg jusqu'à Reuti, suivait la rive gauche
du Lech, passait le Danube à Kelheim, se prolongeait sur l'Alt-Mühl
jusqu'à Pappenheim, se dirigeait vers Weissenburg sur la Rednitz,
et prenait ensuite la rive du Mein jusqu'à son embouchure. Les villes
d'Ulm, d'Ingolstadt et de Philippsbourg, situées dans la partie française et encore au pouvoir des Impériaux, avaient la faculté de se
ravitailler tous les dix jours proportionnellement à leur garnison.
Cet armistice fut reçu avec joie par les deux armées, et regardé
comme un présage de paix définitive. Il ne tint pas aux Français que
cet espoir ne se réalisât.

LE PREMIER GRENADIER DE FRANCE

Nous n'entreprendrons pas de refaire la biographie de La Tour d'Auvergne, mais seulement de retracer les grandes lignes d'une vie toute de probité, d'énergie, d'abnégation, qui est une des plus belles pages de notre épopée nationale.

Breton de Basse-Bretagne, arrière-petit-fils d'un frère naturel du maréchal de Turenne, il avait dans le sang toutes les nobles qualités de notre race : courage à toute épreuve, impétuosité tempérée par une claire et saine raison, intelligence curieuse et subtile, intégrité rigide, désintéressement sans bornes.

Sa gloire militaire rayonne d'un tel éclat qu'elle a rejeté dans l'ombre sa renommée de savant; mais il ne fut pas seulement un admirable soldat; « toute sa vie, nous dit le capitaine Simond, son éloquent biographe, il s'occupa d'histoire, d'archéologie, de linguistique et de numismatique ». Il parlait couramment l'italien, l'espagnol, l'allemand, l'anglais, et possédait les éléments de presque toutes les langues connues. Nous le voyons en campagne, sous la tente, noter sur un tambour des observations destinées à son grand ouvrage sur les *Origines gauloises*, qu'il conçut pour exalter son cher pays celtique.

L'ancien régime l'avait laissé plus de vingt ans dans l'ombre. D'abord mousquetaire, puis sous-lieutenant au régiment d'Angoumois, en dépit de sa conduite héroïque au siège de Port-Mahon, il ne passait capitaine qu'après dix-sept ans de services, à l'ancienneté.

Un instant, le découragement le prit, non de ne pas recevoir les grades supérieurs que l'on prodiguait à d'autres, mais de ne pas voir mieux employer sa vaillance. Il songea même à quitter l'armée. Mais

Bataille de Hochstaedt
(19 juin 1800).

la Révolution éclata juste à point pour le tirer de ses incertitudes.

En juin 1792, la plupart des officiers de son régiment décident d'émigrer et le sollicitent de partir avec eux.

— Vous portez un grand nom, lui disent-ils, votre place est auprès des défenseurs de la royauté.

— J'appartiens à la patrie, leur répond-t-il ; soldat, je lui dois mon bras ; citoyen, je dois respect à ses lois. Je ne puis quitter ni mon pays, ni le poste qui m'a été confié.

Et comme quelqu'un insinue qu'il n'abandonne la cause royale que pour gagner facilement les grades supérieurs :

— Je jure, s'écrie-t-il, de ne jamais accepter d'autre grade que celui que j'occupe aujourd'hui.

Ce serment, il le tint avec une rare fermeté. A plusieurs reprises on voulut le nommer lieutenant-colonel, général même. Il renvoya toutes les commissions, et lorsque, à l'armée des Pyrénées-Occidentales, il prit le commandement — sur l'ordre du général en chef — des 8.000 grenadiers de la fameuse « colonne infernale », ce fut à la condition expresse qu'il garderait son simple grade de capitaine.

En 1799, le Sénat, chargé de choisir les membres du Corps législatif, s'avisa de le nommer comme député.

Il refusa en termes de la plus belle dignité.

— Mon poste est aux armées, dit-il. Je ne puis en même temps combattre et faire des lois. Je ne veux en ce moment faire qu'une chose : observer ces lois et les défendre...

Et pourtant, par sa conduite et ses talents militaires, il eût pu atteindre aux plus hautes situations dans l'armée ; il eût pu, comme ses amis Dumas, Moncey, Moreau, commander en chef devant l'ennemi. Il ne le voulut point et se contenta de poursuivre obscurément son œuvre d'héroïsme.

Successivement, il prit part à la conquête de la Savoie et aux trois campagnes des Pyrénées-Occidentales, où il accomplit des actes d'intrépidité qui entraînèrent des victoires décisives.

Il escalada des pics réputés inaccessibles, prit des redoutes imprenables, s'empara, avec une poignée d'hommes et un seul canon, de la ville de Saint-Sébastien, défendue par une garnison nombreuse et garnie de cinquante pièces d'artillerie.

A la fin de 1794, après deux années de combats ininterrompus, La Tour d'Auvergne, épuisé par les fatigues et les privations, dut demander sa retraite. Mais le transport de Bordeaux, qui le ramenait à Brest, fut pris par la flotte anglaise; et au lieu du repos qu'il attendait, le héros des Pyrénées dut subir les tortures effroyables de la captivité sur les pontons de Plymouth. Là encore, il fut soutenu dans ses épreuves par son stoïcisme républicain.

Enfin, il rentre en France, mais c'est pour courir à de nouveaux combats.

Des relations mal informées ont raconté qu'en 1797, La Tour d'Auvergne avait repris du service, pour exempter *un de ses fils*.

Or, c'est là une lourde erreur qu'il convient de relever. Le héros breton ne se maria jamais et n'eut pas de descendants directs.

Son acte, d'ailleurs, fut plus noble encore que s'il s'était agi d'un des siens.

Son ami, son maître, le savant linguiste Le Brigant avait eu trois fils tués à l'ennemi. Il ne lui en restait qu'un seul, son Benjamin, et ce fils venait d'être appelé à la réquisition. Le Brigant vint, tout en larmes, trouver La Tour d'Auvergne et le supplier de faire exempter son enfant.

— Il n'est pas en mon pouvoir, lui répondit le capitaine, de soustraire un soldat à la patrie, mais je puis partir à sa place...

Et il partit. A cinquante-cinq ans, il reprit du service à l'armée de Rhin-et-Moselle, puis à celle du Danube. Enfin, en 1800, il revint à l'armée du Rhin.

Quand Bonaparte, ne sachant comment récompenser dignement son héroïsme, donna l'ordre à Carnot, alors ministre de la guerre, de lui décerner un sabre d'honneur avec le titre de « premier grenadier de la République », La Tour d'Auvergne accepta le sabre, mais il refusa de se parer jamais du titre. « Il n'est aucun des grenadiers, mes camarades, écrivait-il à un ami, qui ne mérite cette arme autant que moi. Allons! il faudra la montrer de près à l'ennemi. A mon âge, la mort la plus désirable est celle d'un grenadier sur le champ de bataille, et je la trouverai, je l'espère ». Son vœu fut exaucé, nous venons de voir comment.

On éleva sur la hauteur d'Oberhausen, au lieu même où La Tour d'Auvergne avait succombé, un monument simple comme le héros qu'on voulait honorer. Au moment où son corps, couvert de branches de laurier, fut déposé dans la fosse préparée pour le recevoir, un grenadier le tourna dans la direction de Neuburg, en disant : « Il faut le placer dans la tombe, comme il était de son vivant, faisant face à l'ennemi ».

Ce monument, consacré aux vertus et au courage, fut mis (pour emprunter les expressions du général Dessolles dans son ordre du jour) sous la sauvegarde des braves de tous les pays. Il subsista longtemps, vénéré par les habitants d'Oberhausen, qui le désignaient aux voyageurs, sous la dénomination de TOMBEAU DU BRAVE.

Depuis 1889, le corps du vaillant grenadier repose au Panthéon, auprès du grand Carnot, son admirateur et son ami.

Le public ne connut que longtemps après la mort du soldat, que son cœur n'avait pas été enterré dans la tombe creusée sur le champ de bataille. Ce fut une lettre insérée au Moniteur d'avril 1801, et venant de Stuttgard, qui lui révéla cette particularité.

Le Premier Consul prenait, le 1ᵉʳ juillet 1803, l'arrêté suivant :

ARTICLE PREMIER. — Le cœur de La Tour d'Auvergne, premier grenadier de la République, mort le 9 messidor, an VIII, continuera à être porté ostensiblement par le fourrier de la compagnie des grenadiers de la 46ᵉ demi-brigade, dans laquelle il servait.

BONAPARTE.

On avait déjà substitué, à ce moment, à la boîte de plomb, dans laquelle le cœur avait été primitivement enfermé, l'urne qui le contient maintenant.

On lit dans une correspondance datée du 30 mai 1803, adressée au *Journal de Paris :*

« Le cœur du brave La Tour d'Auvergne, conservé jusqu'alors dans une boîte de plomb, a été déposé le 23 mai, dans une urne d'argent par les soins du chef de brigade Lauchantin, commandant la 46ᵉ et en présence du commandant d'armes de la place et des autres chefs militaires, ainsi que beaucoup d'officiers, sous-officiers et soldats. Cette opération s'est faite au bruit d'une musique funèbre. Le cœur fut trouvé entier et parfaitement conservé. On vit des larmes couler des yeux des compagnons du premier grenadier de France à l'aspect du cœur qui les avait animés et qui les anime encore. Il fut déposé dans le nouveau vase avec le procès-verbal de la cérémonie revêtu de la signature des témoins. »

C'est une urne en argent, d'environ huit centimètres de haut, y compris la grenade en vermeil qui la surmonte. Au milieu est un cœur en or, traversé par une lance. Au sommet de l'urne, on lit : *La Tour d'Auvergne, premier grenadier de France, mort au champ d'honneur, le 9 messidor, an VIII.* Un peu au-dessous, ces mots : *Le brave des braves,* entourant en exergue le coq gaulois, reposant sur une couronne de lauriers. A la partie inférieure de l'urne, on grava ce distique :

> La Tour d'Auvergne est mort, mais au champ d'honneur.
> Envions son trépas et conservons son cœur.

Enfin, sur le socle : *46ᵉ demi-brigade.*

Cette urne, double boîte de plomb, est fixée sur un plastron en velours, brodé de palmes en or, et contient en son entier la forme d'un cœur. Le plastron, qui existe encore, est celui que portait toujours, dans la 46ᵉ demi-brigade, le plus ancien sergent, chargé chaque jour, de répondre à l'appel au nom de La Tour d'Auvergne.

Dans tous les combats, le cœur était porté à côté du drapeau.

En 1807, au combat de Lometten, le fourrier qui portait le cœur fut tué; un caporal le dépouilla de sa relique, pour la protéger, mais lui-même, le soir, ne répondit pas à l'appel. Les grenadiers ne se couchèrent point avant de l'avoir retrouvé : il était parmi les morts, couvrant la chère relique de son corps, si profondément étreinte sur la terre qu'il s'y était comme enterré vivant avec elle.

Cet incident et d'autres donnèrent des inquiétudes au 46°, qui avait assez déjà à défendre ses aigles. Comme, après la paix de Tilsitt, l'empereur venait de décider d'élever un temple à la Victoire (première version de la Madeleine), le chef de bataillon Le Mière écrivit au maréchal Soult :

« Un décret a confié au 46° régiment de ligne le cœur du brave La Tour d'Auvergne, premier grenadier de France, mort dans nos rangs, au champ d'honneur, le 8 messidor an VIII. Il ne nous a jamais quittés depuis, mais maintenant que Sa Majesté l'Empereur et Roy fait élever un monument à la mémoire des braves, les officiers du 46° régiment désireraient voir le cœur de La Tour d'Auvergne y obtenir une place. Ils sollicitent ce décret comme une nouvelle faveur de Sa Majesté Impériale et Royale... »

LE MIÈRE.

Napoléon répondit plus d'un an après en désignant la grande chancellerie où l'urne arriva le 18 juin 1809.

La Restauration l'y trouva avec d'autres cœurs. Une ordonnance du 26 mars 1816 en prescrivit la remise aux héritiers naturels.

Ceux-ci, plus tard, résolurent d'en confier la garde à la nation. Cette remise donna lieu à une grandiose cérémonie que nous voulons relater avec un peu plus de détails, parce qu'elle fut de nos jours et sera sans doute la dernière en l'honneur de La Tour d'Auvergne.

Le 30 mars 1904, l'urne argentée renfermant le cœur du premier grenadier avait été apportée de Grenoble par le colonel Dupontavice de Heussey, du 2ᵉ d'artillerie, descendant du héros et dernier détenteur de la précieuse relique : elle avait été provisoirement déposée dans un salon d'attente de la gare de Lyon à Paris, décoré aux couleurs nationales.

A neuf heures un quart, les troupes désignées pour former l'escorte d'honneur à travers Paris, sous le commandement du général Lestapis, chef de la 19ᵉ brigade d'infanterie, prennent position : aux abords de la gare, une batterie à cheval et un escadron de la garde républicaine; dans la cour de la gare, face à l'arrivée, le 46ᵉ d'infanterie, ancienne 46ᵉ demi-brigade, dans laquelle servait La Tour d'Auvergne.

Le drapeau, avec sa garde et deux sous-officiers désignés pour porter le cœur, entrent aussitôt dans la salle d'attente ; le colonel de Heussey leur remet l'urne, posée sur un socle recouvert de velours, orné de drapeaux tricolores et d'un *fac-similé* de l'étendard de l'ancienne demi-brigade; en avant et en arrière du minuscule piédestal sont placés une couronne et le sabre de La Tour d'Auvergne que M. Cain, directeur du musée Carnavalet, a mis pour la circonstance à la disposition de l'autorité militaire.

Au moment où le drapeau et la relique paraissent sur le seuil de la porte d'arrivée de la gare, le général de Lestapis commande d'une voix vibrante : « Au drapeau ! » Tambours, clairons et musique exécutent cet ordre, tandis que les troupes rendent les honneurs réglementaires. Un capitaine s'avance alors et, suivant la tradition toujours respectée au 46ᵉ régiment, appelle : « La Tour d'Auvergne ! » Au milieu d'un profond silence, le plus ancien sergent répond : « Mort au champ d'honneur ! »

Le cortège se forme dans l'ordre suivant, se dirigeant vers les Invalides où l'urne doit être déposée : un peloton de gardes à cheval; le général de Lestapis, la tête de colonne du 46ᵉ régiment, encadrant l'urne qui marche entre le colonel et le drapeau, suivie du

Oudinot, duc de Reggio.

colonel de Heussey et de son frère; puis les deux bataillons du 46ᵉ, l'artillerie et enfin la cavalerie.

Lorsque les sapeurs qui ouvrent la marche franchissent l'entrée du jardin des Invalides, les troupes rendent les honneurs.

La batterie d'artillerie et l'escadron de la garde républicaine restent en dehors et se forment face à la grille.

Le 46ᵉ seul, l'urne en tête, arrive dans la cour d'honneur. Là, ses deux bataillons se forment en masse à droite et à gauche, tandis que l'urne et le drapeau vont s'arrêter face au perron de fond, où se tient, au premier rang, le Président de la République, ayant à sa droite le ministre de la guerre et à sa gauche le gouverneur militaire de Paris, derrière lui les membres du Conseil supérieur de la guerre et tous les généraux résidant à Paris.

Le général commandant la place salue, et, aussitôt, les honneurs, dans la forme prescrite « pour le drapeau » sont de nouveau rendus par toutes les troupes présentes. Après quoi un capitaine et un sous-officier du 46ᵉ échangent de nouveau l'appel : « La Tour d'Auvergne ! Mort au champ d'honneur ! »

La cour d'honneur présentait à ce moment un spectacle imposant. Les galeries qui l'encadrent étaient pleines d'une foule nombreuse. Tout autour de la cour, des délégations de troupes, sur le front desquelles flottaient les drapeaux, se tenaient immobiles. Les musiques jouaient alternativement le *Chant du Départ* et la *Marseillaise*. Au centre s'avançait, porté par deux sous-officiers de haute taille, le brancard, décoré de deux drapeaux, sur lequel étaient posées l'épée de La Tour d'Auvergne et la petite urne d'argent renfermant le cœur. Le colonel Dupontavice de Heussey et son frère, de la famille du héros, escortaient le brancard. Derrière venaient les bataillons du 46ᵉ régiment d'infanterie, le régiment de La Tour d'Auvergne.

Lorsque le cortège eut traversé la cour d'honneur, le général de Lestapis qui le précédait, a salué de l'épée le chef de l'État, et a cédé sa place au colonel du 46°. Le colonel, tourné vers le cœur de La Tour d'Auvergne et vers le régiment, a commandé le salut au drapeau. Le président de la République, le ministre de la guerre, les généraux et tous les invités étaient chapeau bas. Lorsque les tambours et les clairons se sont tus, le colonel a commandé l'appel. Le plus ancien sergent de la compagnie où servait La Tour d'Auvergne, est sorti du rang, et a fait face à ses hommes, pour l'appel. Le colonel a prononcé, d'une voix forte :

— La Tour d'Auvergne !

— Mort au champ d'honneur, a répondu le sergent.

On sait que le 46° régiment a conservé la pieuse tradition de faire mention du nom de La Tour d'Auvergne dans tous ses appels.

Lorsque cette rapide cérémonie a été accomplie, le colonel Dupontavice de Heussey et son frère se sont approchés du président de la République :

— Monsieur le président, a dit le colonel ; j'ai l'insigne honneur, au nom de ma famille, de vous remettre le cœur de mon grand-oncle, La Tour d'Auvergne, pour être confié à la nation.

— Je vous remercie, a répondu le président. Le cœur de La Tour d'Auvergne ne pouvait être mieux placé que sous le dôme des Invalides.

Le cortège s'est aussitôt formé. En tête, marchaient les deux sous-officiers porteurs du brancard ; le colonel et son frère venaient immédiatement après. Puis s'avançaient le président de la République, le ministre de la guerre, les généraux. On a traversé l'église, où l'orgue jouait une marche funèbre et que décorent tant de trophées, contemporains de La Tour d'Auvergne. On a contourné à droite le maître-autel, on est monté, par l'escalier de gauche, dans la chapelle centrale du Dôme ; des délégations des Ecoles militaires formaient ici la haie. Et c'est dans la chapelle où se trouve le tombeau de Turenne que s'est déroulée une cérémonie simple et émouvante.

Le brancard, toujours décoré de ses drapeaux tricolores et de la glorieuse épée, a été déposé au pied du tombeau. Les sous-officiers ont détaché l'urne d'argent, et ils l'ont posée sur la table de marbre du tombeau, sous des faisceaux de drapeaux. Les deux membres de la famille se sont placés en face; aux côtés du président de la République, les rares assistants formaient un demi-cercle.

Le ministre de la guerre s'est avancé au milieu de la chapelle et a lu le discours suivant :

Monsieur le Président de la République,

— Je vous remercie au nom de l'armée de l'honneur que vous lui faites en venant lui remettre de vos propres mains le dépôt et la garde de cette relique d'un de nos plus illustres soldats.

Frappé mortellement sur les hauteurs d'Oberhausen le 27 juin 1800, le capitaine Malo La Tour d'Auvergne Corret fut l'objet de l'ordre du jour suivant :

Le général en chef ordonne :

1° Les tambours des compagnies de grenadiers de toute l'armée seront, pendant trois jours, voilés d'un crêpe noir;

2° Le nom de La Tour d'Auvergne sera conservé à la tête du contrôle de sa compagnie de la 46° demi-brigade; la place ne sera pas remplie et l'effectif de cette compagnie ne sera plus que de 82 hommes.

Le 26 messidor, an XI, cet ordre du jour était confirmé par l'arrêté suivant :

Article premier. — Le cœur de La Tour d'Auvergne, premier grenadier de la République, mort à la bataille de Neubourg le 8 messidor, an VIII, continuera à être porté ostensiblement par le fourrier de grenadiers de la 46° demi-brigade.

Art. 2. — Le nom de La Tour d'Auvergne sera maintenu sur les contrôles et dans les revues; il sera nommé dans tous les appels, et le caporal de l'escouade dont il faisait partie répondra par ces mots : « Mort au champ d'honneur! »

Ces honneurs exceptionnels étaient l'hommage rendu par la France à ces armées de la Révolution qui, suivant la forte expression de Quinet, se montrèrent indestructibles en se maintenant dans les mains de la loi. Leurs terribles baïonnettes qui refoulaient l'Europe s'inclinaient devant l'autorité civile, et indépendamment de leur héroïsme, c'est cette religion du droit, au milieu de l'ivresse de la force, qui donne aux armées de la République un caractère unique de grandeur.

Ce sentiment était tel dans l'âme de La Tour d'Auvergne que lorsque les officiers de son régiment, traîtres à la nation, vinrent lui signifier que le devoir était désormais de servir à l'étranger la cause du roi, La Tour d'Auvergne répondit : « Vous vous êtes mépris, messieurs, en me faisant une telle proposition ; vous me parlez de me parjurer pour attirer sur moi la honte et la malédiction de la patrie. C'est à celle-ci que je me dois ; soldat, je lui dois mon bras ; citoyen, je dois respect à ses lois ».

La Tour d'Auvergne Corret a été grand par la simplicité antique de ses mœurs, par la fermeté de ses convictions républicaines et son amour passionné de la France.

Aussi l'armée n'oublia-t-elle pas l'arrêté du 26 messidor, et la tradition de l'appel fut-elle soigneusement conservée par le 46ᵉ régiment d'infanterie. Mais le cœur du héros subit d'autres vicissitudes. Importuné par le souvenir des gloires de la Révolution, Louis XVIII ne voulut pas le conserver dans le patrimoine national et le remit à un parent plus ou moins éloigné du premier grenadier de France. Nous devons au patriotisme de ses représentants directs le retour à la France de cette relique à jamais sacrée. L'armée remercie la famille Dupontavice de Heussey de s'en être dessaisie en sa faveur.

Il appartenait au gouvernement de la République de renouer la tradition interrompue des armées de la Révolution ; et en venant vous-même présider cette cérémonie, vous avez voulu, monsieur le Président, vous faire l'interprète de la France dans l'hommage qu'elle rend en ce jour à l'une des plus pures de ses gloires militaires.

Après cette allocution, le cœur de La Tour d'Auvergne a été transporté par un adjudant du 46ᵉ d'infanterie dans le caveau des gouverneurs. Des invalides, armés de la lance, ont formé l'escorte. Le colonel Dupontavice et son frère, ont seuls pénétré dans le caveau.

Pendant ce temps les musiques du 46ᵉ et du 104ᵉ jouaient alternativement dans la cour.

Quel enseignement se dégage de la destinée du héros — destinée glorieuse en dépit même de sa propre volonté !

Toute sa vie, La Tour d'Auvergne refusa les honneurs et repoussa les avances de la Renommée.

Lui mort, la Renommée prit sa revanche. Le « premier grenadier de la République » a sa statue dans sa ville natale ; — son régiment conserve pieusement son souvenir et dans toutes les occasions, à l'appel de son nom, fait par le capitaine de la compagnie du drapeau, le plus ancien sergent répond : « Mort au champ d'honneur » ; ses restes sont conservés dans les temples de la gloire et du patriotisme ; — et sa mémoire vivra éternellement au sein de cette armée nationale où subsistent toujours les nobles traditions de courage et de dévouement à la patrie.

LE 14 JUILLET 1800

Bonaparte était parti de Paris le 6 mai 1800; il y revint le 2 juillet. En moins de deux mois, que de choses s'étaient passées !

Quoique le vainqueur eut le talent de mettre ordinairement en scène ses victoires, il faut avouer que dans la circonstance, les faits d'eux-mêmes s'y prêtaient. Le général de Ségur a dit : « Soldats, généraux, nous étions jeunes alors. Un tiers d'entre nous commençait. La plupart des plus âgés n'avaient pas huit ans de guerre. Un triple printemps, celui de l'année, celui de la vie, celui de la gloire, l'émulation aussi en nous, autour de nous, tout exaltait ».

Y eut-il jamais au monde quelque chose plus capable d'exalter les imaginations des foules. Ce passage des Alpes, tentative hardie entre toutes, une armée défilant homme par homme, un à un, par des sentiers de chèvres à travers des neiges éternelles, l'artillerie démontée, les tubes de canons traînés à l'aide de cordes, chaque soldat, chaque cheval exposé par le moindre faux pas à la mort, le Saint-Bernard, les avalanches, les précipices, l'entrée subite dans les plaines d'Italie, la journée de Marengo, si chèrement disputée; la mort si héroïque et si touchante du brave Desaix, l'Italie reconquise dans une campagne de quelques jours, cette nouvelle épopée digne des temps antiques, faisait l'objet de toutes les conversations, l'enthousiasme était général; à aucune époque de sa vie, Napoléon ne fut aussi populaire.

Bonaparte traversa la France au milieu d'ovations.

Parti de Milan le 28 juin, il se trouvait le 30 à Lyon, et surprit par sa prompte arrivée les autorités et les habitants de cette grande

BATAILLE DE HOHENLINDEN
(3 décembre 1800).

cité, mais en moins d'une heure, tout se trouva préparé pour donner
une fête à celui qui venait de sauver la France. Accompagné du préfet Verninac, il voulut parcourir tous les quartiers qui avaient souffert pendant le siège que cette malheureuse ville avait soutenu en
1793. Arrivé sur la place Bellecour, que ses superbes bâtiments rendaient naguère une des plus belles de l'Europe, le Premier Consul y
trouva cinquante mille Lyonnais réunis pour célébrer, par une fête
improvisée, la présence du héros dans leurs murs. Il fut si vivement
ému des témoignages de confiance et d'affection qui lui étaient pro-
digués par cette population industrieuse, qu'il promit solennellement de faire reconstruire la place Bellecour, et de rendre à Lyon
sa splendeur première. Le préfet Verninac lui apprit alors que les
habitants avaient compté d'avance sur la promesse qu'il venait de
faire. Tout étant déjà disposé, Bonaparte posa lui-même la première pierre de l'une des façades de la place. On lui offrit en souvenir une médaille qui avait été dessinée, gravée et frappée dans
la même journée; elle offrait d'un côté l'effigie du héros, avec cette
légende :

A Bonaparte

Réédificateur de Lyon

Verninac, Préfet
au nom des habitants reconnaissants.

De l'autre côté, une couronne civique, au milieu de laquelle on
lisait :

Vainqueur à Marengo,
Deux fois conquérant de l'Italie.

Il posait cette pierre le 1er messidor an VIII de la République.

Premier de son consulat.

A Dijon, il fut félicité par une réunion de jeunes femmes, coiffées avec des fleurs, qui faisaient songer aux belles théories grecques et aux groupes de femmes dansant autour du vainqueur des jeux olympiques. A Sens, il passa sous un arc de triomphe, sur lequel on lisait en gros caractères, les trois mots historiques : *Veni, Vidi, Vici.* Quand il rentra à Paris, pendant la nuit du 2 au 3 juillet, l'enthousiasme fut indescriptible. Riches et pauvres, tous se réjouissaient. Le lendemain, une foule innombrable se pressait dans le jardin des Tuileries et Bonaparte fut plusieurs fois obligé de se montrer à la foule.

Douze jours après son retour à Paris, fut célébrée la fête nationale du 14 Juillet, anniversaire de la prise de la Bastille et de la Fédération. Cette fête, une des plus belles qui aient jamais eu lieu à Paris, conserva son caractère démocratique et militaire. Le peuple et l'armée se donnèrent la main. La garde consulaire, qui était partie de Milan le 22 juin, avait reçu l'ordre d'arriver à Paris, dans la matinée du 14 juillet, en apportant avec elle les drapeaux pris sur les Autrichiens à Marengo. Elle fut exacte au rendez-vous que lui avait donné le Premier Consul. A dix heures du matin, le 14 Juillet, elle était dans la cour des Tuileries, d'où elle se rendit aux Invalides, puis au Champ de Mars. Le prince Eugène, qui en faisait partie, nous dit dans ses *Mémoires :* « Les troupes du dépôt de la garde, par leur propreté et leur belle tenue, offraient un contraste frappant avec celles qui revenaient de l'armée d'Italie, maigres, harassées, couvertes de poussière. Ce contraste ne fit que redoubler l'enthousiasme et la vénération qu'inspirait aux Parisiens la présence de nos braves soldats. Ce fut un des plus beaux moments de ma vie ».

Le fête eut lieu d'abord aux Invalides, dont l'église s'appelle le temple de Mars. Lucien Bonaparte, en sa qualité de ministre de l'Intérieur, y prononce un grand discours, animé par le souffle républicain. Il fait un éloge enthousiaste de la Révolution et célèbre la prise de la Bastille. « La Bastille est conquise, s'écrie-t-il. O France !

République cimentée par le sang des héros et des victimes, que la
Liberté, d'autant plus précieuse qu'elle t'a coûté plus cher, que la
Concorde, réparatrice de tous les maux, soient à jamais tes divinités
tutélaires ! » Par une étrange association d'idées, le frère du Premier Consul unit le 14 Juillet et le 18 Brumaire. « Le 18 Brumaire,
dit-il, a achevé l'ouvrage du 14 Juillet. Tout ce que le premier a
détruit ne doit plus reparaître. Tout ce que le dernier édifie ne doit
plus se détruire... Français, portons avec orgueil le nom du grand
peuple; que ce nom soit l'objet de l'amour et de l'admiration; que,
dans les siècles les plus reculés, les héros du 14 Juillet, les défenseurs et les soutiens de la nation soient offerts au respect de nos derniers neveux, et que la République, fondée par leurs travaux, soit
impérissable, aussi bien que la gloire ».

Lucien vient de finir son discours. Trois orchestres exécutent
simultanément le *Chant du 25 Messidor* (14 juillet), paroles du
citoyen Fontanes, musique du citoyen Méhul. C'est la première fois
qu'on essaie un concert où jouent en même temps trois orchestres
placés à une si grande distance les uns des autres. Les solos et les
chœurs font un effet immense.

CHŒUR

O glorieuse destinée !
Applaudis-toi, peuple français !
Bientôt, de palmes couronnée,
La victoire obtiendra la paix.
Le front des Alpes s'humilie,
Nous avons franchi leurs frimas,
Et tous les forts de l'Italie
S'ouvrent deux fois à nos soldats.

UNE SEULE VOIX

Tu meurs, brave Desaix, tu meurs ! Ah ! peux-tu croire
Que l'éclat de ton nom s'éteigne avec tes jours ?
L'Arabe, en ses déserts, s'entretient de ta gloire,
Et ses fils à leurs fils la rediront toujours.

Comme dit le *Moniteur*, une sensibilité profonde se manifeste à ce moment. Tous les regards se portent sur le monument élevé en l'honneur du héros, et que décore son buste, fait par le citoyen Dupaty.

> O Condé, Dugommier, Turenne,
> C'est vous que j'entends, que je vois,
> Vous cherchez le grand capitaine
> Qui surpassa tous ses exploits.
> Les fils sont plus grands que les pères,
> Et vos cœurs n'en sont point jaloux.
> La France après tant de misères,
> Renaît plus digne encor de vous.
> Un grand siècle finit, un grand siècle commence,
> Gloire, vertus, beaux-arts, renaissez avec lui !
> O Dieu ! vois à tes pieds tomber ce peuple immense
> Les vainqueurs de l'Europe implorent ton appui.

VIEILLARDS

> Forme l'enfance et la jeunesse
> Au goût du travail et des mœurs.

JEUNES GENS

> Donne la paix à la vieillesse.

JEUNES FILLES

> Accorde à tous les jours meilleurs.

CHŒURS DE GUERRIERS

> Etre immortel, qu'à ta lumière
> La France marche désormais,
> Et joigne à ta vertu guerrière
> Toutes les vertus de la paix.

Le chant est terminé. Le Premier Consul se rend dans la Cour, derrière le dôme ; il passe en revue les Invalides. On lui présente cinq d'entre eux que leurs camarades ont désignés comme les plus dignes des récompenses nationales, et il leur décerne des médailles d'or sur lesquelles sont inscrits leur nom, leur âge, leur lieu de naissance et leurs actions. Il se rend ensuite au Champ de Mars, où les troupes, sous les armes, l'attendent. Tous les tertres sont couverts par une foule immense, et toutes les fenêtres de l'Ecole militaire sont garnies de spectateurs.

Le ministre de la guerre présente aux trois consuls les officiers porteurs des drapeaux enlevés à l'ennemi. A ce moment, la joie de la foule tient du délire. Chacun veut contempler de plus près ces trophées dont on est si fier, ces héros qui ont si bien mérité de la patrie, ce vainqueur qui a fait de si grandes choses. On ne veut pas rester sur les tertres. On se précipite dans le Champ de Mars, au milieu même des troupes. Rien ne pourrait entraver cet élan. Aucune consigne, aucun obstacle n'arrêteront le flot irrésistible. Les cris de : « Vive la République! Vive Bonaparte! » font explosion. « Ces deux noms, dira le *Moniteur*, sont également chers aux Français. Que les amis de la liberté se réjouissent, jamais spectacle plus touchant ne s'offrit aux regards... Oh! quel peuple que celui-ci! Heureux qui peut le servir et s'en faire aimer! » La fête se termine par des amusements de tout genre : course à pied, course à cheval, ascension d'un aérostat, illuminations, orchestres et danses aux Champs-Elysées, feu d'artifice, concert. Au grand dîner, où assiste Bonaparte avec les principales autorités de la République, on distingue les Invalides qui ont reçu, le matin, des médailles au temple de Mars, et deux de leurs camarades, âgés, l'un de cent quatre ans, l'autre de cent sept. Le Premier Consul porte ce toast : « Au 14 Juillet et au Peuple français, notre souverain! ».

Quelques jours après, le 21 juillet, on annonça l'arrivée du comte de Saint-Julien, chargé par l'empereur d'Autriche de porter à Paris la ratification de la convention d'Alexandrie, et de conférer avec le Premier Consul sur les conditions de la prochaine paix. On ne douta plus alors de la conclusion de cette paix si désirée, qui devait mettre fin à la seconde coalition. La France, on peut le dire, suivant l'expression de Thiers, n'avait jamais vu d'aussi beaux jours.

HOHENLINDEN

Sous l'impression du coup de foudre de Marengo, le Cabinet de Vienne ratifie l'armistice et demande à négocier le rétablissement de la paix. De part et d'autre, on convient d'envoyer des plénipotentiaires à Lunéville. Bonaparte avait posé comme principale condition qu'un armistice serait également conclu sur mer. Cette condition ne concernait pas seulement la France; elle visait aussi la reconnaissance du droit des neutres, que l'Angleterre semblait avoir oubliée. Comme l'Angleterre se refusait à une suspension d'armes, le Premier Consul fit signifier la reprise des hostilités.

Il avait profité de l'armistice de Parsdorf pour remettre l'armée d'Allemagne en état. Augereau fut porté de la Hollande sur Francfort, afin de contenir les troupes levées en Allemagne par le baron d'Albini. Son arrivée permit au corps détaché de la gauche de Moreau de reprendre sa position. Une forte réserve de quinze mille hommes, qui n'avait pu suivre l'armée de Dijon en Italie, fut envoyée avec Macdonald dans le pays des Grisons; Lecourbe, garanti à sa droite, se réunit également au corps d'armée : de sorte que Moreau, protégé à sa gauche par Augereau, à sa droite par Macdonald, pouvait mettre toutes ses divisions en ligne de bataille, sans crainte de surprise.

L'armée d'Italie avait pareillement réuni ses forces en appuyant sa gauche sur Macdonald : elle était prête à entrer en action. Quoique moins menacée que l'armée d'Allemagne, elle lui était cependant inférieure comme composition. Il s'était introduit dans son sein de fâcheux dissentiments, qui avaient contraint Masséna de céder son commandement au général Brune, mis en relief par sa

La Consulta de la République Cisalpine réunie en Comices a Lyon, décerne la présidence
au Premier Consul Bonaparte (26 janvier 1802).

campagne de Hollande. Le nouveau général en chef avait du courage et n'était pas dépourvu de science, mais il manquait de coup d'œil et n'avait pas cette résolution qui fait les grands capitaines.

L'Autriche, de son côté, avait organisé ses divisions et construit de formidables retranchements sur la rive droite de l'Inn. Son état-major avait subi aussi des modifications importantes. Mélas, en Italie, avait remis le commandement au comte de Bellegarde ; le général Kray, en Allemagne, avait été remplacé par l'archiduc Jean, jeune homme d'un grand courage, la tête pleine de théories, et qui se flattait d'égaler Bonaparte. Mais le moral de l'armée était au plus bas, à tel point que l'empereur sollicita lui-même une prolongation d'armistice. Le Premier Consul y consentit, à condition que les trois places de Philippsbourg, d'Ulm et d'Ingolstadt passeraient entre nos mains. Ce grand sacrifice fut accordé : l'armistice de Hohenlinden retarda de quarante-cinq jours la reprise des hostilités.

Bien qu'un armistice fût conclu, l'Italie, à la sollicitation des émissaires anglais et autrichiens remuait constamment. La cour de Naples, toute entière à la dévotion du Cabinet de Saint-James, faisait des levées extraordinaires et se signalait par de bruyantes manifestations belliqueuses. Sans avertissement, sans déclaration préalable, elle avait jeté un corps de douze mille hommes sur le Tronto, entre l'Abruzze supérieure et la marche d'Ancône. Un autre corps, aux ordres d'un émigré français, le comte de Damas, était entré dans les Etats romains, et ralliait autour de lui les aventuriers que soulevait le cardinal Ruffo. Le Piémont aussi était troublé par des bandes de maraudeurs, qui causaient à l'armée française du dommage et des pertes d'hommes. Jourdan parvenait difficilement à calmer les esprits et à éteindre, tantôt sur un point, tantôt sur un autre, l'insurrection qui menaçait d'éclater. La Toscane surtout était échauffée du feu malsain de la révolte. Placée en dehors de la ligne de démarcation française, cette province était remuée de fond en comble. Le marquis de Sommariva, qui en était régent, faisait cause commune avec les Autrichiens, levait des paysans, confiait leur direction aux officiers ennemis, et se conduisait dans la paix comme s'il eût été en guerre. Les généraux Monnier et Dupont lui firent d'inutiles remontrances : il n'y eut rien de changé. Ces villageois imprévoyants en vinrent à insulter nos soldats dans leurs lignes.

Le général Brune fit alors une dernière sommation : il avertit le régent que si, dans un bref délai, ces troupes nomades n'étaient pas licenciées, il se verrait contraint de les réduire par la force et d'occuper militairement le pays. Ne recevant pas de réponse, et voyant l'ennemi s'accroître en nombre, il envoya le général Dupont, qui commandait l'aile droite, sur Florence; le général Monnier, de Bologne sur Arezzo; le général Clément, de Lucques sur Livourne. La deuxième colonne eut seule un peu à souffrir; elle culbuta les Arétins et deux bataillons toscans au défilé de la Chiana, et fut obligée de prendre Arezzo d'assaut. Il y eut du carnage. Cet exemple calma rapidement la fièvre belliqueuse des séditieux. Clément eut moins à faire et recueillit un plus grand bénéfice : il surprit dans Livourne quarante-six bâtiments anglais chargés de blé et de légumes secs. Ce fut une précieuse ressource pour nourrir l'armée dans la campagne d'hiver qu'elle allait entreprendre.

Cette expédition, commandée par la nécessité de se défendre, n'eut pas d'influence sur l'armistice : les armées belligérantes continuèrent à se regarder comme en temps de paix. Elles attendaient de Lunéville le signal de se battre ou de se serrer la main. Le comte de Cobentzel y était venu pour s'entendre avec le gouvernement consulaire. Le choix de ce personnage était des plus agréables au Premier Consul, et l'on augurait favorablement du congrès. Le comte de Cobentzel avait même été mandé à Paris par le vainqueur d'Italie, et les rapports de ces deux négociateurs de Léoben avaient été empreints d'une bienveillance parfaite. Mais l'Angleterre, refusant toujours l'armistice naval, s'obstinant à traiter de la paix sur terre tout en continuant la guerre sur mer, arrêta les concessions que l'on était décidé à se faire réciproquement, et rendit toute conclusion amicale impossible. Le congrès se borna à de vaines formalités, à des protestations stériles; et le Premier Consul, ennuyé de ce commérage fastidieux, dénonça l'armistice.

Moreau, en ce moment à Paris pour son mariage, se hâta de rejoindre l'armée d'Allemagne, qui occupait alors les positions suivantes : l'aile droite, aux ordres du général Lecourbe, surveillait les débouchés du Vorarlberg et du Tyrol, s'étendait de Felkirch à la rive gauche de l'Iser, et poussait son avant-garde jusqu'à Helfendorf, au grand coude que forme la Mangfahl à quatre lieues du lac de Togern ; le centre, que Moreau s'était réservé, s'étendait à droite et à gauche d'Ebersberg, sur la route de Munich à Wasserburg; l'aile gauche, commandée par Grenier, appuyait sa droite sur Hohenlinden, sa gauche sur Horlkofen; le corps de Sainte-Suzanne, fort de trois divisions, stationnait entre l'Altmühl et le Danube, reliant ensemble l'armée de Moreau et celle d'Augereau. Avant de marcher à l'ennemi, Moreau lança la proclamation suivante :

Au quartier général de Munich, le 26 novembre.
Le général en chef, à l'armée,

« Soldats! Le peuple français était loin de croire que vous seriez encore forcés de reprendre les armes, dans les saisons les plus rigoureuses, pour lui donner une paix qu'il désire avec bonne foi, et que ses ennemis cherchent à éloigner par les ruses que la diplomatie n'emploie que trop fréquemment.

En effet, on ne pouvait guère s'attendre à voir un négociateur se présenter sans pouvoirs de négocier.

Le gouvernement français, aussi franc que doit l'être celui d'un état libre, s'est empressé de faire à l'ambassadeur de la maison d'Autriche, les ouvertures les plus avantageuses, ne doutant nullement de mettre un terme à vos travaux, et de rendre le repos et le bonheur à la République.

Le comte de Cobentzel déclare qu'il ne peut traiter de la paix qu'en présence des commissaires anglais.

En vain lui observe-t-on qu'un peuple qui solde tous ceux de l'Europe qui veulent s'armer contre nous, ne consentira point à voir cesser une guerre que son gouvernement trouve avantageuse, et cherche à prolonger même par des moyens odieux.

La raison se tait devant des pouvoirs impératifs, et de nouveaux succès paraissent seuls devoir faire changer des dispositions aussi étranges.

C'est par d'aussi misérables chicanes que nos ennemis ont cru gagner une saison qui ne nous permettrait pas de faire cette campagne avec succès.

Ils devraient mieux vous connaître, et croire que les soldats français, aussi peu sensibles aux rigueurs de la saison qu'ils l'ont été en conquérant la Hollande et en défendant le fort de Kelh, sauront surmonter les mêmes obstacles, pour rendre à leur patrie une paix qui mettra le comble à leur gloire et à sa prospérité, etc.

Signé : Moreau ».

L'archiduc Jean avait pris position sur l'Inn, avec le dessein de tourner l'armée française par sa gauche, de marcher sur Munich et de rejeter nos troupes sur le Tyrol. Il importait souverainement aux Français de se garantir sur l'Iser, pour s'opposer à tout mouvement tournant. Moreau envoya en conséquence une forte avantgarde, tirée du corps de Grenier, occuper Vilsbiburg, à la jonction des routes d'Œtting et d'Eggenfelden, pour couvrir le chemin de Landshut. Lecourbe, de son côté, fit occuper à droite Rosenheim, au point de jonction de la Mangfahl avec l'Inn ; Decaen porta sa division un peu plus bas, auprès d'un ruisseau, à égale distance de Rosenheim et de Wasserburg ; Richepanse occupa ce dernier poste.

Quand ces dispositions furent prises, Grenier fit, le 29 novembre, avancer deux divisions jusqu'à Ampfing, pour empêcher l'ennemi de remonter la vallée de l'Iser. Il eut soin d'échelonner ses brigades sur la route tortueuse de Mühldorf, de manière à occuper les positions les plus fortes entre l'Inn et l'Iser. La première division, opérant sur la droite, ne rencontra aucun obstacle : Ney, qui la commandait, arriva sans difficulté au lieu qui lui avait été fixé. Celle de gauche, commandée par Legrand, rencontra à mi-chemin, au village de Dorfen, une forte colonne ennemie, et engagea avec elle un combat meurtrier. Cette rencontre l'empêcha de prendre ligne avec la première division. Le général Grenier y pourvut en envoyant à Rottenkirch une brigade de sa réserve, et Moreau fit appuyer Ney sur la droite par la division Grandjean.

L'engagement survenu à Dorfen indiquait un mouvement des Autrichiens sur la gauche des Français : l'avant-garde envoyée à Vilsbiburg pour protéger Landshut fut assaillie en même temps par des forces supérieures et acculée au pont de l'Isler. Elle fit bonne contenance pour garder Landshut. Accablée enfin par le nombre, elle fut contrainte à la retraite. Le général Legrand se soutint plus facilement à Dorfen, grâce aux renforts qu'il reçut. Mais aucun corps ne s'opposait au passage de l'Inn : le 10 décembre, à huit heures du matin, les avant-gardes autrichiennes se montrèrent en face de la ligne française. Le général Ney, qui se présentait le premier sur le chemin, eut fort à souffrir; la brigade Harty, qui formait sa gauche, fut enfoncée; craignant d'être tourné, il se replia en bon ordre.

Il était temps qu'il prît ce parti : car déjà l'ennemi, débouchant par Krayburg, le menaçait à droite et à gauche, et une colonne se portait rapidement dans le défilé qu'il avait sur ses derrières, pour lui couper la retraite. Une charge de dragons balaya le chemin. Il s'établit à la hâte sur les hauteurs de Haag, ayant en avant de lui le général Grandjean sur la colline de Ramsau. Le général Legrand, qui tenait toujours à Dorfen, malgré les attaques réitérées de l'ennemi, formait, avec les divisions Ney et Grandjean, les deux points extrêmes où pesait tout le poids de l'ennemi en avant de la ligne

française. Le corps d'armée s'étendait autour de Hohenlinden, en
avant et en arrière de la chaussée d'Erding à Ebersberg, sur un sol
raviné, où des ruisseaux, des vallons, des bois touffus, des hauteurs
escarpées, formaient autant de retranchements naturels que l'ennemi ne pouvait franchir qu'au prix de mille dangers.

Jusque-là les Autrichiens avaient eu l'avantage, mais ce n'étaient
que des affaires partielles. Dans la journée du 2 décembre, Moreau
prit ses dispositions en vue d'une action décisive. L'ordre de bataille
restait à peu près le même, sauf que Richepanse et Decaen furent
rappelés en arrière pour occuper Ebersberg et Zornotting, et que
Lecourbe s'avança jusqu'à Pframering pour être à portée de secourir l'un ou l'autre, selon qu'il en serait besoin. Le corps de Sainte-
Suzanne, dirigé primitivement sur Landshut, fut posé à Freysing,
sur la chaussée de Landshut à Munich. Une brigade de cavalerie de
réserve et quatre compagnies d'infanterie furent envoyées un peu
en avant, à Erding, poste intermédiaire entre Landshut, Freysing
et Hohenlinden, pour éclairer et couvrir l'aile gauche. Toutes ces
dispositions furent prises dans la journée du 2 décembre; l'affaire
commença le lendemain matin.

Fiers du succès de leurs débuts, les Autrichiens s'avançaient en
colonnes serrées, chassant devant eux les corps de Grandjean et de
Ney, malgré l'appui que leur donnait le général Grouchy, qui stationnait avec dix mille hommes du centre en avant de Hohenlinden.
Le temps était détestable; la neige tombait par gros flocons; l'on
voyait à peine à quelques pas devant soi. Tout en gagnant du terrain, les Autrichiens laissèrent cependant enlever un nombre considérable de prisonniers, saisis à l'improviste dans les bois, à la faveur
de la brume qui régnait tout autour. L'ennemi s'avançait sur trois
colonnes : celle du centre, composée de troupes autrichiennes et bava-
roises, se dirigeait en masse sur Hohenlinden par la chaussée, traînant derrière elle un grand parc d'artillerie; la cavalerie fermait

Davoust, prince d'Eckmühl.

la marche; celle de droite s'avançait sur Burghrain; celle de gauche, sur Alpaching et Saint-Christophe.

Moreau, ayant deviné le plan de l'ennemi, avait donné ordre à Richepanse de quitter Ebersberg et de se porter, à travers bois, au hameau de Saint-Christophe. Le premier régiment de chasseurs à cheval, suivi d'infanterie et marchant à l'avant-garde, joignit la colonne autrichienne qui s'avançait par le vallon d'Alpaching. Après une fusillade énergique, les Autrichiens, glissant tout à coup sur le flanc des Français, les coupèrent en deux. Drouet, qui marchait en queue, fit de vains efforts pour percer et se réunir aux chasseurs : il demeura séparé. Richepanse arriva dans l'instant même avec le reste de son corps. Il hésita s'il ne devait pas rallier ces bataillons isolés; mais, jugeant qu'il valait mieux tout risquer et s'emparer de l'importante position de Mattenboett, sur la chaussée d'Hohenlinden, il ordonna au général Drouet de tenir tête à la colonne autrichienne, ou au moins de l'inquiéter jusqu'à ce qu'il fût secouru par Decaen, et il poursuivit son chemin.

Une grande partie des Autrichiens était engagée dans le défilé de Hohenlinden, quand Richepanse arriva à Mattenboett. Ce village n'était pas occupé. Il s'y établit aussitôt, et commença l'attaque avec six pièces de canon, qu'il avait amenées au prix de fatigues incroyables. Les Autrichiens y ripostèrent par un feu supérieur, et se formèrent en ordre de bataille. N'ayant avec lui que peu de troupes comparativement à l'ennemi, Richepanse ne voulut pas lui laisser prendre l'offensive. Il essaya de le troubler en le faisant charger vigoureusement par le 1ᵉʳ de chasseurs; mais, attaqué lui-même en flanc par un escadron ennemi que recélait un pli de terrain, ce régiment fut mis en désordre et obligé de se replier à la hâte. Les Autrichiens en profitèrent pour élargir leur front, de manière à envelopper leurs adversaires. La position était grave. L'audacieux Richepanse s'en tira par un trait de génie.

Laissant là toute défense méthodique, il ordonne à quelques régiments d'occuper l'ennemi, se rue avec le reste dans le défilé, et va porter sur les derrières des troupes déjà engagées une effroyable confusion. Cette manœuvre fut exécutée avec la plus grande rapidité. Le général Walther, à la tête de ses escadrons, soutenus par la huitième demi-brigade, s'avança sur la droite pour contenir la cavalerie ennemie qu'il avait devant lui, tandis que, sur la gauche, le général Richepanse, avec la quarante-huitième, se portait sur la forêt de Hohenlinden.

Sur ces entrefaites, la canonnade de Mattenboett avait attiré l'attention du général ennemi, qui suivait et couvrait le parc d'artillerie avec une réserve de grenadiers hongrois; et les Français, au moment de pénétrer dans la forêt, reçurent le feu de trois pièces que ce même général venait de faire mettre en batterie au débouché, en les soutenant lui-même avec ses grenadiers. La troupe de Richepanse continuait à s'avancer sous la mitraille et sous le feu des nombreux tirailleurs répandus dans le bois aux deux côtés de la route, lorsque trois bataillons de grenadiers hongrois, formés en colonne serrée, se présentent sur le chemin pour disputer le passage. Dans ce moment décisif, Richepanse, en se tournant vers les braves qui le suivent, s'écrie : « Grenadiers de la quarante-huitième, que dites-vous de ces hommes-là ? — Général, ils sont morts! » En prononçant ces mots, les grenadiers croisent la baïonnette et se précipitent sur la colonne ennemie; le choc est terrible, la résistance des Hongrois est presque égale à l'impétuosité des assaillants, mais les premiers sont bientôt culbutés, et, l'impulsion une fois donnée, aucune des colonnes qui se présentent successivement ne peut arrêter la marche foudroyante des Français.

Ce beau fait d'armes avait lieu au moment même où le général Ney enfonçait, à la sortie du défilé vers Hohenlinden, les troupes autrichiennes qui faisaient de vains efforts pour déboucher. C'est alors que la belle combinaison du général en chef parut dans tout

son éclat, ainsi que l'admirable exécution de ses ordres par deux des
plus illustres généraux de la République. La grande masse autrichienne, pressée en tête dans le défilé par l'intrépide Ney, refoulée
en queue par l'audacieux Richepanse, tourbillonna longtemps sur
elle-même, rompit ses rangs, et se jeta en désordre à droite et à
gauche dans la forêt. Poursuivis vivement, les fuyards n'ont plus
d'autre parti à prendre que de mettre bas les armes et de se rendre
à discrétion. La chaussée, tout à l'heure couverte de vieilles bandes
autrichiennes, n'offre plus que des cadavres amoncelés, des chevaux
sans conducteurs, des chariots, des caissons renversés; quatre-vingt-
sept pièces de canon deviennent le trophée de cette victoire, qui n'est
pas moins le résultat de la science stratégique que celui de la bravoure. Les troupes de Ney et de Richepanse se sont jointes au milieu
de cette scène de carnage et de désordre, et leurs cris d'allégresse,
en apprenant leur réunion aux vaincus dispersés, augmentent
encore, s'il est possible, la terreur de ces derniers.

Ney se charge du soin de ramasser les prisonniers, tandis que
Richepanse revient sur ses pas pour soutenir ou dégager le général
Walther, toujours aux prises avec la cavalerie autrichienne, à l'entrée du défilé; il le rencontre blessé grièvement et porté sur un brancard par ses dignes soldats. Le général Drouet, dégagé par le général Decaen, avait rejoint le général Walther, et l'avait puissamment
aidé à obtenir un succès que celui-ci payait de son sang. Le général
Richepanse, après avoir disposé son infanterie sur la ligne du bois,
aux deux côtés de la chaussée, déboucha avec la cavalerie de Mattenboett, chargea et poursuivit celle des Autrichiens, qui ne fit plus
devant lui qu'une retraite précipitée jusqu'à Hag.

Maintenant nous devons raconter comment le général Drouet
avait échappé aux forces supérieures qui le tenaient en échec vers
Saint-Christophe. Sa brigade, pressée vivement par la colonne du
général Riesch, était postée sur un plateau très étroit, qui ne lui

permettait point de se développer; cependant elle soutint l'attaque sans se laisser entamer. Une fusillade assez vive, entendue sur la droite, fit penser au général Drouet que la division Decaen arrivait à son secours. Cette nouvelle, communiquée aux soldats, redoubla leur ardeur; ils reprirent l'offensive, et tombèrent impétueusement sur la droite de l'ennemi, déjà attaqué sur son flanc gauche par le chef de brigade Lafond, qui venait d'arriver en effet avec l'avant-garde du général Decaen. Le général Riesch opposa vainement sa réserve à cette attaque; le gros de la colonne française, arrivant en soutien de son avant-garde, attira bientôt toute l'attention de la colonne autrichienne. Le général Drouet, libre de continuer son chemin, obliqua à gauche, et força sa marche pour rejoindre le général Richepanse. En même temps il ordonna au général Kniasewitz de se porter, avec sa légion polonaise, par la gauche et l'intérieur du bois, entre Mattenboett et Hohenlinden, à l'effet de tomber sur le flanc droit de la colonne Riesch, de combattre fortement pour l'arrêter et le contenir, et se porta avec le reste de sa division vers la chaussée, où il se réunit au général Grouchy, qu'il soutint dans son attaque contre la droite des Autrichiens.

Il était deux heures de l'après-midi. La bataille était bien certainement gagnée, puisque le centre des Autrichiens, qui faisait leur principale force, se trouvait détruit; mais la droite et la gauche combattaient encore avec opiniâtreté; par suite des mauvaises dispositions du général en chef autrichien, ses ailes se trouvaient avancées à plus de deux lieues de distance en deçà et au delà de la chaussée; l'épaisseur de la forêt de Hohenlinden avait empêché le bruit du canon de parvenir jusqu'à ces troupes; de sorte qu'au milieu du désordre qui avait été le résultat de la belle manœuvre ordonnée par Moreau, l'archiduc n'ayant pas eu le temps de faire avertir les généraux qui commandaient les autres colonnes, ceux-ci s'obstinaient à exécuter les instructions qu'ils avaient reçues. A l'aide de la supériorité de leur nombre, et de l'avantage du terrain, ils se mainte-

naient dans leurs positions, et l'aile droite autrichienne s'efforçait
même de déborder l'aile gauche des Français.

Deux divisions d'infanterie (celles des généraux Legrand et Bastoul), la réserve de cavalerie du général d'Hautpoul, et une brigade
de réserve de la division Ney, réunies sous les ordres du général Grenier, étaient aux prises avec les corps des généraux Kienmayer et
Baillet-Latour, qui avaient débouché par Dorfen et le village d'Issen. Grenier avait eu d'abord l'ordre de se tenir sur la défensive,
mais ensuite Moreau lui avait fait dire d'attaquer vivement les
troupes qu'il avait devant lui. Les positions de l'ennemi furent prises
et reprises plusieurs fois; les Autrichiens se battaient en désespérés,
et les Français en gens qui se croyaient sûrs de la victoire. Les qua-
rante-deuxième et cinquante-et-unième demi-brigades soutinrent sans
s'ébranler les charges réitérées de la cavalerie autrichienne; enfin,
la droite du général Legrand réussit à jeter dans les défilés de Len-
dorf toutes les troupes qu'elle avait devant elle, tandis que le général
Bonnet, avec une brigade de la division Bastoul, pénétrait dans
Issen, enlevait six pièces de canon, et faisait quinze cents prisonniers.

Le général Grenier se disposait à poursuivre cet avantage,
lorsque l'ennemi menaça fortement la seconde brigade de la division
Bastoul et la brigade de réserve de la division Ney. Grenier fit avancer alors le général d'Hautpoul, avec trois régiments de cavalerie,
soutenus par un bataillon de grenadiers. Le général Bastoul, en
apercevant ce renfort, forme ses colonnes d'attaque et marche sur
la ligne que l'ennemi venait de former en avant du bois sur les hauteurs de Detting. Cette attaque fut protégée par celle de la brigade
du général Bonnet, qui, renforcée elle-même par celle de cavalerie
du général Fauconnet, fit un mouvement décisif sur la droite de la
position des Autrichiens, pendant que la gauche était débordée par
la brigade de réserve aux ordres du général Joba. L'ennemi ne put
résister à cet effort combiné; il se retira en désordre, abandonnant

plusieurs pièces de canon et un grand nombre de prisonniers. Le
général Bastoul avait été blessé grièvement dans cette charge, qui
fut la dernière de la journée. Le général Grandjean, que Moreau
avait détaché de son centre pour renforcer son aile gauche, trouva le
général Grenier maître du champ de bataille, et l'ennemi fuyant dis-
persé à travers les bois.

Pendant que ces événements se passaient à l'aile gauche, le général Decaen avait combattu à la fois les troupes du général Riesch et
les débris de la grande colonne du centre qui cherchaient à s'y réunir,
ou à gagner la route de Wasserburg. Le général Kniasewitz, laissé
en observation avec ses Polonais, après que le général Drouet eut été
dégagé auprès de Saint-Christophe, fut attaqué avec vigueur par le
général Riesch, et lui disputa le passage pendant toute la journée.
Cependant les braves Polonais, fatigués d'une lutte aussi inégale,
commençaient à faiblir vers le soir ; et le général ennemi se flattait
déjà de pouvoir continuer sa marche vers Hohenlinden, lorsqu'il fut
attaqué par de nouvelles troupes. C'était la brigade du général
Durutte, qui venait de faire mettre bas les armes à neuf cents Autrichiens. Un petit corps ennemi, isolé par suite du grand mouvement
opéré dans le défilé, avait cherché à gagner Wasserburg, mais l'adjudant-major de la quatorzième légère, Connil, à la tête de deux
compagnies, se porta rapidement sur lui, et le somma de se rendre.
Entendant la fusillade du côté d'Alpaching, le général Durutte se
porta rapidement sur ce point, prit en flanc la colonne du général
Riesch, le réduisit à la retraite, et dégagea ainsi le général Kniasewitz et sa vaillante légion. La division Decaen avait fait dans cette
journée plus de trois mille prisonniers, au nombre desquels se trouvaient cinquante officiers.

Telle fut la fin d'une des batailles les plus mémorables de cette
guerre de la Révolution si féconde en prodiges, et qui fit faire tant
de progrès à l'art militaire. « Elle fut complètement gagnée, dit un
judicieux historien, le lieutenant-général M. Dumas, par l'exécution

Entrée de Bonaparte Premier Consul a Anvers
(18 juillet 1803).

10

la plus rigoureuse et la plus littérale, du plan prémédité, exemple
bien rare dans les fastes de la guerre ! » Les résultats immédiats de
la victoire furent cent pièces de canon, onze mille prisonniers, dont
deux cent quatre-vingts officiers, parmi lesquels les généraux bavarois Deroi et Spannochi. Le succès était complet, et, sans l'état
affreux des chemins et l'extrême brièveté des jours, au mois de
décembre, les résultats eussent été bien plus grands. Encore quelques
heures de jour et l'armée victorieuse eût pu continuer de poursuivre
les vaincus ; les Autrichiens n'auraient pas pu sauver une seule pièce
de canon. Mais au moment où tous les corps désunis et rompus
fuyaient à travers les bois, dans le désordre d'une déroute complète,
la nuit, avancée encore par la chute de la neige, commençait à
étendre ses voiles et força les Français d'abandonner une poursuite
qui aurait pu devenir aventureuse.

Indépendamment des onze mille prisonniers restés entre les
mains des Français, plus de six mille morts étaient étendus sur le
champ de bataille. Dans la nuit, un grand nombre de soldats égarés,
prêts à périr de froid et de faim, jetèrent leurs armes et vinrent aux
bivouacs des vainqueurs, en implorant leur commisération. La journée de Hohenlinden ne coûta pas aux Français plus de deux mille
cinq cents hommes tués ou blessés. Généraux, officiers, soldats, tout
le monde avait fait son devoir ; tous s'étaient couverts d'une gloire
éclatante. On entendit des blessés, rappelant encore leurs forces,
s'écrier : « Il ne faut pas mourir aujourd'hui, pour voir la fin d'une
si belle journée ».

Le courage et l'intrépidité des troupes avaient sans doute puissamment contribué au succès ; mais il convient de payer à Moreau le
tribut d'éloges qui lui est dû. Jamais ce général n'avait donné des
preuves aussi brillantes de son habileté, de sa présence d'esprit, de
son sang-froid ; mais, toujours modeste, il ne répondit aux félicita-
tions de ses généraux qu'en leur attribuant tout l'honneur du succès.
Il les chargea de témoigner sa satisfaction aux troupes qui avaient

si bien secondé leurs dignes chefs, et répéta plusieurs fois que l'armée devait la victoire à l'intrépidité du général Richepanse, aux belles manœuvres du général Grenier, à la brillante conduite des généraux Ney, Grouchy, Decaen, Bastoul, Walther, et à l'inébranlable constance du général Kniasewitz, dont les troupes combattaient pour la première fois sous ses yeux. De tous les généraux sur lesquels Moreau se plaisait à faire rejaillir ainsi une partie de sa propre gloire, le général Richepanse était celui qui méritait en effet d'être nommé le premier, puisqu'il avait décidé la victoire en prenant deux fois une résolution qui aurait altéré le sang-froid d'un général ordinaire.

La retraite du gros de l'armée autrichienne se fit dans tout le désordre qui signale une grande catastrophe ; les corps ne purent se rallier que le lendemain en reprenant, sur la rive droite de l'Inn, les positions qu'ils auraient dû quitter ou plus tôt ou plus tard. Ce désordre était tel que toutes les armes étaient mêlées, les corps confondus ; qu'il fallut plus de deux jours pour rallier les fuyards et reformer les corps désorganisés. La réserve de cavalerie qui avait combattu à Mattenboett contre la brigade du général Walther, avait seule montré quelque résolution dans cette épouvantable déroute, en tenant assez longtemps dans le village de Hag pour couvrir le désordre de la retraite, et rallier les débris de la colonne du centre ; elles repassèrent l'Inn à Krayburg et à Muhldorf. Quant aux troupes de la colonne de gauche, ou corps du général Riesch, vaincues par la division Decaen, elles atteignirent le pont de Wasserburg, où elles se défendirent assez vivement contre les bataillons de cette même division, qui, seuls, poursuivirent l'ennemi malgré l'obscurité de la nuit. Les troupes de l'aile droite (les deux corps des généraux Kienmayer et Baillet-Latour) furent protégées dans leur retraite par la cavalerie du général Meceri, qui soutint assez heureusement une attaque de nuit dirigée contre lui par le général Espagne, porté, comme on l'a vu, avec sa brigade de cavalerie, à l'extrême gauche de la ligne française, près du village d'Erding. La résistance de ce corps de cavalerie autrichienne permit à l'infanterie de continuer sa retraite en assez bon ordre par la vallée de l'Issen, et de se réunir aux autres corps de l'armée en passant l'Inn sur les ponts de Muhldorf et Ætting.

L'armée française, après avoir bivouaqué sur le champ de bataille, marcha en avant.

Le général Moreau, pour tirer de la victoire de Hohenlinden tout le parti possible, n'avait plus qu'à envahir la Haute-Autriche et à marcher rapidement sur Vienne, afin d'y dicter la paix, comme le fit depuis son rival de gloire dans des circonstances à peu près semblables. Mais cette entreprise, dont Moreau sentait toute l'utilité, sans avoir peut-être la résolution nécessaire pour l'exécuter, présentait de nombreux obstacles.

Le général en chef autrichien pouvait, à la vérité, s'opposer à cette invasion, en portant la majeure partie de son armée sur sa gauche au pied des montagnes, et ne laissant sur le bas Inn que les forces nécessaires pour garder les têtes de pont de Muhldorf et de Krayburg et la forteresse de Braunau; mais, outre que l'expérience du jeune archiduc ne lui permettait peut-être pas de pressentir le dessein de son habile adversaire, celui-ci, pour mieux lui en dérober la connaissance, recourut à un stratagème qui devait entretenir la confiance de l'archiduc, et l'empêcher d'aviser au seul moyen qui lui restât pour mettre les Etats de son frère à l'abri des insultes de l'armée victorieuse. Moreau porta donc une très forte masse sur le bas Inn, afin de persuader à l'archiduc que son intention était de manœuvrer désormais dans cette direction. Le centre et l'aile droite de l'armée parurent appuyer de ce côté en descendant un peu le long de la rivière, manœuvre qui leur donnait en même temps la faculté de resserrer de plus en plus les Autrichiens dans leurs positions, et pour achever de donner le change à l'archiduc, Moreau fit rassembler à la hâte toutes les embarcations qui se trouvaient sur l'Iser, à Munich, et dans les environs, mit en réquisition tous les chevaux de luxe des seigneurs bavarois, et les employa à faire transporter les bateaux sur des chariots, par la route d'Erding.

Mais tandis que ces préparatifs ostensibles faisaient croire en effet aux Autrichiens que Moreau avait l'intention positive de forcer le passage de l'Inn inférieur, le général Lecourbe faisait secrètement tous les apprêts de l'opération véritable. Cet habile lieutenant du général en chef avait reconnu lui-même l'Inn supérieur, et venait de décider que le point le plus favorable pour passer cette rivière était vis-à-vis le petit village de Neuheurn, entre Kuffstein et Rosenheim, mais plus près de ce dernier endroit.

L'appareil du transport extraordinaire des bateaux de l'Iser, sur la route d'Erding à Muhldorf, masqua parfaitement le convoi clandestin de l'équipage de pont, s'acheminant avec mystère vers Rosenheim.

Moreau avait fixé le passage de l'Inn au 9 décembre; dès le 8, les divisions Decaen, Grouchy et Richepanse se trouvaient disposées par échelons et prêtes à se mettre en communication avec les divisions de Lecourbe. Lorsque le centre de l'armée se rapprochait ainsi du point de passage, l'aile gauche se trouvait à plus de quinze lieues de Neuheurn, toujours en position devant Muhldorf. Grenier avait étendu sa gauche au delà de l'Issen, et envoyé de forts détachements de cavalerie et d'infanterie vers Ehrarding et dans la direction de Braunau, afin de contenir l'ennemi sur le bas Inn, et l'inquiéter sur son front.

La rivière d'Inn présente dans son cours un grand nombre de petites îles resserrées à Neuheurn dans un canal étroit et offrant un ancrage sûr. Les chemins qui aboutissent à la rive droite sont marécageux et peu praticables, mais c'est aussi le seul point où la rive gauche ne soit pas dominée. En établissant sur cette même rive gauche un feu supérieur, on pouvait espérer d'éteindre celui de l'ennemi, et l'éloigner assez pour qu'il ne pût pas inquiéter les travail-

léurs et s'opposer à la formation des premières troupes qui aborde-
raient sur la rive droite. Le général Lecourbe n'avait demandé que
trois jours pour faire ses préparatifs de passage, et, ce terme expiré,
ils étaient achevés, tant il avait mis de zèle et d'activité dans cette
opération. Tout avait été rassemblé de manière à pouvoir être rendu,
dans une marche de nuit, sur les bords de l'Inn.

Le 9, à six heures du matin, la division Montrichard, qui devait
passer la première, était formée sur la rive gauche; le général d'artillerie Lemaire avait, avant le jour, disposé vingt-huit pièces de
canon en batterie sur la rive opposée, afin de protéger l'embarquement des troupes. Le capitaine du génie Galbois, et les capitaines
de pontonniers Nègre et Henry se jetèrent dans les premières barques afin de diriger les travaux. En moins de trois heures, le pont
fut établi sous le feu même de l'ennemi, qui, après s'être efforcé de
répondre à celui de l'artillerie française, finit par abandonner le
rivage. Huit bataillons de la division Montrichard, passés successivement dans les embarcations, prirent poste sur la rive droite et
protégèrent les travailleurs. Le détachement ennemi, surpris et trop
faible pour résister sur ce point, se retira sur Stefanskirchen, où se
trouvait, comme nous l'avons déjà dit, une partie de la division wur-
tembergeoise du général Riesch.

Le général Lecourbe avait précédemment reconnu le pont de
Rosenheim, attendu que les premières arches seules étaient détruites.
En conséquence, autant pour opérer une diversion utile que pour
éviter aux divisions du centre le long détour qu'elles devaient faire
pour venir traverser l'Inn à Neuheurn, le général Lecourbe avait pro-
posé au général en chef de les diriger sur Rosenheim, où elles pourraient passer le pont après son rétablissement. Pendant la nuit du
8 au 9, l'actif général avait fait établir sur ce même point une batterie de huit canons, dont le feu, dirigé sur la culée de la rive droite,
devait empêcher l'incendie des arches encore existantes. Il espérait
qu'un travail de quelques heures, sous la protection de ce feu, suffi-

rait pour les réparations nécessaires ; mais ce fut en vain que la
batterie française croisa son feu sur la culée ; vainement le deuxième
bataillon de la trente-huitième, placé sur la rive gauche, fit-il les
plus grands efforts pour empêcher l'ennemi d'achever l'incendie du
pont ; le dévouement de quelques soldats nageurs fut inutile ; les
arches qui restaient furent dévorées par la flamme. Deux sapeurs se
distinguèrent particulièrement en cette circonstance : armés l'un
d'un sabre, et l'autre d'une rame, ils traversèrent la rivière, abordèrent un poste ennemi qui prit la fuite, et firent quinze prisonniers.
Il fallut donc renoncer à ce passage, et les deux divisions Decaen et
Grouchy furent obligées de remonter jusqu'au pont de Neuheurn ; la
divison Richepanse resta seule dans Rosenheim.

Cependant les deux divisions de l'aile droite (Gudin et Montrichard) étaient sur la rive opposée depuis onze heures du matin.
Lecourbe, dans la supposition que l'ennemi se défendrait fortement
à Stefanskirchen, ordonna au général Gudin de couvrir les hauteurs
de Neuheurn et de porter la brigade du général Puthod vers
Aendorf, pour couper à l'ennemi la chaussée qui conduit à Trauns-
tein, et par conséquent sa retraite sur Salzburg. Lecourbe fit ensuite
marcher la division Montrichard sur Stefanskirchen, en passant par
Rordorf ; mais l'ennemi occupait une bonne position en avant de ce
dernier village, ayant sa droite appuyée sur les hauteurs qui bordent l'Inn, vis-à-vis Rosenheim, son front couvert par un ruisseau
qui sort des hauteurs de Simbsach, où sa gauche avait son appui ;
une avant-garde occupait Gocking. Montrichard dirigea le général
Schinner avec deux bataillons le long de l'Inn, tandis que le général
Roussel se portait par la droite sur Lauterbach et sur Gocking. Les
mauvais chemins ayant retardé la marche de la cavalerie et de l'artillerie, il s'engagea entre l'avant-garde autrichienne et les troupes
du général Roussel une fusillade très vive ; l'ennemi, supérieur en
nombre, et protégé d'ailleurs par son artillerie, commençait à repousser les Français, lorsque deux pièces de canon, escortées par un

Leclerc

bataillon, arrivèrent sur le champ du combat. La brigade Roussel reprit l'offensive en chargeant à la baïonnette, et força ses adversaires d'abandonner les hauteurs et les bois de Gocking.

Les Impériaux se retiraient en bon ordre sur le ruisseau de Simbsach, lorsqu'ils furent chargés en flanc par la colonne du général Schinner, et coupés par deux régiments de cavalerie, qui ayant passé le ruisseau, se jetèrent à toute bride sur leurs derrières. Le prince de Condé, qui commandait les troupes ennemies, opéra sa retraite sur Aendorf.

Sur ces entrefaites, la nouvelle du passage de l'Inn par le général Lecourbe parvint au quartier général de l'archiduc, qui s'empressa de faire remonter l'Inn, à marches forcées, par les troupes de son aile droite; mais cette partie de l'armée autrichienne, qui avait le moins souffert à Hohenlinden, se trouvait à trois fortes marches de Neuheurn, par suite de démonstrations que Moreau avait fait faire sur le bas Inn ; elle ne put donc arriver assez à temps pour appuyer le prince de Condé, et empêcher les Français d'occuper Stefanskirchen : trois bataillons seulement se trouvèrent en mesure de soutenir le corps des émigrés et les Wurtembergeois dans leur retraite sur Seepruck, où ils passèrent l'Alza.

Le lendemain du combat de Rordorf, le général Lecourbe, ayant attiré à lui les divisions Grouchy et Decaen, se mit à la poursuite de l'ennemi. Le général Richepanse, renonçant au projet de rétablir le pont de Rosenheim, jeta un peu au-dessous un pont de bateaux, qui lui servit à passer sur la rive droite, où il opéra sa jonction avec les deux autres divisions du centre. Le général Grenier, suivant le mouvement de l'aile droite autrichienne, remonta par la rive gauche de l'Inn jusqu'à Wasserburg, qui fut évacué à son approche; il y passa la rivière avec deux de ses divisions, et se dirigea sur Altenmarck.

L'archiduc, se voyant menacé d'être attaqué à revers avant d'avoir pu réunir ses troupes, leur fit abandonner tous les retranchements qu'elles occupaient encore sur l'Inn, et se retira sur l'Alza.

Cette retraite permit à la troisième division du corps de Grenier, à la réserve de cavalerie d'Hautpoul, à l'artillerie et aux équipages de passer en partie sur le pont de Muhldorf; celui de Wasserburg servit également au passage de ces dernières colonnes.

Ainsi l'armée autrichienne avait perdu ses communications avec Inspruck et était privée de son appui vers le Tyrol. L'archiduc n'avait plus la possibilité de renforcer le général Hiller, désormais trop faible pour tenter en Bavière une diversion qui eût pu arrêter les progrès de l'armée française; toutefois, avec de la prudence et de la circonspection, il pouvait encore arrêter la marche de son adversaire. La Salzach offrait à l'armée impériale une bonne ligne de défense entre Braunau et Salzburg, mais en y portant ses troupes, l'archiduc ne réfléchit point que les postes de Burghausen, de Dittmaning et de Lauffen, par une imprévoyance inexcusable, n'étaient point en état de défense. Moreau, qui connaissait cette circonstance, résolut de pousser assez vivement son adversaire pour que celui-ci n'eût point le temps de se fortifier dans la nouvelle position qu'il allait prendre.

Les réserves de l'armée ennemie, au nombre de quinze mille hommes, étaient en bataille en avant du village et du confluent de la Salzach et de la Saal, à deux lieues environ de Salzbourg. La cavalerie, qui faisait la principale force des corps autrichiens, avait l'avantage de pouvoir se déployer dans la petite plaine qui se trouve entre la rive gauche de la Salzach et des bois qui bordent la Saal. Lecourbe, après avoir reconnu la position, fit marcher la division Gudin sur Jeldkirch, sur la Saal, afin de manœuvrer sur la droite et de forcer tout ce qui se trouvait devant lui à passer sur la rive droite; le général Montrichard dut manœuvrer sur la gauche, et Lecourbe, gardant avec lui sa cavalerie pour s'opposer à celle de l'ennemi, s'avança sur la route. Le général Gudin réussit dans son mouvement, mais le général Montrichard, qui se dirigeait sur la route de Lauffen, où le terrain était plus ouvert, se trouva un moment débordé par l'ennemi. La cent-neuvième demi-brigade, qui formait la gauche, fut obligée de faire de grands efforts pour arrêter les progrès de la cavalerie autrichienne. Lecourbe, averti de la situation où se trouvait la division Montrichard, envoya les huitième et neuvième régiments de hussards, qui la dégagèrent et rejetèrent les assaillants sur la Salzach. L'aile droite ennemie, trop engagée, se retirait en désordre, lorsque le général Gudin, qui avait pénétré à travers les bois jusqu'à Salzburghoffen, lui coupa la retraite et la força d'abandonner six cents prisonniers et six pièces de canon.

Moreau, voyant que l'ennemi concentrait ses troupes vers Salzburg, résolut de forcer le passage de la Salzbach, entre cette ville et Lauffen, afin de menacer la route de Neumark, de forcer les Impériaux à une retraite précipitée, ou à se jeter dans les montagnes du Tyrol, dernière manœuvre qui rendait les Français maîtres de la Haute-Autriche.

En conséquence, le général Decaen eut l'ordre de faire, le 13 décembre, une forte reconnaissance sur la Salzach, mais par suite de la chance heureuse où se trouvaient les Français victorieux, la reconnaissance et le passage de la rivière ne furent qu'une même opération. L'avant-garde du général Decaen, arrivée devant Lauffen, trouva ce poste évacué. Les Autrichiens s'étaient bornés à couvrir d'infanterie un escarpement élevé qui domine le pont, auquel ils avaient fait quelques coupures sans le détruire, et à placer leur artillerie sur les hauteurs. En remontant la Salzach pour trouver un gué, le général Durutte, qui commandait l'avant-garde française, aperçut, à demi-lieue de Lauffen, une barque sur la rive droite. Trois chasseurs de la quatorzième légère se jetèrent à la nage, traversèrent la rivière malgré la rapidité du courant, s'emparèrent de la barque et la ramenèrent à la rive gauche. Le général Durutte fit passer à l'instant même quatre cents hommes sur le bord opposé. Cette troupe était commandée par le jeune Decaen, aide de camp de son frère, et par l'adjudant-major Plausonne. Afin de détourner l'atten-

tion de l'ennemi, le général Decaen fit faire une démonstration sur
le pont de Lauffen. Pendant ce temps, les quatre cents hommes, parvenus sur la rive droite, s'emparèrent d'un village qui fut barricadé
pour servir de point d'appui, et, en marchant ensuite vers la tête
de pont, ils attaquèrent à la baïonnette, et en poussant de grands cris,
les Impériaux, alors occupés exclusivement de répondre au feu de
la rive gauche. Cette agression inopinée épouvanta tellement l'ennemi, qu'il s'enfuit en désordre, s'imaginant avoir affaire à des
forces supérieures, et laissant cent prisonniers entre les mains des
assaillants. Quelques barques qui se trouvaient encore à la rive
droite furent presque aussitôt employées à un second passage, et
avant la nuit, les Français se trouvaient assez nombreux pour se
maintenir sur la rive droite. Le pont de Lauffen fut réparé pendant la nuit, et le lendemain, 14 décembre, il se trouva en état de
servir au passage de l'infanterie et de la cavalerie. Un pont volant
avait été également construit pour le passage de l'artillerie.

A dix heures du matin, l'action fut engagée par les tirailleurs
des deux partis. Il faisait un brouillard si épais qu'on ne s'aperce-
vait point à vingt pas de distance. Les tirailleurs français, gagnant
insensiblement du terrain, furent tout à coup arrêtés par le feu de
six pièces de canon que l'ennemi avait tenues masquées jusqu'à ce
moment. L'artillerie française s'étant avancée pour répondre à cette
canonnade, les Autrichiens mirent successivement en batterie plus
de trente pièces, et le brouillard s'étant dissipé comme par enchantement, laissa apercevoir une cavalerie nombreuse, formée sur plusieurs lignes, dont la première s'ébranla presque aussitôt. Cette
charge fut si impétueuse que les huitième et neuvième régiments de
hussards français qui s'étaient avancés pour soutenir l'artillerie, se
replièrent d'abord pour aller se rallier derrière le onzième de dragons et le vingt-troisième de cavalerie légère. Ces quatre régiments
s'étant réunis, chargèrent à leur tour et regagnèrent le terrain
perdu, en faisant une centaine de prisonniers; pendant ce temps,

l'infanterie, qui s'était avancée à droite et à gauche, après avoir
culbuté quelques postes devant elle, rencontra, à l'embranchement
des chemins de Lauffen et de Reichenhall, des réserves si nombreuses, qu'elle fut obligée de s'arrêter et de prendre position.

Dix mille hommes d'infanterie, quarante pièces de canon, et un
corps considérable de cavalerie se trouvaient réunis pour défendre
les approches de Salzburg, principal appui de la ligne de la Salza,
et l'archiduc lui-même y était en personne. Le général Lecourbe,
reconnaissant alors que le dessein de l'ennemi était de tenir dans
cette position, ne jugea point convenable de continuer l'engagement
contre des forces aussi considérables. Il fit donc replier ses ailes,
porta sa cavalerie derrière le défilé, et se borna à tenir la tête du village de Voral, avec une partie de son infanterie, conservant ainsi
les moyens de marcher sur Salzburg, au moment où Moreau se montrerait à sa hauteur sur la rive droite de la Salza. L'ennemi essaya
de troubler le mouvement rétrograde des Français, mais ceux-ci
firent si bonne contenance qu'ils purent s'établir dans la position
que nous venons d'indiquer.

Moreau, apprenant ce qui venait de se passer à son aile droite
ordonna de suite au général Decaen de se porter sur Salzburg, en
canonnant vivement tout ce qui se trouvait devant lui. Cette attaque
bruyante fit supposer à l'archiduc que tout le gros de l'armée française se trouvait déjà sur la rive droite, et qu'il allait lui-même se
trouver pris entre deux feux. Renonçant donc à attaquer Lecourbe
dans sa position de Voral, le prince profita de la nuit pour opérer
sa retraite. Le 15, à la pointe du jour, le général Decaen, qui la veille
avait pris position à quelque distance de Salzburg, s'aperçut qu'il
n'avait plus de vedettes ni d'avant-postes devant lui, et se dirigea
avec son avant-garde sur la ville, où il entra peu d'instants avant
le général Lecourbe, qui arrivait par la rive gauche de la Salzach.

L'abandon des lignes de la Salzach par l'armée de l'archiduc
décidait désormais du sort de l'Autriche. Une armée qui, vaincue

dans une bataille décisive, n'avait pu tenir derrière l'Inn et la Salzach, dont le moral était nécessairement ébranlé par tant d'échecs consécutifs, ne pouvait plus maintenant offrir une grande résistance à des troupes victorieuses et habituées à vaincre tous les obstacles. Moreau, sans s'inquiéter du mouvement que pourraient faire, sur les derrières ou sur les flancs, les corps détachés du général Hiller dans le Tyrol ou du général Klenau sur la rive gauche du Danube, résolut donc de précipiter sa marche en avant pour ôter à l'archiduc l'espoir de rétablir son armée en se retirant sur la capitale des Etats héréditaires.

Le général Molitor, que Lecourbe avait laissé dans la Haute-Bavière, eut ordre de s'opposer par des corps détachés aux mouvements du général Hiller. Les talents du général français, et l'expérience qu'il avait acquise dans la guerre des montagnes, pendant les campagnes précédentes, répondaient d'avance du succès de la mission qui lui était confiée.

Le général Sainte-Suzanne, dont le corps se trouvait toujours détaché sur le Danube, reçut pour instructions de manœuvrer sur le terrain triangulaire formé par le fleuve que nous venons de nommer, le bas Iser, et le bas Inn, et de tâcher de se lier avec l'armée gallo-batave commandée par Augereau. On a vu que le général Sainte-Suzanne avait déjà retenu en partie le général Klenau sur le Danube pendant les événements de Hohenlinden.

Moreau fit toutes les dispositions nécessaires pour empêcher l'archiduc de réunir ces masses isolées. Les divisions françaises se mirent en mouvement pour suivre l'armée ennemie, dont le gros se dirigeait sur Linz, tandis que la droite, où était le corps de Condé, se rendait en Styrie. Le général Richepanse, formant, avec la division sous ses ordres, l'avant-garde de l'armée française, fit douze lieues de pays d'une seule traite, de Lauffen à Herdorf, pour joindre l'armée autrichienne sur la grande route. Le 15 décembre au soir, la division prit position à portée de pistolet des postes ennemis, et

Napoléon reçoit a Saint-Cloud le Sénatus-Consulte qui le proclame Empereur des Français
(18 mai 1804).

les attaqua le lendemain à la pointe du jour. La brigade de Drouet gravit rapidement les hauteurs situées à la gauche de la route, et culbuta l'aile droite de cette arrière-garde, qui céda la position tout entière. Les troupes autrichiennes se retiraient avec tant de précipitation, et Drouet les suivait si vivement, que le général Sahuc, qui commandait la deuxième brigade de Richepanse, eut beaucoup de peine à suivre ce mouvement. Toutefois l'ennemi, serré de trop près, s'arrêta : le combat s'engagea de nouveau et dura quelque temps, mais l'arrivée de la brigade Sahuc décida le succès. Les Français firent mille prisonniers et prirent trois pièces de canon dans cette rencontre.

Les deux autres divisions du centre, celles de Grouchy et de Decaen, avaient suivi celle de Richepanse. Le général Lecourbe, avec les deux divisions Gudin et Montrichard, obliqua vers les montagnes, afin de rester maître des rivières, de flanquer la marche du centre et de l'aile gauche, et de déborder continuellement le flanc de l'ennemi; le corps du général Grenier (aile gauche) se dirigea sur Riedaw pour marcher sur la Traun par la route de Wels, et pour resserrer par la droite la place de Braunau, point par lequel le général Sainte-Suzanne devait rétablir ses communications avec l'armée.

Poursuivis si chaudement par les divisions du centre, les Autrichiens résistèrent dans toutes les positions qui semblèrent leur offrir quelques avantages; mais l'infatigable Richepanse, l'un des plus entreprenants et des plus habiles généraux qui se soient fait remarquer dans cette longue guerre, ne laissait aucune relâche, aucun repos à l'arrière-garde ennemie. Le 17, l'archiduc voulut arrêter ses colonnes en arrière des défilés des bois qu'on rencontre après Frankenmarkt; Richepanse marcha sur l'ennemi avec rapidité, le culbuta et s'empara de son camp. Le lendemain, les Impériaux voulurent tenir dans une position encore plus avantageuse que la veille, puisque le feu de leur artillerie prenait à revers la gauche des Français. Richepanse, sans s'embarrasser de ses flancs, se dirige vers le centre de la position ennemie, tourne les hauteurs de Wolkmarkt, force un corps d'infanterie qui les occupait à mettre bas les armes, s'empare de plusieurs canons, disperse les autres troupes et arrive à Schwanstadt. Quatre mille hommes de cavalerie se trouvaient en bataille en avant et sur la droite de ce village; ils avaient devant eux une plaine rase de plus de trois quarts de lieue; leurs flancs soutenus par quelques bataillons postés dans des bouquets de bois et derrière des ravins. Deux bataillons de la quarante-huitième demi-brigade de ligne commandés par les chefs Sarret et Marigny, et soutenus par deux escadrons du cinquième hussards, s'avancèrent hardiment contre cette cavalerie, en colonnes serrées, sans attendre pour s'engager dans la plaine que le reste des troupes fût arrivé. L'un de ces bataillons marcha directement par la grande route sur Schwanstadt, à l'effet de couper la route à l'ennemi; l'autre se dirigea sur le centre de la ligne de la cavalerie impériale. Le général Richepanse étant arrivé presque aussitôt avec le reste de ses troupes, fit marcher le cinquième de hussards à gauche du bataillon qui suivait la route, le vingtième de chasseurs entre ce bataillon et celui qui traversait la plaine, et le premier de chasseurs à droite de ce dernier. Les autres troupes d'infanterie furent établies en seconde ligne; le dixième régiment de cavalerie resta en réserve. Le bataillon qui traversait la plaine s'était approché à trois cents pas de la ligne ennemie sans répondre aux tirailleurs qui le harcelaient; mais, en voyant les dispositions faites par le général Richepanse, les premiers escadrons autrichiens n'osant point entamer la charge sur ce bataillon, firent demi-tour, et par ce mouvement brusque, répandirent l'alarme et le désordre parmi les autres troupes qui le suivaient. Richepanse, mettant l'occasion à profit, fit avancer alors les premier et vingtième de chasseurs pour charger cette cavalerie ébranlée. En un instant les escadrons ennemis furent rompus et sabrés; en vain voulurent-ils se rallier sur les bords de la petite rivière qui traverse Schwanstadt; poursuivis par la cavalerie et l'infanterie françaises, ils y

furent de nouveau culbutés. L'infanterie ennemie s'était également
retirée, et un grand nombre de soldats se noyèrent en voulant passer
à l'autre bord. Cette échauffourée coûta à l'ennemi une perte de plus
de douze cents hommes tués, noyés ou faits prisonniers.

L'archiduc, convaincu qu'il était de l'impossibilité d'arrêter
désormais la marche de ses adversaires, se borna, le lendemain de
l'affaire de Schwanstadt, à faire couvrir sa retraite par des troupes
légères qu'il tira de son aile droite, qui n'avait point encore combattu ; mais la nouvelle arrière-garde fut aussi maltraitée que la
première ; les hussards et les uhlans qui la composaient en grande
partie constamment repoussés ou battus par la cavalerie légère française, et chaque combat entraînait la perte de quelques voitures de
bagages ou de quelques pièces d'artillerie. Le général Kienmâyer,
qui commandait cette même arrière-garde, voulut tenir auprès de
Lambach, mais le général Meceri et le prince de Lichtenstein, colonel de uhlans, furent enveloppés et pris avec douze cents hommes
par les trois brigades des généraux Drouet, Sahuc et Sarret. Une
autre partie de la troupe ennemie, cherchant à se retirer précipitamment par le pont jeté sur la Traun, fut coupé par un bataillon
de grenadiers qui s'était avancé par un pli de terrain de la rive
droite : une mêlée épouvantable eut lieu alors devant le pont. Les
Autrichiens, protégés par les batteries qu'ils avaient sur l'autre rive,
essayèrent de s'ouvrir un passage ; ils furent tous tués ou faits prisonniers. L'incendie du pont, entouré de fascines et enduit de gou-
dron, n'arrêta point les grenadiers ; ils s'y précipitèrent pour l'éteindre
sous la mitraille que vomissait l'artillerie de la rive opposée ; le pont
fut conservé et servit au passage de la division. Un bataillon de la
vingt-septième demi-brigade attaqua trois bataillons ennemis, qui
occupaient un fourré sur le chemin de Wimsbach, et les délogea
après trois quarts d'heure d'un combat opiniâtre. Toute la division
Richepanse vint camper à Wimsbach, où elle s'empara de magasins
considérables que l'ennemi n'avait pas eu le temps d'évacuer.

La bataille de Hohenlinden, perdue d'une manière si désastreuse, et la retraite accélérée de l'armée impériale, avaient répandu dans Vienne une consternation universelle; cependant, comme il arrive presque toujours dans les capitales menacées de l'invasion de l'ennemi, les témoignages de dévouement, les déclamations patriotiques s'étaient multipliés à l'infini, et servaient de masque à la profonde terreur des habitants. On s'armait de toutes parts, on formait des bataillons de volontaires, on voulait mourir pour la patrie; mais le sentiment réel de cette population était le désir de la paix : on la réclamait à tout prix.

Le 21 décembre, le général Richepanse se disposait à marcher sur Steyer, quand un parlementaire ennemi se présenta aux avant-postes. C'était le comte de Meerfeld, envoyé par l'archiduc Charles, qui avait succédé, dans le commandement de l'armée, à son frère l'archiduc Jean, pour lui proposer une suspension d'armes pendant que les deux gouvernements français et autrichien traiteraient des conditions d'une paix définitive.

L'armée française venait de conquérir, en vingt-deux jours, quatre-vingts lieues de terrain; les formidables lignes de l'Inn, de la Salzach, de la Traun et de l'Ens, avaient été franchies sans perte; plus de quarante-cinq mille Impériaux mis hors de combat, cent quarante-sept pièces de campagne, et une grande quantité de drapeaux étaient autant de trophées qui rendaient la modération du vainqueur encore plus remarquable.

Le 26 décembre, Moreau félicita ses troupes de la manière suivante :

« Soldats ! après vingt jours, dont aucun n'a été perdu pour la gloire, vous avez traversé l'Inn, une dernière barrière de l'Autriche. L'armée ennemie fuyait en désordre vers sa capitale, qu'elle n'aurait pu défendre, lorsque le prince Charles, m'annonçant que l'Empereur était décidé à signer la paix, m'a demandé un armistice. A ce mot de paix, objet de vos travaux, but de toutes vos victoires, j'ai cru devoir arrêter votre marche, et donner à l'Europe une nouvelle preuve de la modération de la République Française.

Soldats! nous ne devons pas craindre que cet armistice trompe nos espérances; le prince Charles reprend aujourd'hui le commandement de l'armée autrichienne : guerrier recommandable, il doit voir avec horreur le sang des braves vendu à l'or des insulaires.

Si, cependant, contre toute vraisemblance, l'Angleterre parvenait encore à étouffer à Vienne la voix de la prudence et de la saine politique, vous ressaisiriez vos armes, et désormais sourds à toute voix de conciliation, vous porteriez des coups mortels à des ennemis que la destruction seule pouvait désarmer. Les avantages que vous retireriez alors des conditions de l'armistice feraient plus que compenser la perte de quelques jours de repos.

Soldats! vos généraux vont vous cantonner dans le pays conquis par votre courage; commandez-y l'amour et l'estime par votre discipline et votre respect pour les propriétés. Ainsi couverts de tous les genres de gloire, vous rentrerez au sein de la France, dont vous aurez contribué à assurer la paix et le bonheur.

Signé : MOREAU. »

DANS LES GRISONS ET EN ITALIE

En Italie, Brune, successeur de Masséna, commande l'ancienne armée de réserve, 70.000 hommes, restés sur la Chiese. Il a en face de lui, derrière le Mincio, le général autrichien Bellegarde et 100.000 hommes. Son extrême droite est couverte par un corps indépendant que commande Murat dans les États romains; la petite armée des Grisons, aux ordres de Macdonald, forme son extrême gauche. Les deux généraux opposés restent plus d'un mois à s'observer : Brune attend que Macdonald ait rejoint sa gauche; Bellegarde s'est affaibli par des détachements considérables en Toscane et dans le Tyrol.

Dans cette occurrence, Macdonald exécute une manœuvre des plus audacieuses : il décide de transporter son armée au delà du Splügen. La première division, forte de trois mille cinq cents hommes d'infanterie, d'un escadron de hussards et d'une compagnie d'artillerie légère, avait heureusement effectué le passage dans les derniers jours d'octobre. Elle stationnait dans la Valteline, surveillant la haute Engadine et le cours supérieur de l'Adda. Sa faiblesse numérique ne lui permettait pas de jouer un rôle actif et de rien tenter sur les revers des Autrichiens en Italie. Macdonald se résolut, vers la fin de novembre, à passer sur le versant méridional des Alpes, pour tomber subitement dans la vallée de l'Adda. La saison était rigoureuse, et les soldats n'avaient pas encore reçu leurs capotes d'hiver. Le général Verrières fut le premier à s'engager dans les montagnes. Il emmenait avec lui de l'artillerie légère et trois compagnies de sapeurs. On essaya quelque temps de traîner l'artillerie montée; mais les difficultés du chemin obligèrent de la transporter par

Bernadotte

morceaux, comme on avait fait lors du passage du Saint-Bernard. Les munitions furent portées à dos de mulet, et les soldats reçurent, outre leurs armes et leurs munitions ordinaires, des vivres pour cinq jours et dix paquets de cartouches.

La tête de colonne s'avançait lentement sur la pente abrupte de la montagne et avait gagné les glaciers, quand le vent d'est se mit à souffler et rendit la température insupportable. Il chassait devant lui des tourbillons de neige et de glace pulvérisée, qui se collaient à la figure, aux mains, et causaient une froidure extrême. Les guides et les sapeurs s'échauffaient un peu en déblayant le chemin aux endroits impraticables. Mais le reste de la colonne, demeuré stationnaire, gelait sur place. Le général Laboissière suivait immédiatement Verrières, avec le 10ᵉ de dragons, le 1ᵉʳ de hussards et le 12ᵉ de chasseurs. Les soldats cheminaient en chantant pour se distraire de la fatigue, lorsqu'un bruissement majestueux retentit dans la montagne. Avant qu'ils aient rien vu, une avalanche arrive sur le flanc de la colonne, emporte une partie du régiment de dragons, et court s'abîmer avec ses victimes au fond des ravins. Un cri d'horreur s'élève dés rangs. Le chemin est comblé; le général Laboissière, qui marche en tête, est séparé de sa colonne; quelques dragons se laissent glisser pour porter secours à leurs camarades, les autres rebroussent chemin. Pendant trois jours la tourmente sévit avec une fureur inouïe, ensevelissant la montagne entière sous une épaisse couche de neige et de débris glacés. Au bout de ce temps, quand il fallut recommencer l'ascension, tout chemin avait disparu, et les gens du pays déclarèrent qu'il fallait au moins quinze jours pour déblayer la route.

On ne pouvait, sans s'exposer à une ruine certaine, attendre ce délai. Il fallait ou franchir immédiatement le Splügen ou abandonner tout à fait l'entreprise. On imagina d'envoyer des bœufs dans la montagne, pour découvrir et fouler le chemin. Ils étaient suivis par quarante travailleurs chargés de le déblayer. Une compagnie de

sapeurs devait trancher à coups de hache les aspérités qui résiste-
raient, et deux compagnies d'infanterie, marchant par le flanc en
lignes serrées, achevaient de l'aplanir. Ce moyen fut jugé admirable
par les résultats qu'il procura. On voyait ces robustes animaux bon-
dir au milieu des neiges, s'arrêter quand il y avait danger et que le
sol paraissait fléchir, tourner sur eux-mêmes et reprendre le chemin
praticable. Il ne se produisit aucun accident grave, à part la perte
de deux ou trois hommes et de quelques chevaux, et l'on arriva un
peu avant la nuit à l'hospice qui, comme au Saint-Bernard, couronne
le sommet du Splügen. Le général Laboissière, qui y était resté, avait
eu soin d'exécuter des travaux d'élargissement sur les rampes du
Cardinell, en sorte que les soldats atteignirent facilement le village
de Campo-Dolcino.

Les colonnes qui défilèrent les deux jours suivants, passèrent
également sans obstacle. Le chemin, durci par la gelée, n'offrait plus
d'autre inconvénient que d'être un peu glissant aux pentes rapides.
Mais quand le général en chef, qui fermait la marche, commença l'ascension, le calme trompeur qui régnait au pied des monts lui voilait
de cruelles épreuves. Les cimes élevées commençaient à être agitées,
et la neige tomba en si grande abondance, que le chemin fut de nouveau caché. Des guides furent envoyés sonder la voie; ils en rappor-
tèrent un découragement absolu. La route, selon eux, était complètement obstruée; les jalons plantés de loin en loin étaient ou arra-
chés par la tourmente ou emportés par la chute des avalanches; il
était impossible de distinguer le terrain ferme, de celui qui ne l'était
pas ; aucun effort humain, affirmaient-ils, ne pourrait de longtemps
triompher de ces difficultés.

Ces rapports attristèrent le général en chef, sans le décourager
pourtant. Il se disait qu'un chemin battu par une armée ne pouvait
pas disparaître au point d'être effacé; que, fût-il encombré en plusieurs endroits, il se montrerait certainement ailleurs, et que, en
tout cas, il n'était pas bien difficile de balayer une neige fraîche sur

une surface durcie par un long usage. Il donna le signal du départ. Des grenadiers, des sapeurs et des hommes du pays, munis de larges pelles, prirent le devant. Il leur fallut six longues journées pour arriver au tiers du chemin. Au bout de ce temps, la neige se présenta en si grande masse, que les guides refusèrent d'avancer. Le général en chef, accompagné de son état-major, se mit lui-même à l'œuvre. Son exemple encouragea les travailleurs; mais l'affreuse tempête, roulant entre ces pics escarpés, comblait le chemin à mesure que les travailleurs le débarrassaient. Le froid aussi devenait intense; les soldats tombaient les uns sur les autres, engourdis ou ayant les membres gelés. La gaieté ordinaire aux troupes avait disparu : on ne riait plus, on ne plaisantait plus; chacun se repliait sur lui-même comme pour conserver un reste de chaleur prêt à s'échapper.

Dans cet excès de misère, le soldat négligeait les précautions ordinaires : il s'élançait sur les planches mal jointes qui servaient de pont au-dessus des précipices, et risquait sa vie pour arriver plus tôt au but où il tendait. Le froid excessif dont il souffrait, étouffait tout sentiment, jusqu'à celui de la conservation. Les effets d'artillerie, les équipages de pont furent abandonnés par-ci par-là, un peu plus tôt, un plus tard, selon le courage de ceux qui s'en étaient chargés. Quantité de chevaux et de mulets périrent également par la faute de leurs conducteurs; et quand, après la tempête, on vint rechercher les tristes épaves dont la montagne était semée, on eût dit bien plutôt d'une armée en déroute que des troupes se disposant à surprendre l'ennemi.

Parvenu en Italie, Macdonald tombait sous les ordres de Brune, que la chance avait favorisé en Hollande et que l'incapacité devait diriger en Italie. Ce général était au-dessous du rôle qu'il était appelé à remplir. Ancien prote d'imprimerie, membre du club des Jacobins, il s'était fait donner, pour réquisitionner des chevaux, le titre d'adjudant-général, qui comportait une sorte d'autorité morale. On le vit dans Paris, avec sa grande taille et ses grands bras, arrê-

ter les voitures pour s'emparer des chevaux. Il fut ensuite nommé
général de brigade en récompense de ses services, et envoyé à Bordeaux escorter les proconsuls et leur terrible machine. Il ne s'y com-
porta point méchamment. Il devint l'un des familiers de Barras, servit comme général de brigade sous Masséna à la belle campagne
de 1796, et plus tard en Suisse, comme général de division. De là
il fut promu au commandement en chef de l'armée gallo-batave, où
il acquit une certaine célébrité; passa dans l'Ouest, qu'il pacifia, et
vint en Italie recueillir la succession de Masséna. Il pouvait avoir,
à cette époque, trente-sept ans. Oudinot était son chef d'état-major;
Davout commandait la cavalerie; Chasseloup-Laubat, le génie;
Marmont, succédant au vieux Lamartillière, l'artillerie. L'entourage
valait mieux que le chef. S'il y eut de brillants succès, on les doit
à leurs inspirations; si les Autrichiens ne furent pas détruits, ils
le doivent à Brune.

Grâce à l'activité que déploya Macdonald, en quelques jours il
eut tourné le mont Tonal, franchi la passe difficile d'Aicapriga,
pénétré dans le Tyrol et assuré ses communications avec l'armée
principale. Celle-ci s'échelonnait en face du Mincio. Le général Delmas commandait son avant-garde; Moncey, sa gauche; Dupont, sa
droite; Michaud, sa réserve. On allait combattre en des lieux déjà
illustrés par les victoires des Français. Les Autrichiens, instruits
par le passé, avaient mis tous leurs soins à se fortifier sur la ligne
du Mincio. Cette ligne, de huit lieues d'étendue, s'appuyant à droite
sur le lac de Garde, à gauche sur Mantoue, offrait un rempart pour
ainsi dire infranchissable. Indépendamment de Peschiera et de
Mantoue, qui étaient hérissés d'artillerie et qui tenaient les extrémités de la ligne, les Autrichiens avaient encore amassé un matériel
considérable au pont de Borghetto, à égale distance entre ces deux
places. On débuta par des combats insignifiants, comme pour s'essayer mutuellement. Le comte de Bellegarde avait, de son côté, des
raisons d'en agir ainsi : il ne voulait rien tenter d'important avant

que ses flancs fussent couverts, à droite, par les corps de Laudon et
de Wukassowich, qui opéraient dans le Tyrol et visaient à tourner
la gauche française, en envahissant le Brescian et le Bergamasc; à
gauche, par les milices napolitaines et les insurgés ferrarais, qui
marchaient sur lui à grandes journées.

Deux points s'offraient aux Français pour franchir le Mincio.
On ne pouvait songer à le traverser à gué, à cause du volume de ses
eaux, ni à forcer la tête de pont de Borghetto, à cause de sa force;
mais, au-dessous du poste autrichien, existaient deux courbes ren-
trantes, l'une à Mozzembano, l'autre à Pozzolo. Il était facile d'établir sur la rive droite des batteries qui tiendraient l'ennemi à l'écart,
et permettraient aux troupes de défiler et de prendre leurs positions,
à l'abri de toute insulte. Le général en chef choisit ces deux positions
pour diviser l'attention de l'ennemi : l'aile droite devait franchir le
fleuve à Pozzolo; le centre, à Mozzembano. Il fut convenu que le général Dupont tenterait le premier le passage, pour attirer sur lui
l'attention; que l'artillerie battrait énergiquement la tête de pont
de Borghetto pour empêcher l'ennemi de sortir, et que, à la faveur
de cette diversion, le centre passerait tout entier à Mozzembano. Le
général Dupont ne devait passer complètement sur la rive gauche
qu'après que le passage de Mozzembano serait achevé. Le succès
dépendait donc de la précision avec laquelle cette double opération
serait conduite.

Le général Dupont y mit une telle activité qu'il fut prêt avant
que le général en chef eût commencé. On était au 25 décembre, jour
de Noël, à une époque de l'année où les heures se comptent. N'ayant
pas le temps d'effectuer son passage, Brune le remit au lendemain,
et l'envoya dire au général Dupont. Mais, sur ce point, les choses
avaient marché. Le général Maco était sur l'autre bord avec des
tirailleurs; Musnier l'avait suivi avec une demi-brigade : ces braves
étaient aux prises avec l'ennemi, et Watrin les avait secourus avec
toute sa division. Le général de Bellegarde, campé avec quarante-

cinq mille hommes à deux heures de marche de Pozzolo, pouvait apparaître à chaque instant : il n'y avait plus possibilité de s'arrêter. En effet, l'on aperçut bientôt les colonnes autrichiennes, et la bataille s'engagea avec violence.

Suchet arrivait alors pour réitérer à Dupont, de la part du général en chef, l'ordre de ne pas prendre l'offensive. Trouvant les choses en cet état et l'aile droite engagée avec des forces quadruples, il courut chercher toutes les troupes dont il disposait, et prit part à la mêlée. Davout, Marmont donnèrent aussi, l'un avec sa cavalerie, l'autre avec son artillerie; et ces généraux dépêchèrent le brigadier Ricard au général en chef pour l'avertir de ce qui se passait. La bataille se composa d'une série de mouvements en avant et de poursuites réciproques. Quand l'ennemi arrivait sur le canon, il avait le dessous; quand les nôtres le poursuivaient trop loin, ils étaient refoulés par le nombre. Le village de Pozzolo fut pris et perdu jusqu'à six fois. On se battit jusqu'à dix heures du soir, en pleine nuit et par un froid glacial, avec le même acharnement. Cette journée coûta aux Autrichiens plus de cinq mille hommes tués ou blessés, et le chiffre de nos pertes ne fut guère inférieur.

Le centre et l'aile gauche de l'armée française passèrent heureusement le fleuve à Mozzembano. Le brouillard épais qui obscurcissait l'atmosphère, autant que la fausse opinion où était le général de Bellegarde que toute l'armée était passée pendant la nuit à Pozzolo, empêcha l'ennemi de s'y opposer. Le général Brune fit attaquer immédiatement le pont de Borghetto, que le mouvement offensif de nos colonnes aurait nécessairement compromis. Ce combat inutile nous coûta plusieurs centaines d'hommes. L'ennemi avait, à quelque distance, des redoutes appuyant sa droite près de Sallionzo ; le général Delmas s'y jeta aussitôt. Il fut appuyé par Moncey : les redoutes furent prises ou masquées.

Les divisions de cavalerie passèrent cette première ligne et s'étendirent dans la plaine. Toute l'armée marchait avec un entrain admi-

Sacre de l'Empereur Napoléon et Couronnement de l'Impératrice Joséphine
dans l'Église de Notre-Dame de Paris (2 décembre 1804).

rable : officiers et soldats, personne ne voulait demeurer inactif. Le général Oudinot chargea à la tête de son état-major et de quelques chasseurs d'ordonnance, au point où l'action était la plus chaude, et s'empara à coups de sabre d'une pièce de canon. Attiré par le bruit de la bataille, Dupont accourt sur Valeggio et rejoint le général en chef : Hohenzollern est chassé de ses positions, Bellegarde fortement menacé. Les Autrichiens prennent le parti de jeter à droite et à gauche, dans Peschiera et dans Mantoue, les troupes destinées à défendre ces places, et reculent sur l'Adige. On était au 31 décembre. Tout fut disposé pour franchir le fleuve le lendemain.

C'était au 1ᵉʳ janvier, jour des étrennes. Il était urgent de dissimuler à l'ennemi les préparatifs que l'on faisait pour passer le fleuve; mais le souvenir de la patrie l'emporta, et les artilleurs, Marmont en tête, pensant qu'il fallait être généreux, montrèrent leur bon cœur. C'était, comme le dit plus tard l'un d'eux, une petite plaisanterie qui tenait à leur âge. Ils avaient remarqué, la veille, sur la rive gauche de l'Adige, une belle et vaste maison, devant laquelle se tenaient deux factionnaires et une garde d'honneur. Estimant que ce devait être la demeure d'un général autrichien, ils crurent qu'il était convenable de lui souhaiter la bonne année en lui envoyant les premières dragées. A la petite pointe du jour, ils le gratifièrent d'une demi-douzaine de boulets, et s'amusèrent de la panique qu'ils avaient occasionnée.

Aussitôt après, Delmas traversa le fleuve à Bussolengo avec l'avant-garde; Moncey se mit à la poursuite d'une division ennemie qui remontait l'Adige, et le reste de l'armée se porta sur Vérone. La marche concentrique de Macdonald et de Moncey sur Trente mit le général Laudon entre deux feux, sans qu'il s'en fût aperçu. Il descendait du Tyrol par la Brenta, pour se joindre à l'armée de Bellegarde. Se voyant pris, il eut recours à un subterfuge infâme pour échapper aux mains des Français : il envoya un parlementaire au général Moncey, et lui annonça, comme une nouvelle certaine, que les

les cours d'eau rendaient difficile. Trente ans après, le maréchal Marmont, en recueillant ses souvenirs, disait que son artillerie avait servi plutôt à un divertissement qu'à une chose sérieuse.

Bien que l'armistice de Trévise nous donnât tout le terrain en suivant l'Adige jusqu'à la Livenza, avec les places de Peschiera, qu'assiégeait encore le général du génie Chasseloup-Laubat, de Sermione, de Vérone, de Legnago, de Ferrare et d'Ancône, le Premier Consul refusa d'y souscrire, parce que Mantoue n'était pas cédée à la France. Les Autrichiens furent contraints de s'en dessaisir, pour ne pas voir la guerre se rallumer sur toute la ligne, depuis Mayence jusqu'à Vérone.

Les armistices de Steyer et de Trévise furent suivis de la conclusion, entre la France et l'Autriche, du traité de Lunéville (9 février 1801), longuement négocié et discuté par Joseph Bonaparte, frère du Premier Consul, pour la France, par le comte de Cobentzel, à la fois pour l'Empereur et pour l'Empire.

Le traité de Campo-Formio avait été adopté comme base des stipulations proposées. L'Autriche reconnut de nouveau à la France la frontière du Rhin, à la République cisalpine celle de l'Adige avec Mantoue et les duchés de la rive droite du Pô; elle acquiesçait à la dépossession des princes de sa famille apanagés en Italie, que Bonaparte s'engageait à faire dédommager en Allemagne. Le grand-duc de Toscane entre autres abandonnait son Etat, transformé en royaume d'Etrurie, à un Bourbon de la branche espagnole, alors notre alliée. En fait, l'Italie continentale n'était plus qu'une vassale de la France.

Un mois plus tard, le gouvernement de Naples, menacé dans son existence même par l'invasion victorieuse de Murat et Miollis, implorait la paix. Le Premier Consul la lui accorda, sous condition que les ports napolitains seraient occupés par des garnisons françaises et fermés aux Anglais.

L'Angleterre, en effet, restait seule en guerre ouverte contre la République française.

La conclusion de la paix causa une vive allégresse, qui se traduisit en illuminations, en adresses, en fêtes de toutes sortes. Le Premier Consul en ressentit personnellement une satisfaction bien légitime ; il la manifesta par une proclamation envoyée à toutes les communes de la République.

« Français », disait-il, « une paix glorieuse a terminé la guerre du continent. Vos frontières sont reportées aux limites que leur avait marquées la nature. Des peuples séparés longtemps de vous se rejoignent à leurs frères, et accroissent d'un sixième votre population, votre territoire et vos forces. Ces succès, vous les devez surtout au courage de vos guerriers, à leur patience dans les travaux, à leur passion pour la gloire, à leur amour pour la liberté, pour la patrie ; mais vous les devez aussi à l'heureux retour de la concorde et à cette union de sentiments et d'intérêts qui, plus d'une fois, sauva la France de sa ruine. Tant que vous fûtes divisés, vos ennemis n'espéraient pas de vous vaincre ; ils espéraient que vous seriez vaincus par vous-mêmes, et que cette puissance qui avait triomphé de tous leurs efforts, s'écroulerait dans les convulsions de la discorde et de l'anarchie. Leur espoir a été trompé, que cet espoir ne renaisse jamais !

« Soyez éternellement unis par le souvenir de vos malheurs domestiques, par le sentiment de votre grandeur et de vos forces. Craignez d'avilir par de lâches passions un nom que tant d'exploits ont consacré à la gloire et à l'immortalité.

« Qu'une généreuse émulation seconde nos arts et notre industrie ; que d'utiles travaux embellissent cette France, que les peuples ne nommeront plus qu'avec respect et admiration ; que l'étranger qui s'empressera de la visiter, retrouve parmi nous ces vertus douces et hospitalières qui caractérisaient nos aïeux ; que toutes les professions s'élèvent à la dignité du nom français ; que le commerce, en

formant ses relations avec les autres peuples, y porte cette fidélité
qui fixe la confiance et qui assoit la fortune, non sur des spéculations
constantes, dont l'estime et l'intérêt mutuels garantissent la force et
la durée. Ainsi se fortifieront les liens qui attachent à notre cause les
peuples éclairés du continent d'Europe; ainsi cette nation même qui
est armée contre la France, abjurera des prétentions excessives, et
sentira enfin qu'il n'est pour les peuples, comme pour les individus,
de bonheur véritable que dans la prospérité de tous? »

LES HÉROS DE LA MER

Pendant que nos armées, sur terre, remportaient les succès dont on vient de lire le récit, notre flotte éprouvait de tels revers qu'elle était presque entièrement détruite. Soixante vaisseaux de ligne, cent trente-sept frégates et cent quarante et un autres bâtiments armés, avaient été anéantis ou pris par l'ennemi.

Aussitôt après le traité de Lunéville, le Premier Consul avait particulièrement dirigé son attention sur les ressources qui lui restaient encore pour réparer les désastres de la marine républicaine. Ce qui le préoccupait, avant tout, c'était le sort de l'Egypte. Il voulait y jeter à tout prix des secours qui pussent sauver les braves qu'il avait laissés et qui sauvegardaient là-bas, envers et contre tous, le prestige de la France. Il excitait l'émulation et l'audace des officiers qui se hasardaient à traverser les croisières anglaises pour aborder en cette région. Des frégates, des corvettes étaient sans cesse équipées dans les ports de la Méditerranée, de l'Adriatique et de l'Océan. Bonaparte rédigeait lui-même les instructions des capitaines et autres officiers, chargés de ces expéditions; il accordait des primes aux armateurs qui apportaient, les premiers, des denrées, des munitions et des marchandises dans les ports de l'Egypte; mais le plus grand nombre de ces bâtiments de guerre et de commerce étaient enlevés dans la traversée.

Il résolut de tenter un nouvel effort. Il avait fait préparer dans le port de Brest une escadre de sept vaisseaux de ligne, deux frégates et un brick; l'on ne connaissait pas même en France la destination de cet armement, dont les apprêts se firent avec autant de secret que de célérité. Le commandement de cette escadre fut confié

Joachim Murat

à l'amiral Ganteaume, sur les talents et le bonheur duquel Bonaparte fondait les plus grandes espérances. Un petit corps de cinq mille hommes de troupes, sous les ordres du général Sahuguet, fut embarqué à bord des vaisseaux, que l'on chargea d'autant de munitions de guerre et de bouche qu'ils en purent contenir.

Aussitôt que l'armement fut terminé, l'amiral Ganteaume reçut l'ordre de sortir du port de Brest et de faire voile pour l'Egypte. Tout ce qu'il y avait de bâtiments de guerre mouillés dans les différents ports de la côte de l'Océan et sur les rades durent en même temps faire de fausses sorties, afin de favoriser celle de l'expédition, en obligeant les Anglais d'étendre leur croisière, de disperser leurs bâtiments et de se rapprocher des côtes.

L'escadre appareilla de Brest le 7 janvier 1801, et alla mouiller à la rade de Bertheaume. L'amiral remit à la voile le lendemain, et voulut dérober sa marche en passant par le Raz; mais, ayant été aperçu par les vaisseaux croiseurs, il fut obligé de regagner la côte et de mouiller à l'embouchure de la rivière la Vilaine. Ganteaume, pour dérouter les conjectures de l'ennemi sur la tentative qu'il venait de faire, pensa qu'il devait rentrer dans la rade de Brest, les Anglais pouvant supposer alors que la sortie de l'escadre n'avait eu d'autre but, comme celles des autres vaisseaux de la côte, que d'inquiéter les croiseurs. Il reprit donc son premier mouillage, et résolut d'attendre que le gros temps contraignît les vaisseaux ennemis à s'éloigner de la côte, et lui ouvrît le passage. Cette circonstance ne tarda pas à se présenter : le 23 janvier, une tempête ayant forcé la croisière ennemie à gagner le large, Ganteaume en profita pour appareiller pendant la nuit; et comme il prévoyait bien que ses vaisseaux se disperseraient, il leur indiqua pour point de ralliement le cap Gata, sur la côte d'Espagne, entre Gibraltar et Carthagène.

L'escadre sortit en assez bon ordre de la grande rade; mais la violence du vent sépara bientôt les bâtiments, et chacun d'eux fit sa route selon l'inégalité de sa marche, et le plus ou moins d'avaries

qu'occasionna le mauvais temps. La frégate *la Bravoure*, commandée par Dordelin, rencontra une frégate anglaise à la hauteur du cap
Finistère, et, après avoir échangé quelques volées, le capitaine
français ordonna l'abordage : cette résolution effraya le capitaine
ennemi, qui manœuvra pour l'éviter, et qui, faisant force de voiles,
laissa *la Bravoure* continuer sa route.

Indépendamment des chances de sa sortie de la rade de Brest,
l'amiral Ganteaume en avait à courir de plus périlleuses encore,
avant de parvenir au but qui lui était assigné. Après avoir échappé
à la flotte anglaise de la Manche, pouvait-il éviter celle de lord Keith
dans la Méditerranée, et n'était-il pas probable qu'il serait rencontré
ou au détroit de Gibraltar, ou dans le canal de Malte, ou sur les côtes
de l'Egypte, par les escadres des amiraux Warren et Bickerton, qui
croisaient dans ces parages ? Il n'y avait donc qu'un heureux
concours de circonstances qui pût sauver de ces dangers presque cer-
tains une si grande portion de ce qui restait encore de la marine
française. La fortune sembla d'abord sourire à Ganteaume : son
escadre dispersée se trouva réunie tout entière au cap Gata, le
10 février, sans que les Anglais y eussent mis obstacle.

L'amiral Harvey commandait les forces de la Grande-Bretagne
dans la Manche, en l'absence de l'amiral lord Cornwallis. Il apprit
la sortie de l'escadre de Brest par la frégate qui venait de combattre
la Bravoure; mais il pensa que la destination de Ganteaume était
pour les mers d'Amérique, ne pouvant pas supposer que cet amiral
fût assez hardi pour affronter, dans la Méditerranée, les trente vaisseaux de guerre et les cinquante frégates ou moindres bâtiments qui
s'y trouvaient réunis. Il détacha sur-le-champ, dans la direction des
îles Sous le vent, une escadre de sept vaisseaux de ligne et deux frégates bien approvisionnés, sous les ordres du contre-amiral sir
Robert Calder, auquel il enjoignit d'atteindre les vaisseaux français
le plus promptement possible.

Cependant l'amiral Warren, mouillé devant Gibraltar, à la nou-

velle que l'escadre française venait de passer le détroit, ne put que
détacher la corvette *l'Incendiaire*, pour observer ses mouvements.
Celle-ci s'étant approchée trop près, se trouva serrée entre les vaisseaux et la côte, et fut prise.

VILLARET-JOYEUSE
Vice-Amiral.

Après avoir rallié tous ses bâtiments, Ganteaume, longeant la
côte d'Afrique, se dirigea vers l'Egypte. Il captura, le 10 février, le
cutter anglais *le Sprightly*, et, trois jours après, la frégate *le Succès*. Ces deux prises lui apprirent que l'expédition aux ordres du
général Abercromby, convoyée par l'amiral Keith, avait mis à la

voile des côtes de Karamanie, et que le débarquement devait s'opérer vers Aboukir, où le commodore Bickerton se trouvait en croisière avec son escadre.

Craignant d'être poursuivi par l'escadre de l'amiral Warren, et se voyant devancé sur les côtes d'Egypte par des forces bien supérieures aux siennes, l'amiral français ne crut pas devoir continuer à s'avancer vers cette destination; et, songeant à se dégager du péril dont il était menacé, il changea de route, se dirigea sur le golfe du Lion, et entra dans le port de Toulon avec les prises qu'il avait faites.

L'expédition de l'amiral Ganteaume n'était point la seule que Bonaparte eût fait préparer pour porter des secours en Egypte. Une division de frégates avait été réunie par ses ordres dans le port de Rochefort. Elle avait à bord des troupes de débarquement, commandées par le général Desfourneaux, et elle mit à la voile le 13 février, à peu près dans le même temps où l'amiral Ganteaume cinglait le long des côtes d'Afrique. Le capitaine Saulnier, qui commandait cette seconde expédition, chargée en outre d'une grande quantité d'armes, de munitions, d'effets militaires, et même d'instruments aratoires, montait la frégate *l'Africaine* de 44 canons. Dès le lendemain du départ, ce commandant se trouva séparé des autres frégates par un coup de vent, et fut forcé de naviguer séparément. Deux frégates et un brick anglais, qu'il rencontra à la hauteur du cap de la Roca, lui donnèrent la chasse; mais il leur échappa, et parvint jusqu'au détroit sans avoir pu rallier un seul de ses bâtiments. Il longeait la côte d'Afrique, lorsqu'il fut reconnu et joint par la frégate anglaise *la Phœbé*. L'action s'engagea à la nuit close et à portée de pistolet. Comme *l'Africaine* était encombrée de soldats et d'effets, le capitaine Saulnier tenta deux fois d'enlever la frégate ennemie à l'abordage. Les grenadiers et les chasseurs français à bord de *l'Africaine*, impatients de joindre les Anglais, couvraient les

gaillards et le tillac, et, gênant les manœuvres, jetaient une grande
confusion dans l'équipage. L'ennemi, au contraire, manœuvrant
librement, évita d'être abordé. Le capitaine Saulnier, le général Desfourneaux, qui se trouvait sur la frégate française, et tous les officiers firent de vains efforts pour engager les soldats à débarrasser
momentanément le pont : pas un ne voulut descendre; ils regardaient
cette invitation comme une insulte à leur intrépidité. Cependant,
la première bordée de *la Phœbé* fit une horrible boucherie de cette
masse de braves, que leur trop d'ardeur exposait ainsi inutilement.
Les manœuvres furent de plus en plus entravées; les artilleurs de
terre s'empressaient de remplacer les canonniers de marine; les grenadiers et les chasseurs prenaient la place des matelots renversés
par le boulet ou la mitraille, tandis que d'autres courant çà et là,
tenant en main la hache d'abordage, croyaient pouvoir se précipiter
sur le pont du bâtiment ennemi comme dans une redoute. Sur ces
entrefaites, le feu prit à bord de la frégate française; mais il fut
éteint par l'activité des troupes. Le combat dura ainsi pendant plus
de deux heures. Le capitaine Saulnier fut tué; son second, le capitaine Magendie, reçut une blessure très grave à la tête; le chef de
brigade Duguet, qui commandait les troupes à bord, fut emporté par
un boulet; le général Desfourneaux, et presque tous les officiers,
reçurent aussi des blessures plus ou moins graves; enfin, le pont était
jonché de cadavres, les canons démontés, la frégate désemparée et
sur le point de couler bas, lorsque le lieutenant de vaisseau Lafitte
se décida à amener son pavillon. Sur sept cent quinze hommes qui
se trouvaient à bord de *l'Africaine*, deux cents avaient été tués, et
cent quarante-trois étaient hors de combat. Dans cet engagement
meurtrier, dont l'histoire de notre marine offre peu d'exemples, le
courage inconsidéré des soldats français, leur inexpérience et leur
obstination à vouloir tous à la fois prendre part au combat, furent
les causes du triomphe des Anglais. Le capitaine ennemi, Robert
Barlow, rendit hommage aux restes du capitaine Saulnier par des

honneurs funèbres, et exprima des regrets sincères sur la perte de ce brave officier.

Lorsque le Premier Consul reçut la nouvelle de ce désastre, il venait d'apprendre la rentrée de Ganteaume à Toulon. Dissimulant l'impression que lui fit ce double événement, il n'en continua pas moins de stimuler le zèle des marins et de les encourager par des récompenses. Nous avons déjà dit qu'il envoya à Toulon son aide de camp, Gérard Lacuée, pour porter à Ganteaume l'ordre de remettre sur le champ à la voile. Les nouvelles instructions de l'amiral portaient que, s'il trouvait le port d'Alexandrie bloqué par des forces supérieures anglaises, ce qui était plus que vraisemblable, il devait chercher à débarquer ses troupes à l'ouest de ce port, entre Tripoli et le cap Rasat, et les approvisionner d'eau et de biscuit, pour qu'elles puissent gagner l'Egypte à travers le désert de Barqah vers la Tour des Arabes. Il faut remarquer que cette tentative, des plus audacieuses, aurait exposé cinq mille Français à périr de faim et de misère : car en supposant, comme on devait le faire, que l'armée anglaise eût opéré son débarquement et se fût réunie à celle du grand-vizir, ce corps isolé, errant sur la frontière d'Egypte, ne pouvait entrer au Caire, ni dans Alexandrie, ni se rembarquer pour revenir en Europe.

L'amiral Warren, après avoir suivi l'escadre de Ganteaume jusqu'à Toulon, s'était établi en croisière devant ce port, lorsqu'il reçut l'ordre de se porter vers les côtes de Naples pour secourir le roi des Deux-Siciles menacé d'une soudaine invasion de la part du corps d'armée que commandait Murat. Le gouvernement anglais ignorait encore la véritable destination de l'escadre de Brest et la croyait alors dans l'Océan.

Warren, ne pouvant faire connaître assez promptement l'importance de sa station devant Toulon, crut devoir obéir à l'ordre qu'il recevait, et fit voile pour le golfe de Naples, où il entra le 16 mars. A cette époque, le roi Ferdinand IV venait de conclure la paix avec la République, et l'amiral anglais se hâta de retourner devant Toulon.

Combat naval dans la baie d'Algésiras
(5 juillet 1801).

13

Il y parut le 25 ; mais dans cet intervalle, Ganteaume, profitant de l'absence de son adversaire, avait fait voile le 20 pour les côtes d'Egypte.

Warren se mit sur-le-champ à la poursuite de l'escadre française, et, forçant de voiles, il arriva dans les eaux d'Alexandrie le 23 avril. Ganteaume en eut connaissance, et, désespérant de remplir sa mission, il revint une seconde fois à Toulon, pendant que Warren le cherchait encore dans les parages d'Afrique.

Ces tentatives, inutiles pour l'objet qu'avait en vue le Premier Consul, eurent au moins le résultat de dégager pour quelque temps les côtes méridionales de France et celles d'Espagne d'une surveillance importune.

Le Premier Consul mit à profit le retour de Ganteaume pour presser le siège de Porto-Ferrajo ; mais, lorsque cette opération fut terminée, il ordonna à cet amiral d'essayer une troisième fois de porter en Egypte des secours que les événements militaires dans cette contrée allaient désormais rendre inutiles. L'escadre remit donc à la voile et se dirigea sur Brindisi, dans le golfe Adriatique, où trois frégates devaient se rallier à elle. A cette époque, les maladies occasionnées par l'encombrement des troupes à bord exerçaient un tel ravage que Ganteaume fut obligé de renvoyer de Livourne à Toulon les vaisseaux *le Formidable*, *l'Indomptable* et *le Desaix*, et la frégate *la Créole*, faute de matelots suffisants pour manœuvrer. Réduite à quatre vaisseaux de ligne, une frégate, une corvette et deux transports, l'escadre française arriva le 25 mai devant Messine et reconnut le 8 juin la côte d'Egypte. Comme le port d'Alexandrie était trop étroitement bloqué pour que Ganteaume pût se hasarder d'en approcher, il chercha sur la côte à l'ouest, conformément à ses instructions, un point qui convînt au débarquement des troupes ; la plage de Bengazi lui ayant paru favorable à cette opération, il y fit jeter l'ancre, et il avait ordonné tous les préparatifs du débarquement, lorsque la vue des vaisseaux français attira sur le rivage presque tous les habitants de Bengazi en armes, ainsi qu'un grand nombre d'Arabes. Dans le même temps, un des bâtiments signala la flotte ennemie au nombre de quarante voiles dans l'est. Ces deux circonstances déterminèrent l'amiral français à renoncer à son entreprise; il fit couper les câbles et gagner le large. La corvette l'*Héliopolis*, qui n'avait que fort peu de troupes à bord, ayant été détachée le 7 pour reconnaître la flotte anglaise, profita du mouvement que celle-ci venait de faire vers la Tour des Arabes, pour entrer dans le port d'Alexandrie, où elle annonça la présence de l'amiral Ganteaume dans les parages de Barqab.

Cependant l'amiral Keith, ayant de son côté reconnu l'escadre française, la fit poursuivre à force de voiles : les deux bâtiments de transport tombèrent au pouvoir des Anglais; mais les quatre vaisseaux et la frégate parvinrent à s'échapper, et Ganteaume, dans sa marche rétrograde, s'empara de plusieurs bâtiments ennemis. Il prit d'abord une corvette, expédiée d'Angleterre avec des dépêches pour l'amiral Keith, et le 24 juin, ayant découvert un vaisseau de guerre anglais, il lui donna la chasse et l'atteignit dans l'après-midi. C'était le *Swiftshure* de 74 canons. Ce bâtiment laissa arriver, et courut vent arrière en hissant toutes ses voiles; mais les deux vaisseaux l'*Invisible* et le *Dix-Août* le gagnèrent et engagèrent le combat. Le capitaine Hallowel se défendit avec opiniâtreté, et n'amena son pavillon que lorsqu'il se vit en danger de couler bas.

Ganteaume fit réparer le vaisseau ennemi, y mit un équipage français, continua sa route, et rentra dans le port de Toulon vers la fin de juillet. Malgré le peu de succès des tentatives de cet amiral, il y aurait de l'injustice à lui refuser les éloges que lui méritent sa constance et la hardiesse de sa navigation au milieu d'une mer couverte des escadres ennemies. Il avait échappé habilement à des engagements dans lesquels l'infériorité de ses forces ne lui permettait pas d'espérer aucun succès, et il avait réussi à s'emparer d'un vaisseau de ligne et de plusieurs frégates ou corvettes.

Le roi d'Espagne, par suite de l'influence qu'exerçait sur lui le
Premier Consul, et à l'instigation du prince de la Paix, avait donné
six vaisseaux à la France. Ces bâtiments, mis sous les ordres du
contre-amiral Dumanoir, attendaient dans la rade de Cadix les

LA TOUCHE-TRÉVILLE
Vice-Amiral.

équipages français qui devaient les monter, et qu'on faisait venir
de Brest ; six autres vaisseaux commandés par l'amiral don Juan
Moreno étaient destinés à agir de concert avec cette escadre pour
soutenir l'amiral Ganteaume dans la Méditerranée.

Les trois vaisseaux et la frégate que Ganteaume avait renvoyés de Livourne à Toulon furent réparés et leurs équipages portés au complet. Le contre-amiral Linois, qui était employé sous les ordres de Ganteaume, fut chargé du commandement de cette division, et dut la conduire à Cadix pour se rallier à l'escadre combinée dont nous venons de parler. Il sortit de Toulon le 13 juin, et, après avoir donné la chasse aux croisières ennemies dans le golfe du Lion, il fit voile pour Cadix. Lorsqu'il eut doublé le cap Gata, et qu'il se disposait à embouquer le détroit de Gibraltar, il apprit par un bâtiment espagnol que le port de Cadix était étroitement bloqué par l'escadre de l'amiral James Saumarez; d'un autre côté, il était suivi par les bâtiments auxquels il avait donné la chasse et qui appartenaient à l'escadre de l'amiral Warren. Celui-ci, n'ayant pu empêcher Ganteaume de rentrer à Toulon, avait dû nécessairement s'attacher à la poursuite de la division qui venait d'en sortir, et tâcher de l'engager entre son escadre et celle qui croisait devant Cadix. Linois, dans cette extrémité, n'avait d'autre parti à prendre que de se jeter dans la baie de Gibraltar, ce qu'il fit en mouillant à la rade d'Algésiras, le 14 juillet.

Nous devons expliquer maintenant comment le port de Cadix se trouvait bloqué par une escadre anglaise autre que celles que nous avons vues dans la Méditerranée. Le cabinet de Londres n'avait pu apprendre, sans être alarmé, que des armements combinés entre la France et l'Espagne se préparaient dans le port de Cadix, dont la position avancée sur la communication des deux mers commande l'entrée du détroit. Chargé de surveiller ces nouveaux mouvements, sir James Saumarez appareilla de Plymouth le 13 juin avec trois vaisseaux de 84 canons : *le César, le Pompée, le Superbe;* trois autres de 74, *l'Annibal, l'Audacieux* et *le Vénérable;* une frégate et un lougre. Cette escadre croisait depuis quelques jours devant Cadix, lorsque les vigies de Gibraltar lui signalèrent l'arrivée de la division française. L'amiral anglais quitta aussitôt sa station, fit voile pour se porter à la rencontre de son ennemi, passa le détroit dans la nuit

du 5 au 6 juillet, et se trouva le 6 au matin devant la pointe del Carnero, à l'entrée de la baie de Gibraltar.

Au moment où l'escadre anglaise doublait le cap et formait sa
ligne de bataille, la division française, mouillée par dix ou douze
brasses devant Algésiras, était en mouvement pour prendre sa ligne
d'embossage, qui devait être soutenue à sa droite (le sud) par une
batterie de sept pièces de 24 et de 18, établie sur un écueil appelé
Ile Verte, et à la gauche, par une batterie de côte, appelée batterie
de Saint-Jacques, armée de cinq pièces de 18 ; ces deux batteries
étaient d'ailleurs faibles, en mauvais état et mal approvisionnées.
Le vaisseau français *le Formidable* était le plus au nord ; il avait à
sa droite *le Desaix*, *l'Indomptable* et la frégate *la Muiron*. Les vents
variaient alors du nord au nord-ouest. L'amiral Saumarez, voyant
que les vaisseaux français étaient mouillés assez loin de la côte, et
que leur ligne n'était pas parfaitement flanquée, voulut imiter la
manœuvre de l'amiral Nelson au combat d'Aboukir : il fit prendre
la tête de la colonne au vaisseau *le Vénérable*, dont le capitaine
connaissait parfaitement l'ancrage de la baie ; et, tenant le vent, il
fit gouverner sur *le Formidable*, dans le dessein de doubler ce vaisseau, de passer entre la terre et la ligne d'embossage, et de mettre
par conséquent la division française entre deux feux.

A huit heures du matin, les bâtiments ennemis, se trouvant à portée de canon de l'Ile Verte, la batterie espagnole tira sur eux, et le
combat, de la droite à la gauche (du sud au nord), s'engagea à mesure
que l'escadre anglaise prolongeait sa ligne. L'amiral Linois, qui
arborait son pavillon sur *le Formidable*, jugeant du but de l'attaque
de son adversaire par la manœuvre du vaisseau de la tête et des deux
autres qui suivaient ce premier, n'hésita point à donner le signal
de couper les câbles pour s'échouer ; la brise avait molli, et variant
du nord au nord-est, le mouvement d'abatée fut long et inégal : *le
Desaix* souffrit des enfilades des vaisseaux qui le canonnaient ; *l'Indomptable*, en touchant, se trouva placé dans une position critique,

mais il ne ralentit point son feu; *le Formidable* présenta le travers au large, et l'avant au chef de file de la ligne ennemie, lequel toucha aussi en avant du vaisseau français; deux autres vaisseaux anglais s'embossèrent à portée de fusil. Ce premier engagement dura deux heures, et les manœuvres étaient fort endommagées de part et d'autre.

N'ayant pu réussir à doubler la gauche de la ligne française, les Anglais voulurent s'emparer de l'Ile Verte, dont la batterie, mal approvisionnée et mal servie par les canonniers espagnols, avait cessé de tirer. Le capitaine de la frégate *la Muiron*, mouillée entre la terre et *l'Indomptable*, souffrait beaucoup du feu des deux derniers vaisseaux de la ligne anglaise. Voyant leurs embarcations se diriger sur l'île, il y détacha la garnison de la frégate, au nombre de cent trente hommes sous le commandement d'un capitaine d'infanterie. Cet officier aussi actif que brave arriva assez à temps pour empêcher les Anglais d'aborder; un des canots fut coulé bas et un autre fut pris. Ce renfort dans l'île Verte changea la face des choses ; la batterie servie par les soldats français recommença à tirer avec vivacité. Un des vaisseaux ennemis, *le Pompée*, ayant touché sur le bas-fond situé vis-à-vis cette batterie, et essuyant aussi le feu de *l'Indomptable*, amena son pavillon ; mais, remorqué par des chaloupes venues de Gibraltar, et entraîné par le courant et un vent d'est, il ne put pas être pris.

Après l'échouage des vaisseaux français, sept chaloupes canonnières espagnoles, sortant du port d'Algésiras, étaient venues former la gauche de la ligne, sous la protection de la batterie de Saint-Jacques. Elles prirent une part si vive à l'action que cinq d'entre elles furent coulées ou mises hors de combat ; la batterie de Saint-Jacques avait aussi ralenti son feu ; mais le général de brigade Devaux, à la tête d'un détachement de troupes qu'il prit à bord du *Desaix*, s'y porta rapidement, et fit servir les pièces avec plus d'activité et dans une meilleure direction.

Combat naval devant Cadix
(13 juillet 1801).

Le combat s'était renouvelé plus vivement que jamais ; mais les Anglais ne purent résister longtemps au feu terrible des vaisseaux et des batteries espagnoles servies par des soldats intrépides. Trois d'entre eux furent démâtés de leurs mâts de hune, et tous étaient avariés dans leur voilure ; ceux qui étaient mouillés coupèrent leurs câbles ; *l'Annibal,* échoué près du *Formidable,* essuyant en même temps le feu de la batterie Saint-Jacques et celui du vaisseau français, amena son pavillon, et se retira sous Gibraltar avec les quatre vaisseaux qui lui restaient.

La perte des Anglais fut plus considérable que celle de leurs adversaires dans ce combat opiniâtre et meurtrier. Les capitaines français Lalonde et Moncousu, officiers d'une grande distinction, commandant, le premier, *le Formidable,* et le second, *l'Indomptable,* moururent glorieusement sur leur banc de quart. Les équipages et les troupes de terre rivalisèrent de zèle et de courage, et combattirent en bon ordre avec une constance digne des plus grands éloges.

L'amiral Linois, presque surpris sur une rade ouverte au vent d'est, qui favorisait l'ennemi, n'ayant point, comme son adversaire, bien supérieur en force, le choix des moyens d'action et une retraite assurée sous le canon de Gibraltar, s'acquit une très grande gloire par la fermeté de sa résolution et par sa belle défense.

Les Anglais avaient perdu le tiers de leurs forces : *l'Annibal,* resté au pouvoir des Français, et *le Pompée,* entièrement démâté; mais ils trouvaient à Gibraltar toutes les ressources nécessaires pour réparer leurs bâtiments et renforcer leurs équipages, tandis que l'amiral Linois n'avait à espérer aucun secours de la côte d'Algésiras, et n'en pouvait attendre que de Cadix. L'amiral Saumarez se hâta de profiter de cet avantage, et la fortune lui fournit l'occasion d'effacer la honte de sa défaite, dans un de ces événements où le talent et la valeur ne peuvent rien contre les caprices de cette déesse.

L'amiral Linois réclama avec insistance auprès de l'amiral Massaredo, commandant la marine espagnole à Cadix, et du contre-amiral Dumanoir, chargé par le Premier Consul des détails relatifs aux armements, les secours sans lesquels il ne pouvait se relever de la côte quitter la baie d'Algésiras en présence de l'ennemi, et se rendre dans la rade de Cadix. Il écrivait au contre-amiral Dumanoir qu'il ne fallait pas donner aux Anglais le temps de respirer; que l'escadre espagnole, en venant à Algésiras, pourrait sauver la division française, qui était à flot, et la remorquer jusqu'au port de Cadix; que l'*Annibal* étant démâté de tous ses mâts et dans un état effroyable, il lui fallait des câbles, des grelins, des ancres à jet, etc. Comme ces secours tardaient à arriver, Linois se plaignit amèrement, dans une seconde dépêche, de l'inaction des vaisseaux espagnols, qui auraient dû être déjà rendus à Algésiras, puisque les vents étaient favorables. « Que peut craindre cette escadre? disait l'amiral français; les vaisseaux ennemis ont été tellement maltraités, que deux sont entrés dans le port de Gibraltar, et des trois qui sont sur la rade, l'un a ses mâts de hune cassés, l'autre est démâté de son beaupré. Nos quatre vaisseaux, je comprends l'*Annibal*, sont embossés et nous sommes en état de recevoir l'ennemi; mais s'il nous vient du vent, je ne réponds plus des vaisseaux. » Dans sa lettre à l'amiral Massaredo, Linois disait : « On vient de me renouveler l'avis que l'ennemi se dispose à nous incendier au mouillage; vous pouvez sauver à la République trois beaux vaisseaux et une frégate, en ordonnant que l'escadre de Cadix vienne nous chercher... »

Les vives sollicitations et l'activité du contre-amiral Dumanoir décidèrent enfin les Espagnols. Don Juan Moreno mit à la voile, le 8 juillet, et sortit de la rade de Cadix. L'escadre était composée de six vaisseaux de ligne, dont trois à trois ponts; de quatre frégates et d'un brick, savoir : le *Real Carlos*, 112 canons; le *San-Hermenegilde*, 112; le *San-Fernando*, 94; l'*Argonaute*, 74; la *Sabine*, 44 : ces cinq bâtiments sous pavillon espagnol. Le *Saint-Antoine*, 74 canons; le *Libre*, 44; l'*Indienne*, 14 : ces quatre bâtiments sous pavillon français.

Cette escadre, sur laquelle le contre-amiral Dumanoir s'embarqua avec l'amiral Moreno, arriva le 9 juillet devant Algésiras; mais il était trop tard pour que les vaisseaux français pussent être remorqués en présence des Anglais qui, déjà réparés, étaient en observation. Il fallait, même avec des vents favorables pour passer le détroit, mettre les vaisseaux avariés en état de faire toute la voile indispensablement nécessaire pour sortir de la baie : on y travailla nuit et jour, et tout était prêt le 12 au matin. A une heure après midi, l'amiral Moreno fit le signal d'appareiller, à raison de la marée. Les vents étaient à l'est; le mouvement du vaisseau de tête de la ligne pour sortir de la baie fut suivi successivement, de sorte que l'ordre de bataille naturel de l'escadre espagnole se trouva formé de suite au vent des vaisseaux français.

Sur le soir, un calme inégal surprit les alliés un peu au-dessous de la pointe del Carnero, et retarda la marche des derniers bâtiments. On s'aperçut en même temps que l'escadre anglaise, forte de cinq vaisseaux, d'une frégate, d'un brick et d'une frégate portugaise, appareillait par une bonne brise de l'est. Moreno quitta alors son bord, selon les règlements de la marine espagnole, qui ne permettaient pas de commander sur un gros navire, et porta son pavillon sur *la Sabine*. Il exigea que l'amiral français se rendît auprès de lui, afin de concerter les mouvements et de transmettre les signaux. Linois quitta à regret *le Formidable*, dont il confia le commandement au capitaine Troude.

Tant qu'il fut jour, les vaisseaux alliés maintinrent entre eux un ordre assez régulier; mais cette régularité ne put être conservée au milieu des ténèbres, par des bâtiments d'une voilure si différente.

Le Real Carlos, *l'Hermenegilde* et *le Saint-Antoine* formaient l'arrière-garde. L'amiral anglais avait le vent pour lui. Quand l'obscurité fut complète, il fit éteindre ses feux, et donna l'ordre au *Superbe* de se porter sur l'arrière-garde, de manière à la diviser. Ce vaisseau, bon marcheur, arriva sans être aperçu. Il passa entre *le*

Real Carlos et *l'Hermenegilde*, leur lâchant sa bordée à tribord et à bâbord, et fila immédiatement sur *le Saint-Antoine*. Surpris de cette attaque inattendue, les deux bâtiments espagnols tirent l'un sur l'autre, se prenant pour ennemis ; ils se causent mutuellement du dommage, et se combattent avec un tel acharnement, qu'ils se rapprochent, mêlent leurs vergues et s'abordent. Les deux escadres contemplent ce combat avec inquiétude, et n'osent tirer, ne sachant quel est l'ennemi. Le feu se déclara à bord du *Real Carlos*, se communiqua à *l'Hermenegilde*, et les deux vaisseaux continuaient de se canonner à bout portant. *Le Saint-Antoine* s'était écarté ; *le Superbe* était le seul à se douter de ce qui était arrivé. Les flammes, que personne ne prenait la peine d'éteindre, consumèrent la voilure et illuminèrent les eaux à une grande distance. Alors seulement les deux bâtiments se reconnurent. Il était trop tard : le feu atteignait la soute aux poudres ; ils sautèrent à quelques minutes l'un de l'autre. Trois cents hommes seulement, de deux mille qui composaient les équipages, échappèrent à la mort. Le malheur les poursuivit jusqu'à la fin : recueillis par *le Saint-Antoine*, ils furent attaqués par *le César* et *le Superbe*, et contraints de se rendre.

L'arrivée du jour éclaira tout ce désastre. La mer était jonchée de cadavres et de débris flottants ; *le Saint-Antoine*, privé de sa voilure, ressemblait à un ponton aux mains de l'ennemi ; et plus loin, à l'est, retentissaient des coups de canon au milieu d'un nuage de fumée : c'était *le Formidable* qui soutenait une lutte héroïque. Il lui avait été impossible, avec ses voiles basses, les seules qui lui fussent restées après le combat d'Algésiras, de suivre l'escadre franco-espagnole ; il était resté en arrière. Il fut rejoint au milieu de la nuit par cinq vaisseaux ennemis, qui l'assaillirent à boulets rouges. Le capitaine Troude défendit à ses canonniers de riposter. Ayant remarqué que les Anglais portaient à l'avant trois feux de reconnaissance, il les imita, et parvint à se dégager. Cette manœuvre l'avait séparé entièrement des alliés. Au lever de l'aurore, il aperçut quatre voiles

anglaises qui lui barraient le chemin de Cadix : c'étaient *le César,*
monté par l'amiral Saumarez ; *le Vénérable, le Superbe* et la frégate
la Tamise. Il se disposa immédiatement au combat.

Ne voulant pas laisser à l'ennemi le temps de combiner l'attaque,
il court sur *la Tamise,* qui était la plus proche, lui envoie sa bordée, et
fond sur *le Vénérable* pour le serrer au feu. Ses premières volées le
démâtent de son perroquet de fougue et de son grand mât. *Le César*
vole à son secours ; *le Formidable* va en arrière, pour battre *le Véné-*
rable en poupe. Acharné à sa ruine, Troude ordonne de mettre jusqu'à trois boulets dans chaque pièce. Les projectiles qui manquent
leur but, vont frapper *le César,* en sorte qu'il n'y a pas un coup de
perdu. *Le Vénérable* fut encore privé de son mât de misaine, et plusieurs coups dirigés à la ligne de flottaison le mirent hors d'état de
se défendre. Le capitaine Troude marcha alors sur *le César,* demeuré
au deuxième plan, et lui causa de notables avaries. Mais *le Véné-*
rable menaçait de sombrer. Après une demi-heure de combat, désespérant de vaincre son adversaire, l'amiral anglais dut renoncer à la
lutte pour songer au salut des siens. Troude utilisa cet instant de
répit : il fit monter dans les batteries le reste des boulets, rafraîchir
son équipage, réparer son gréement, et attendit *le Superbe,* qui était
par la joue de bâbord. Le capitaine anglais évita son choc en
passant hors de portée, et *le Formidable* entra dans Cadix, aux
applaudissements de la foule, qui avait tout vu de la plage. Ce beau
fait d'armes enleva une partie du regret que l'on éprouvait des désastres de la nuit précédente.

Terminons ce chapitre par le récit d'un exploit mémorable qui
se passa un peu plus tard, et où la Fortune cette fois favorisa nos
marins.

L'amiral Villaret de Joyeuse commandait à la Martinique,
lorsque l'escadre, partie de Toulon le 30 mars 1805, sous les ordres

de l'amiral Villeneuve, vint mouiller le 13 mai dans la rade du Fort-Royal, à la Martinique.

L'amiral Villaret, capitaine général de cette île, avait tenté plusieurs fois de reprendre sur les Anglais le rocher le Diamant, situé au sud-ouest de la Martinique, à peu de distance du Fort-Royal. Ce rocher, armé de quatre canons de vingt-quatre, de deux de dix-huit et d'une caronade de trente-deux, et défendu par une garnison de deux cents soldats et marins, avait toujours opposé la plus vive résistance.

Persuadé que le succès était impossible si les attaques étaient protégées par des bâtiments de guerre, le capitaine général Villaret s'empressa de profiter de la présence de l'escadre de l'amiral Villeneuve, et réclama son assistance. Une division, composée des vaisseaux *le Pluton* et *le Berwick*, de la frégate *la Syrène*, et de trois corvettes commandées par le contre-amiral Cosmao-Kerjulien, ayant été mise à sa disposition, il lui donna ses instructions pour l'attaque du Diamant.

La division française, à bord de laquelle on avait embarqué environ deux cents hommes de troupes, appareilla de la rade du Fort-Royal le 29 mai au soir. Le 30, les vaisseaux ayant fait taire les batteries qui défendaient le seul point de débarquement, les chaloupes et canots, chargés de soldats et de marins, quittèrent les bâtiments, et malgré le feu des batteries élevées, et la fusillade des Anglais dans les crevasses du rocher, le débarquement s'effectua sous les ordres du colonel Boyer, chef d'état-major du capitaine général, chargé de diriger l'attaque. Le quatrième jour après le débarquement, le 2 juin, les Anglais se virent forcés de capituler. Le Diamant fut remis aux Français, et la garnison anglaise conduite à la Grenade pour être échangée.

L'Armée française passe le Rhin à Strasbourg
(25 septembre 1805).

LA RÉPUBLIQUE CISALPINE

Pendant que le Premier Consul rétablissait les relations poli-
tiques de la France avec les souverains de l'Europe, il ne travaillait
pas avec une moindre activité à étendre et à consolider son influence
sur les Etats voisins et alliés qui avaient suivi les différentes phases
de la Révolution française dans leur marche administrative, et que
l'ancien Directoire avait assez ingénieusement nommés *les satellites
de la grande République*. La Suisse, la Hollande, la Lombardie,
avaient encore la même forme de gouvernement qui leur avait été
imposée lors de la conquête de leur territoire, et ne se trouvaient
plus par conséquent en harmonie avec la France soumise au régime
consulaire. Il était d'autant plus nécessaire d'apporter, dans l'administration des pays dont nous venons de parler, les changements
réclamés par la politique, qu'ils étaient dans l'intérêt spécial des
citoyens qui les habitaient.

La Hollande donna le premier exemple. La Révolution de ce
pays, préparée à Paris par l'ambassadeur Schimmelpenninck, et cal-
quée sur celle du 18 Brumaire, fut favorisée par le Directoire batave
lui-même. Une constitution rédigée à la hâte ayant été rejetée par
les deux conseils du corps législatif, composés d'un très grand
nombre de participants de la démocratie, le Directoire déclara la dis-
solution de ces deux Chambres, ferma le local de leurs séances, délia
le bataillon qui les gardait du serment de fidélité à l'ancienne constitution, et remplaça tous les chefs des diverses administrations par
des hommes dont les principes étaient connus. Les troupes françaises, mises à la disposition des conjurés, eurent la plus grande
part à ces mesures vigoureuses. La nouvelle constitution imposée à

la Hollande se rapprochait beaucoup de celle des anciennes Provinces-Unies. Le corps législatif, composé de trente-cinq membres, rappelait les anciens Etats-Généraux, et les départements n'étaient autres que les Provinces-Unies, sous une autre dénomination. Le Conseil d'Etat, composé de douze membres, dont le président, devait être élu tous les trois mois, avait les mêmes pouvoirs et les mêmes attributions que l'ancien stathouder. Ce changement de gouvernement délivra les Hollandais d'une partie de l'armée française d'occupation, qui s'y trouvait depuis la conquête. Bonaparte, satisfait de la manière dont la révolution s'était opérée dans ce pays, n'y laissa qu'un corps de six à huit mille hommes.

Le Premier Consul dirigea ensuite son attention sur la Suisse. En proie depuis deux ans à des révolutions continuelles, fomentées par les différentes factions qui les divisaient, les Helvétiens vivaient dans une espèce d'anarchie; l'antique constitution de leur pays, premier modèle des constitutions libres dans l'Europe moderne, avait été remplacée par des essais de gouvernement plus monstrueux les uns que les autres, et qui, n'étant appropriés ni aux mœurs ni au caractère des habitants, étaient devenus d'inépuisables sujets de dissensions civiles. Deux membres du Directoire helvétique, Dolder et Savary, entreprirent, sous les auspices et à l'instigation de l'envoyé du Premier Consul, le citoyen Verninac, de faire une révolution également dans le genre de celle opérée le 18 Brumaire en France. Ils firent entourer, par des hommes dévoués, la salle des séances du corps législatif, annoncèrent que cette assemblée était dissoute, et annulèrent de leur pleine autorité la constitution alors en vigueur. Ces deux dictateurs organisèrent ensuite un sénat provisoire de vingt-cinq membres, qui fut appelé à concourir avec eux à donner une nouvelle forme de gouvernement à l'Helvétie. Dans une lettre ostensible, adressée à l'envoyé Verninac, ils déclarèrent « que l'unique but de ce mouvement politique était de seconder les vœux du peuple suisse, auquel le Premier Consul, Bonaparte, daignait prendre un intérêt si vif, et de lui frayer la route vers la modération et la sagesse, par lesquelles la France était parvenue à assurer sa tranquillité intérieure et sa prospérité ».

Il restait encore à fixer le gouvernement définitif de l'état que Bonaparte avait créé lui-même, sous la dénomination de République Cisalpine. En abandonnant aux habitants de ce pays le soin de se constituer eux-mêmes indépendants, le Premier Consul craignait de perdre l'influence qu'il avait acquise, et de voir une révolution intérieure préparer le retour de la domination autrichienne. Afin donc d'éviter ces inconvénients, il résolut de diriger la formation du gouvernement cisalpin, et de régler le sort de cette république de manière à la conserver toujours dans la dépendance de la France, ou plutôt dans la sienne propre. Le gouvernement qu'il avait établi provisoirement à Milan rendit, à son instigation, un décret portant qu'il serait convoqué à Lyon une assemblée extraordinaire, sous les auspices et en présence du premier magistrat de la République française. Quoique ce fût une idée assez bizarre que celle d'appeler sur un sol étranger les mandataires d'une nation, pour y délibérer sur la constitution de leur pays, tel était cependant l'enthousiasme que Bonaparte avait inspiré à cette portion de la nation italienne, que les hommes les plus considérés parmi les Cisalpins briguèrent à l'envi l'honneur de faire partie de cette assemblée constituante (*consulta*), dont les membres furent nommés par les autorités alors existantes.

L'ouverture de la consulte cisalpine fut fixée au 31 décembre, et eut lieu ce jour-là avec toute la pompe et la solennité requises pour une opération de cette importance. Le Premier Consul avait choisi pour présider l'assemblée, composée de quatre cent cinquante-deux membres, le conseiller d'état Petiet, ministre de France à Milan. Cet administrateur général de la République cisalpine pendant le gouvernement provisoire s'était acquis par sa belle conduite et ses talents l'estime générale des Lombards, et il eût été difficile de faire un choix plus distingué. Bonaparte, accompagné des ministres de l'Intérieur et des Relations extérieures, s'était rendu à Lyon pour assurer par sa présence le résultat attendu des délibérations de l'assemblée, qui se divisa en cinq sections. Il assista à la première séance, dans une tribune placée en face du fauteuil du président, et qu'on avait ornée de trophées d'armes en mémoire des victoires remportées par lui en Italie et en Egypte. On voyait le Tibre et le Nil réunis aux pieds du triomphateur; le plafond représentait un ciel sans nuages.

Une commission de trente membres nommés au scrutin présenta à l'acceptation de l'assemblée un projet de constitution qui fut adopté presque sans discussion. Cet acte établissait un corps législatif, un conseil d'état et un président de la République, en qui seul devait résider le pouvoir exécutif. En communiquant son projet à l'assemblée, cette commission avait annoncé que les circonstances lui paraissaient trop graves pour que le nouvel Etat pût se passer de tout secours étranger, et qu'elle croyait utile de supplier le général Bonaparte de vouloir bien honorer la République Cisalpine en continuant de la gouverner, et en associant à la direction des affaires de la France le soin de la conduire elle-même pendant tout le temps qu'il croirait nécessaire, pour réduire toutes les parties du territoire à l'uniformité des mêmes principes, et pour faire reconnaître le nouvel Etat par toutes les puissances de l'Europe. Cette proposition fut consacrée par l'assemblée, qui décida que le Premier Consul de la République française serait supplié de vouloir bien accepter la dignité de président de la République Cisalpine, qui lui était offerte par la reconnaissance et les vœux unanimes de l'assemblée.

Bonaparte n'avait garde de refuser un poste qu'il avait sollicité en quelque sorte par ses intrigues préparatoires. Le lendemain de cette délibération, 26 janvier 1802, il se rendit en grand cortège à la consulte, et prononça en italien un discours qui fut souvent interrompu par les applaudissements de tous les assistants.

Ensuite, le comte Melzi fut choisi pour vice-président, Guicciardi pour secrétaire d'Etat, et Spanocchi pour grand juge. Melzi était de tous les Italiens celui peut-être qui avait le plus mal parlé de Bonaparte. Ces nominations étaient à peine terminées, que l'on craignit un désaccord entre eux. Le Premier Consul fut assez généreux pour mettre sous ses pieds les souvenirs pénibles. A la fin de la séance où ils furent proclamés, il invita le comte à venir s'asseoir auprès de lui, et l'embrassa cordialement devant tous. Pour la première fois, il fut acclamé sous le nom de Napoléon Bonaparte, et il signa de ces deux noms son titre de président de la République Cisalpine.

BONAPARTE EN BELGIQUE

Depuis un certain temps, Bonaparte caressait le projet de visiter le nord de la France et de la Belgique, autant pour inspecter les travaux maritimes que pour se montrer à des populations dont les sympathies semblaient douteuses.

Il réalisa son dessein vers le milieu de 1803. On lit, en effet, dans le *Moniteur* du 24 juin 1803 : « Le Premier Consul est parti aujourd'hui pour les départements du Nord; il arrivera samedi soir (26 juin) à Amiens ». Bonaparte était accompagné de sa femme.

Plus de trente mille personnes se portent à leur rencontre. Les plus enthousiastes veulent dételer la voiture et la traîner à bras. D'après un vieil usage, la ville d'Amiens, toutes les fois qu'un roi de France s'y arrêtait, lui faisait hommage de quatre cygnes. On ressuscite l'antique coutume en l'honneur du Premier Consul. Les cygnes seront envoyés à Paris, pour y être placés dans un bassin du jardin des Tuileries, et pour attester que le chef de l'Etat est traité comme un souverain.

En sortant du chef-lieu de la Picardie par la porte de Calais, Bonaparte lit cette inscription : « Chemin d'Angleterre ». D'Amiens, il se rend à Boulogne, puis à Dunkerque, puis à Lille, où il arrive le 6 juillet. La plus grande partie des populations de Douai, de Valenciennes, de Cambrai, de tous les villages voisins, est accourue à pied, à cheval, en voiture, en chariots. Le maire de Lille, en présentant au Premier Consul les clefs de la ville, lui dit :

« Si les habitants furent assez heureux pour les conserver contre les efforts d'une armée ennemie, ils sont fiers aujourd'hui de vous les offrir sans tache. » La municipalité lui donne une fête brillante dans la salle de spectacle, et, au moment où il fait son entrée, on entonne l'hymne populaire :

Où peut-on être mieux qu'au sein de sa famille.

De Lille, les illustres voyageurs se rendent en Belgique, ce pays

Vandamme

auquel Napoléon attache avec raison tant d'importance. Au moment de la paix d'Amiens, il a dit à la députation belge : « Le traité de Campo-Formio avait constaté la position de la Belgique. Dans les années qui se sont écoulées depuis ce traité, nos armes ont eu des revers. On a pensé que la République pouvait faiblir et céder, parce qu'elle était moins heureuse : c'est une grave erreur. La Belgique fait partie de la France, comme sa plus ancienne province, comme tous les territoires acquis par un traité solennellement authentique, comme la Bretagne et la Bourgogne... Et l'ennemi eût-il été au faubourg Saint-Antoine, le gouvernement français ne devait jamais abandonner ses droits ».

Arrivé à Ostende, le 9 juillet au soir, le Premier Consul trouve les rues illuminées et pavoisées. Le 13, il est à Bruges. Sur le pont de Molin, on fait un simulacre du pont d'Arcole. Bonaparte y est représenté en uniforme de général, le drapeau à la main. Des mannequins de grandeur naturelle figurent les soldats français et autrichiens. Cette représentation, un peu grotesque, mais cependant assez fidèle de la célèbre bataille, n'est pas sans égayer le Premier Consul, qui, sensible aux bonnes intentions des habitants de Bruges, les remercie de lui avoir rappelé des souvenirs qui lui sont chers.

A Gand, où l'on arrive le 14 juillet, le Premier Consul et sa femme sont acclamés dans le bal qui leur est donné par la ville. Le lendemain, grande fête sur la place d'armes. On y joue une espèce de drame composé de diverses allégories. Les fleuves qui arrosent la Belgique y sont représentés, faisant alliance avec la Seine, et domptant l'orgueil de la Tamise, sous la protection du dieu du commerce. Le 18 juillet, arrivée à Anvers. Davout écrit à sa femme : « Nous sommes ici dans une très belle ville, à laquelle il ne faut demander que quelques années de paix pour être une des premières de l'Europe. Les habitants ont accueilli le Premier Consul comme s'ils étaient Français depuis un siècle. Cela est d'autant plus remarquable qu'ils n'ont jamais fait telle réception à aucun de leurs souverains. Lorsque Joseph II est venu les visiter, les fenêtres étaient fermées, et personnes n'était dans les rues ». Maintenant, au contraire, la population anversoise déborde d'enthousiasme. Elle promène dans les rues un énorme géant, procession solennellement bizarre, qui n'a lieu que dans les plus grandes circonstances, et qui ne s'était pas vu depuis 1767. Au nom de la ville, le maire offre au Premier Consul six magnifiques chevaux bais. Bonaparte, en revanche, revêt ce magistrat de l'écharpe d'honneur, distinction qu'il n'a jusqu'alors accordée qu'à deux maires, ceux de Lyon et de Rouen. C'est que Bonaparte ne cesse de penser à Anvers : Anvers où il veut créer une flotte dont le pavillon apparaisse toujours menaçant entre l'Escaut et la Tamise.

Le séjour à Bruxelles va mettre le comble aux ovations de ce radieux voyage. Arrivés aux limites du département de la Dyle, dont la capitale belge est le chef-lieu, Bonaparte et Joséphine aperçoivent l'image symbolique de cette rivière sous la forme d'une statue colossale, assise près d'une urne. On lit sur le piédestal : « Je donne mon nom à ce département, tu donneras le tien à ton siècle ». Le Premier Consul trouve, à deux lieues de Bruxelles, un corps d'armée de douze mille hommes, formé par les grenadiers des places de la Belgique, et une garde d'honneur, élite de la jeunesse bruxelloise, qui est composée de cinq cents cavaliers en uniforme rouge, sous les ordres du fils du prince de Ligne. Dès que Bonaparte aperçoit ce cortège militaire, il descend de voiture, monte à cheval, et se met à la tête des troupes. C'est sous l'aspect du général, plus encore que sous celui du chef d'Etat, qu'il veut faire son entrée à Bruxelles. A l'extrémité de l'Allée-Verte, on a élevé en son honneur un arc de triomphe, construit sur le modèle de l'Arc de Titus à Rome. De chaque côté, il y a un amphithéâtre décoré de tapis, et où l'on aperçoit une foule de femmes en toilettes magnifiques. Les cris de : « Vive Bonaparte ! Vive le grand homme ! » retentissent de toutes parts. Le canon tire de minute en minute. Le Premier Consul passe sous l'arc de triomphe. Devant la cathédrale Sainte-Gudule, il est salué par le clergé, qui, en habits sacerdotaux, et précédé de la croix, l'attend sur les marches du portail. Toutes les cloches, tous les carillons sonnent. Joséphine, dans une voiture superbe, qui lui a été offerte par la ville, s'avance au milieu d'une pluie de fleurs. Le temps est admirable; la joie rayonne sur tous les visages. A la population de Bruxelles se joignent plus de trente mille étrangers, venus des provinces du Rhin et de Hollande, pour contempler le grand homme et sa gracieuse compagne. Le séjour à Bruxelles n'est qu'une longue série d'ovations. Tous les soirs, les rues sont remplies de monde et illuminées. Quel enthousiasme dans la population, quand le vainqueur de tant de batailles passe la revue de ses troupes, quand on le voit parler à ses compagnons d'armes d'Egypte et d'Italie! A Bruxelles, c'est un véritable souverain tenant sa cour. Il est entouré de ses ministres, des membres du corps diplomatique, d'une foule de généraux. Jamais empereur d'Allemagne ne déploya plus grande pompe. Après avoir quitté Bruxelles, Bonaparte et Joséphine visitent Liège et Maëstricht, puis ils rentrent dans l'ancienne France par Mézières et Sedan, et sont de retour à Saint-Cloud, le 22 août, après une absence de quarante-huit jours, pendant laquelle ils ont parcouru dix-sept départements et quatre-vingts villes. Le général de Ségur, évoquant le souvenir de ce voyage triomphal, a dit dans ses *Mémoires :* « Combien de fois n'avons-nous pas vu les interlocuteurs de Napoléon surpris d'une perspicacité si vive et si pénétrante qu'elle leur paraissait surhumaine! Comme alors notre orgueil s'enflait d'être les élus de cet homme extraordinaire, d'en paraître posséder la confiance, d'en être parfois les interprètes, enfin, d'être attachés de si près d'un génie si grand et si universel! Quand ces personnages se retiraient, pour faire place à d'autres, quels accents d'admiration frappaient nos oreilles, et de quel enthousiasme de reconnaissance n'avons-nous pas été cent fois témoins, lorsque, après son départ, ses ordres, comme autant de bienfaits surpassant l'espoir, laissent tout en voie d'embellissement, d'amélioration et de perfectionnement! »

DISTRIBUTION DES AIGLES A L'ARMÉE

La signature du traité d'Amiens avait donné lieu à des marques nombreuses de la reconnaissance publique à l'égard du Premier Consul. Le Tribunat et le Corps législatif ensemble proposèrent de le remercier, en prorogeant de dix années, au delà des sept qu'il avait encore à les exercer, ses pouvoirs de Premier Consul. C'était le 8 mai 1802. Bonaparte parut touché, mais il répondit : « La gloire et le bonheur du citoyen doivent se taire quand l'intérêt de l'Etat et la bienveillance publique l'appellent. Vous jugez que je dois au peuple un nouveau sacrifice : je le ferai si le vœu du peuple me commande ce que votre suffrage autorise ». Entre temps le Conseil d'Etat changea d'avis, et résolut de soumettre à la sanction populaire une autre formule. Le peuple était appelé à prononcer sur la question suivante : Napoléon Bonaparte sera-t-il consul à vie ? Trois millions cinq cent soixante-huit mille quatre-vingt-cinq suffrages, sur trois millions cinq cent soixante-dix-sept mille deux cent cinquante-neuf votants, répondirent affirmativement, le 4 août 1802.

Près de deux ans plus tard (mai 1804), Napoléon Bonaparte était proclamé empereur des Français. Il fut sacré à Notre-Dame de Paris le 2 décembre de la même année. Cette cérémonie donna lieu à plusieurs fêtes dont la plus émouvante fut la distribution des aigles à l'armée (5 décembre).

Nous en empruntons le récit au *Moniteur* du 6 décembre 1804.

« Le troisième jour des fêtes du couronnement était consacré aux armes, à la valeur, à la fidélité. L'empereur a distribué à l'armée et aux gardes nationales de l'empire les aigles qu'elles doivent toujours trouver sur le chemin de l'honneur.

Cette imposante et auguste cérémonie a eu lieu au Champ de Mars ; nul autre lieu n'était préférable. Ce vaste champ, couvert de députations qui représentaient la France et l'armée, offrait le spectacle d'une valeureuse famille réunie sous les yeux de son chef.

La façade principale de l'Ecole militaire était décorée d'une grande tribune représentant plusieurs tentes à la hauteur des appartements du premier étage. Celle du milieu, fixée sur quatre colonnes qui portaient des figures de victoires, exécutées en relief et dorées, couvrait le trône de l'empereur et celui de l'impératrice. Les princes, les dignitaires, les ministres, les maréchaux de l'empire, les grands officiers de la couronne, les officiers civils, les princesses, les dames de la cour et le Conseil d'Etat étaient placés à la droite du trône.

Les galeries qui occupaient la façade principale de l'édifice étaient divisées en huit parties de chaque côté ; elles étaient décorées d'enseignes militaires couronnées par des aigles. Elles représentaient les seize cohortes de la Légion d'honneur.

Le Sénat, les officiers de la Légion d'honneur, la Cour de cassation et les chefs de la comptabilité nationale étaient à la droite ; le Corps législatif et le Tribunat étaient à la gauche.

La tribune impériale destinée aux princes étrangers occupait le pavillon à l'extrémité du côté de la ville.

Le corps diplomatique et les étrangers étaient placés dans l'autre tribune faisant face au pavillon, à l'extrémité opposée.

Les présidents de canton, les préfets, les sous-préfets et le conseil municipal se trouvaient au-dessous des tribunes, sur le premier rang des gradins dans toute la façade.

On descendait au Champ de Mars par un grand escalier dont les gradins étaient occupés par les colonels des régiments et les présidents des collèges électoraux de départements, qui portaient les aigles impériales. On voyait aux deux côtés de cet escalier les figures colossales de la France donnant la paix, et de la France faisant la guerre.

Les armes de l'Empire, répétés partout sous différentes formes, avaient fourni les motifs de tous les ornements.

A midi, le cortège de leurs majestés impériales, dans l'ordre observé pour la cérémonie du couronnement est sorti du palais des Tuileries, précédé par les chasseurs de la garde et l'escadron des mamelucks, et suivi des grenadiers à cheval et de la légion d'élite; il marchait entre deux haies de grenadiers de la garde et de pelotons de la garde municipale.

Des décharges d'artillerie ont salué leurs majestés à leur départ, à leur passage devant les Invalides, à leur arrivée au Champ de Mars.

Des membres du corps diplomatique, introduits dans les grands appartements de l'École militaire, ont été admis à présenter leurs hommages à leurs majestés.

Après cette audience elles ont revêtu les ornements impériaux et ont paru sur leur trône, au bruit des décharges réitérées de l'artillerie, et des acclamations unanimes des spectateurs et de l'armée.

Les députations de toutes les armes de l'armée, celle de la garde municipale, étaient placées conformément au programme : les aigles, portées par les présidents des collèges électoraux pour les départements et par les colonels pour les corps de l'armée, étaient rangées sur les degrés du trône.

Au signal donné, toutes les colonnes se sont mises en mouvement, se sont serrées et se sont approchées au pied du trône.

Alors, se levant, l'empereur a prononcé, d'une voix forte, expressive et accentuée, ces paroles qui ont porté dans toutes les âmes la plus vive émotion et l'enthousiasme le plus noble.

« Soldats, voilà vos drapeaux : ces aigles vous serviront toujours de point de ralliement; elles seront partout où votre empereur les jugera nécessaires pour la défense de son trône et de son peuple.

« Vous jurez de sacrifier votre vie pour les défendre, et de les main-

tenir constamment par votre courage sur le champ de la victoire :
Vous le jurez !

« *Nous le jurons !* » ont à la fois répété dans un cri unanime les
présidents des collèges et tous les chefs de l'armée, en enlevant dans
les airs les aigles qui allaient être confiées à leur vaillance.

« *Nous le jurons !* » ont répété l'armée entière, par ses envoyés
d'élite, et les départements, par les députés de leur gardes nationales,
en agitant leurs armes et en confondant leurs acclamations avec le
bruit des instruments et des fanfares militaires.

Après ce mouvement qui s'était rapidement communiqué aux
spectateurs pressés sur les gradins qui formaient l'enceinte du
Champ de Mars, les aigles ont été prendre la place qui leur était
assignée ; l'armée, formée par divisions, les députations, formées par
pelotons, ont défilé devant le trône impérial.

Le cortège est rentré au palais à cinq heures. »

Combat naval, devant Boulogne, d'une partie de la flottille française contre la flottille anglaise

(Nuit du 15 au 16 août 1801).

15

LE CAMP DE BOULOGNE

Par suite de la paix d'Amiens, les armées françaises furent obligées d'évacuer les pays où leur présence, désormais inutile, eût été un fardeau trop lourd. Moreau, Augereau, Macdonald, Brune rentrèrent avec toutes leurs troupes ; le dernier seulement laissa en Italie un corps de vingt-deux mille hommes, destinés à former les garnisons des places de la Cisalpine et du Piémont. Murat, avec son corps d'armée, restait encore sur les frontières du royaume de Naples et dans la Toscane.

Ce retour de trois cent mille soldats environ sur le territoire français, ne causait pas un médiocre embarras au Premier Consul. La plupart de ces hommes renonçaient avec regret à la vie active des camps. Les vétérans de l'armée, qui depuis plusieurs années, avaient perdu de vue le sol natal, étaient devenus presque étrangers aux mœurs et aux habitudes du pays qu'ils avaient illustré par leurs héroïques exploits ; accoutumés aux hasards aventureux des combats, ils redoutaient l'autorité de la discipline intérieure, la monotonie et l'oisiveté des garnisons. Les jeunes soldats, enrôlés depuis un an et demi, ne connaissant de la guerre que les conquêtes et les triomphes, n'étaient pas plus disposés à goûter les douceurs d'une paix dont leur inexpérience les empêchait d'apprécier le bienfait, et qui devait d'ailleurs rendre un grand nombre d'entre eux à l'obscurité et aux travaux de la vie civile.

Cette disposition des esprits, manifestée hautement surtout pour l'armée du Rhin qui rentrait la plus nombreuse, donnait au Premier Consul d'autant plus d'inquiétude que la situation des finances ne permettait pas d'entretenir sur pied et de solder désormais avec régularité une force armée aussi considérable; sous un autre rapport, il ne croyait pas son autorité et l'état des choses assez bien affermis, pour, à l'exemple de l'Autriche, opérer les réductions que semblaient commander les circonstances actuelles. Afin de parer, au moins, à l'un des inconvénients qui pouvaient résulter de la conservation d'un aussi grand nombre de troupes, et tenir en haleine les redoutables instruments de la défense nationale, Bonaparte saisit l'occasion que lui offrait le refus de l'Angleterre d'accéder à la paix continentale; et c'est contre cette puissance qu'il résolut de tourner les regards et les espérances de ses troupes.

Plus que jamais irrité des obstacles que les Anglais avaient apportés à ses projets, furieux de se voir sur le point d'être privé par eux de la conquête à laquelle il tenait tant, parce qu'elle était sienne et dans le projet et dans l'exécution, nous voulons parler de l'Egypte, Bonaparte conçut un vaste plan. Il reprit, sur des bases plus grandioses et plus sérieuses, l'ancien projet de descente en Angleterre. Tout ce qui restait de ressources à la marine française fut appliqué à l'exécution des vues du Premier Consul; de nombreux travaux furent ordonnés et commencés dans les arsenaux et sur tous les chantiers; on multiplia les essais pour avoir des bâtiments légers qui pussent porter de l'artillerie du plus fort calibre. Les côtes de la Manche furent couvertes de camps, où le Premier Consul plaça principalement les corps de l'armée du Rhin, qui avaient d'abord formé les garnisons des places ou occupé des cantonnements sur les frontières de l'est et du nord.

« Les troupes, sous le commandement de Soult, étaient constamment tenues en haleine. Trois fois par semaine pendant l'été, elles manœuvraient plus de douze heures de suite, et l'on peut dire, sans être accusé de prévention, que le camp de Boulogne en 1803, 1804 et 1805, a formé plus de bons officiers qu'aucune école militaire n'en formera jamais. » Ainsi s'exprime le général Fantin des Odoards, qui continue en ces termes : « Je ne crois pas qu'il y eût dans aucun

temps, ni chez aucun peuple, une aussi excellente école militaire
que le camp formé à Boulogne à cette époque ; le général qui le commandait, les généraux sous ses ordres, et les troupes qui le composaient étaient choisis parmi l'élite de l'armée française, et le plus
grand général qui ait jamais paru, Napoléon Bonaparte, venait fréquemment lui-même inspecter ces vieilles bandes et les jeunes guerriers qui se formaient sur ces excellents modèles. »

Dans ces sortes d'occasions, il arrivait à Boulogne au moment
où on l'y attendait le moins, parcourait les divers camps, et était
déjà de retour dans son cabinet des Tuileries, que ceux qui étaient
à Boulogne le croyaient encore au milieu d'eux. Il partait ordinairement de Paris à une ou deux heures du matin, déjeunait à Beauvais,
dînait à Abbeville, et arrivait le soir même ou le lendemain, avant le
jour, à Boulogne. Napoléon faisait habituellement ce trajet en vingt-
quatre ou vingt-cinq heures, y compris les temps de repos. Ceux qui
l'escortaient étaient d'autant plus harassés, qu'à peine descendu de
voiture, il montait à cheval et y restait quelquefois jusqu'à la nuit.
Il ne rentrait pas au quartier général qu'il n'eût visité le moindre
atelier, qu'il n'eût parlé à tous les chefs des nombreux services qu'il
organisait en même temps.

Nous n'entreprendrons pas de suivre le Premier Consul, puis
l'Empereur dans toutes ses allées et venues, au cours des quatre
années qui s'écoulent du traité de Lunéville à l'entrée en campagne
de la Grande Armée. Prenant pour guide Marco de Saint-Hilaire,
qui nous fournira plusieurs traits, nous n'envisagerons que le côté
anecdotique, souvent plus fantaisiste que réel, de cette merveilleuse
équipée du camp de Boulogne. La Légende n'est-elle pas sœur de
l'Histoire ?

Certaine fois, il partit de Saint-Cloud le 18 juillet 1804, deux
jours après la cérémonie qui avait eu lieu aux Invalides à l'occasion
de la distribution de nouveaux drapeaux à l'armée. Les troupes qui
étaient à Boulogne s'occupaient encore des préparatifs de la récep-

tion qu'elles voulaient lui faire (car l'Empereur avait annoncé qu'il irait lui-même distribuer les croix de la Légion d'Honneur à l'armée de Boulogne), lorsqu'elles l'aperçurent tout à coup, monté sur une petite barque, au milieu du port. Il examinait les travaux, encourageait les ouvriers, et pressait les ingénieurs en leur disant d'un ton d'humeur :

— Messieurs, nous n'en finirons jamais !

Son incroyable activité semblait l'avoir multiplié : on le voyait partout. Presque toutes les troupes qui étaient en France avaient été réunies en divisions et cantonnées sur les côtes, depuis l'embouchure de l'Escaut jusqu'à celle de la Seine. L'armée de Boulogne se composait alors d'environ 150.000 hommes d'infanterie et de 80.000 cavaliers. Ces soldats avaient été répartis dans quatre camps principaux : le *camp de droite*, le *camp de gauche*, le *camp de Wimereux* et le *camp d'Ambleteuse*. Les troupes ainsi rassemblées avaient été occupées et disciplinées à la manière des Romains ; chaque heure avait son emploi : le soldat quittait le fusil pour prendre la pioche. Les ponts-et-chaussées avaient eu d'immenses travaux à faire. On avait creusé le port, construit une jetée et un pont de halage, et ouvert d'immenses bassins pour recevoir les bâtiments de la flottille.

Dans un de ces bassins, que Napoléon visita le lendemain de son arrivée, un jeune soldat de la garde, enfoncé dans la vase jusqu'aux genoux, tirait de toutes ses forces, sans pouvoir la dégager, une brouette encore plus enlisée que lui. Il jurait en véritable charretier embourbé, lorsqu'il aperçut, à quelque distance derrière lui, l'Empereur accompagné de Berthier. Aussitôt il se mit à chanter d'un ton sentimental le rondeau d'un opéra-comique alors fort en vogue à Paris.

Napoléon ne put s'empêcher de sourire ; il fit signe au soldat de venir à lui. Celui-ci accourut en passant coquettement ses doigts dans ses cheveux pour se donner un air présentable.

— Ah! ah! monsieur le troubadour! de quel pays êtes-vous? lui demanda-t-il.

— De Paris, Sire.

— Je l'aurais parié. Vous êtes dans ma garde, à ce que je vois; dans quel régiment et depuis quand?

— Dans le premier de grenadiers; et, Sire, depuis que vous êtes Empereur.

— En ce cas, jeune homme, il y a trop peu de temps pour que je vous fasse sous-officier, n'est-ce pas?

— Sire, Votre Majesté en a cependant le droit; elle a même celui de me faire officier.

— Le croyez-vous?

— Parole d'honneur, Sire, reprit le soldat avec un sérieux imperturbable et en portant le revers de la main à son front.

— Eh bien! moi, je n'en suis pas certain, répliqua l'Empereur en lui rendant ironiquement son salut par un léger signe de tête; mais conduisez-vous bien, ne faites pas tant de roulades, et je vous ferai nommer sergent l'année prochaine; après cela, si vous avez de l'ambition et que vous vouliez l'épaulette, c'est sur le champ de bataille que vous la trouverez; c'est là que j'ai ramassé les miennes, moi! Je ne vois pas pourquoi je vous favoriserais plus qu'on ne m'a favorisé jadis.

— C'est juste, fit le soldat avec un geste de conviction. Cependant, Sire, vous n'avez pas trop à vous plaindre.

— Je ne me plains pas trop non plus. Berthier, ajouta Napoléon en s'adressant au major général, prenez le nom de ce jeune homme; vous lui ferez donner cinquante francs pour faire nettoyer son pantalon. — Puis, se retournant du côté de son protégé, il reprit avec un demi-sourire :

— Etes-vous content, monsieur le Parisien?

— Très content, Sire, répondit le jeune soldat en saluant à la manière des gens du monde.

Et Napoléon continua tranquillement sa promenade au bruit des acclamations que poussaient les travailleurs accourus sur son passage.

Ce fut pendant ce séjour de l'Empereur à Boulogne que l'on vit s'achever, comme par enchantement, tous les établissements maritimes d'un grand port. On forma des magasins, on amassa des munitions. Jamais tête humaine ne conçut de projets si vastes, et surtout n'en fit marcher simultanément les différentes parties avec autant d'activité, d'ensemble et de précision. On construisit les bâtiments en même temps qu'on fondit l'artillerie, qu'on fila les cordages, qu'on tissa les voiles. Napoléon avait fait louer l'année précédente, à une demi-lieue de la mer, un petit château appelé le *Pont de briques*, qui se trouvait sur la route de Paris. Il avait fait faire de nombreuses réparations à cette habitation. Dans les travaux de terrassement que l'on exécuta à l'entour, on trouva quelques médailles de Guillaume le Conquérant, et l'on découvrit, un peu plus loin vers le rivage, les restes d'un ancien camp de César et une hache romaine. Napoléon, toujours superstitieux, tira un présage de cette trouvaille, et ordonna qu'on élevât à cette place la baraque qu'il devait habiter, destinant le château à l'établissement du quartier général.

Cette baraque était en planches comme les baraques d'un champ de foire, avec cette différence cependant, que les planches étaient soigneusement jointes au dehors, et artistement peintes au dedans. Elle avait en outre l'avantage de pouvoir se démonter et se remonter en une heure de temps, de sorte que Napoléon eût pu, à volonté, la faire charger sur une charrette pour la transporter ailleurs. Quant à sa forme, elle ressemblait à un carré long. Un treillage en bois régnait tout autour. Elle était éclairée de jour par huit fenêtres latérales, et de nuit par des réverbères placés à dix pieds de distance les uns des autres. La pièce principale était au milieu; elle servait de salle de conseil et faisait face à la mer. On y voyait une grande table ovale, recouverte d'un tapis de drap vert uni, avec un modeste

VUE DU PORT DE BOULOGNE

fauteuil à bras pour l'Empereur. Sur cette table étaient une demi-douzaine de flambeaux de cuivre doré garnis de bougies, du papier de toutes dimensions, une écritoire et une poudrière en bronze, avec quelques plumes taillées et jetées çà et là. Une immense carte des côtes de la Manche était suspendue en face de la fenêtre. Tel était le mobilier de cette salle principale où Napoléon seul pouvait s'asseoir. Ses maréchaux, ses amiraux, ses généraux se tenaient debout devant lui, lorsqu'ils étaient appelés à des conseils qui duraient quelquefois deux ou trois heures, et n'avaient d'autre appui, pour se reposer, que la poignée de leur sabre. A droite de cette pièce était la chambre à coucher de l'Empereur, fermée seulement par une petite porte vitrée. Là se trouvait un petit lit en fer de trois pieds de large, entouré d'un rideau en florence vert, fixé au plafond par un grand anneau. Sur ce lit, deux matelas et un sommier de crin, avec un traversin très haut et très dur. Il n'y avait pas d'oreiller. Napoléon ne s'en servit jamais qu'à Sainte-Hélène ; encore l'usage lui en fut-il ordonné par Antomarchi, son médecin, et seulement quelques jours avant sa mort. Deux couvertures avec un couvre-pieds piqué et ouaté garnissaient ce lit, devant lequel étaient placées deux chaises de paille, l'une au pied, l'autre à la tête, A la croisée et à la porte vitrée étaient adaptés des petits rideaux semblables à celui du lit. Devant la croisée, un télescope de cinq pieds de long sur quatorze pouces de diamètre, monté sur un pied d'acajou. A côté du lit, une petite table recouverte d'une serviette blanche, sur laquelle étaient posés une cuvette et un pot en vermeil, et quelques ustensiles de toilette d'une richesse et d'un travail exquis. Sur un tabouret, à gauche du lit, une petite cassette en forme de malle, dans laquelle était le linge de corps de l'Empereur, avec un habillement complet; au-dessus et accroché à une patère, un seul chapeau de rechange, déformé et usé, que Napoléon mettait de préférence lorsqu'il faisait quelque course dans les camps ou en rade. Il perdait souvent ce chapeau; mais chaque fois on le lui rapportait fidèlement, comme un objet que nul n'eût osé s'approprier, dans la crainte de commettre un sacrilège.

De l'autre côté de la salle du conseil, et parallèle à la chambre à coucher, était, le salon, qui servait de salle à manger, avec un office pris sur la largeur de la pièce et meublé avec la même simplicité. Au dehors et derrière la baraque, étaient construites deux cabanes, servant, l'une de cuisine, l'autre de logement aux gens de service. Lorsque l'Empereur avait du monde à dîner, ce qui arrivait presque tous les jours, *Réchaud* ou *Fourneau* (tel était, dit Marco Saint-Hilaire, le nom véritable, quoique fort étrange, de ses deux premiers maîtres-d'hôtel) donnaient eux-mêmes de leur personne et ne dédaignaient pas de mettre la main aux casseroles; dans ce cas, secondés par deux aides, ils fonctionnaient en plein air, à moins que le temps ou la violence du vent ne s'y opposât. Un jour, en effet, un coup de vent venu de la mer enleva toute la batterie de cuisine, y compris un jeune marmiton appelé Bordier, qu'il fut impossible de retrouver, quoique l'Empereur l'eût fait chercher partout. Ce ne fut qu'en 1814 qu'on sut ce que le malheureux était devenu dans cette bourrasque : il était devenu... chef de cuisine de lord Wellington, en Angleterre!

Quant à la cave, elle était au *Pont de briques*, et sous la surveillance spéciale d'un contrôleur en chef.

La baraque de l'amiral Bruix était à cent pas de celle de Napoléon; quoique beaucoup plus petite, elle offrait la même distribution, mais elle contrastait singulièrement par son élégance et la richesse de son ameublement. Entre ces deux baraques s'élevait le sémaphore des signaux, sorte de télégraphe maritime qui faisait manœuvrer la flotte. Un peu plus loin, on voyait la baraque du maréchal Soult, construite en forme de hutte sauvage, éclairée par le haut et recouverte en chaume; et enfin, sur la même ligne, une dernière baraque, celle de M. Decrès, ministre de la marine, façonnée comme celle du maréchal, mais plus petite et par conséquent plus incommode; de loin, cette baraque ressemblait à un énorme éteignoir.

De sa chambre à coucher, à l'aide de son télescope, l'Empereur pouvait observer toutes les manœuvres navales, et lorsque le temps était clair, il voyait distinctement le château de Douvres et la garnison qui l'occupait. Les grenadiers à pied, concurremment avec les marins de la garde, faisaient le service des baraques et du quartier général.

Non loin du sémaphore se trouvait la *Tour d'Ordre*, batterie formidable, composée de six mortiers, de six obusiers et de douze pièces de vingt-quatre. Ces six mortiers, du plus gros calibre qu'on eût jamais fondu, avaient seize pouces d'épaisseur; ils portaient une charge de quarante-cinq livres de poudre, et chassaient une bombe de six cents livres à deux mille mètres en l'air et à une lieue et demie en mer. Chaque bombe lancée revenait à une dépense moyenne de 325 francs. Pour mettre le feu à ces épouvantables machines, que nos artilleurs appelaient *monstres* et les canonniers de marine des *mignonnettes*, ceux-ci se servaient de lances de quatre mètres de long; le *lancier* se fendait presque jusqu'à terre en se masquant l'oreille avec l'épaule, et ne se relevait qu'un instant après que le coup était parti. Ce fut l'Empereur qui voulut *baptiser* cette batterie en lançant la première *bombe monstre*. Il fit feu; le coup partit et le sang lui sortit aussitôt des oreilles. Pendant deux jours il fut complètement sourd, et comme on peut le penser, d'une humeur insupportable. Trois jours après, comme un enfant qui n'a rien de plus pressé, une fois sa douleur passée, que d'aller toucher à l'objet qui l'a blessé, Napoléon, à sa première sortie, alla examiner en détail la batterie de la *Tour d'Ordre*. Comme il se promenait en silence autour du terrible mortier, il s'approcha d'un groupe d'artilleurs de marine où il venait d'entendre son nom, et adressa la parole à celui de ces canonniers dont la mine le frappa davantage.

— Toi! comment t'appelles-tu? demanda-t-il au marin en le désignant du doigt.

Ce dernier était un Provençal aux manières brusques, au langage naïf, et qui conservait parfaitement les locutions peu correctes et l'accent de son pays.

— *Tron de l'air!* Sire, répondit-il en grasseyant et sans faire sentir les *r*, vous avez peu de mémoire : je suis Pomayrol, le fils du cambusier de l'*Orient*, que vous étiez à son bord il y a cinq ans, et que même nous avons levé l'ancre à Toulon, belle ville, je m'en flatte!

— Ah! ah! fit Napoléon en secouant la tête, comme pour rappeler un souvenir confus.

— De telle sorte, reprit le marin, que vous me donnâtes quatre écus de six livres tournois, un certain soir que je me jetai à la mer pour aller en repêcher un qui y était tombé, que je croyais de votre état-major, que pas du tout : c'était une vieille carcasse de vache dont mon père s'était débarrassé parce que les vers y étaient venus à l'abordage; eh donc! *Bagasse!*

— Ma foi! tu as raison, dit Napoléon en tirant une petite tabatière d'or de sa poche; je te reconnais maintenant, quoique tu sois un peu changé de figure. Es-tu toujours aussi original?

— Bagasse! il faut bien être quelque chose sur cette terre de misère; tout le monde, Sire, ne peut pas être, comme vous, empereur des Français, roi d'Italie... *As pas peur!*

— C'est vrai, fit Napoléon en souriant. Quoi qu'il en soit, mon brave, je suis content de te revoir.

En disant ces mots, l'Empereur ouvrit sa tabatière et aspira une prise de tabac. Aussitôt le marin tendit le jarret en avançant d'un pas, et allongea une main énorme vers la tabatière de l'Empereur, en lui montrant le pouce et l'index :

— *Tron de l'air!* Sire, dit-il en s'inclinant, *as pas peur!* Voulez-vous me permettre?

— Avec plaisir, dit Napoléon en lui présentant sa tabatière ouverte.

Et le marin ayant plongé ses deux doigts dans la tabatière de l'Empereur, y prit quelques grains de tabac. Napoléon fit une légère grimace, referma la tabatière qu'il mit dans la poche de son gilet, et continua ce qu'il appelait sa tournée. Le soir il ramena avec lui, pour aller dîner, la plupart des chefs de corps et ceux des différents services, de sorte qu'avant de se retirer dans sa chambre à coucher il savait l'état des affaires mieux que s'il eût parcouru des volumes de rapports.

Il se promenait lentement dans la chambre lorsque, s'arrêtant tout à coup et jetant du côté de l'Angleterre un regard étincelant :

— Un bon vent et trente-six heures! s'écria-t-il.

En l'absence de Napoléon, les constructions navales n'avaient pas été poussées avec moins d'activité que les travaux des ports. Les chaloupes canonnières, les bateaux plats et les péniches avaient été confectionnés sur tous les chantiers des petits ports de Normandie et de la Bretagne, pour être amenés, en longeant les côtes, soit à Montreuil, soit à Calais, soit à Dunkerque, où on les avait fait gréer et armer par des marins; puis ces embarcations avaient été immédiatement placées sous la protection des forts qui défendaient le port de Boulogne, au nombre de cinq : le *Fort de la Crèche*, le *Fort en Bois*, le *Fort Musoir*, la *Tour de Croï*, et la *Tour d'Ordre*, dont nous avons parlé tout à l'heure. La ligne d'embossage qui barrait l'entrée du port se composait de deux cent cinquante chaloupes canonnières et de plus de soixante bâtiments de haut-bord; la division des *canonnières impériales* en faisait partie. Indépendamment de cette formidable ligne de défense, toute la côte était hérissée de batteries de canons de gros calibre, servies par les artilleurs de l'armée de terre.

Au fond du port, il y avait un petit pont en bois qu'on appelait le *pont de service*. Le magasin des poudres, des gargousses et des cartouches était derrière, et renfermait d'immenses munitions. La retraite battue, on ne passait plus ce pont sans donner le mot d'ordre à la seconde sentinelle, car la première sentinelle laissait toujours passer, mais elle ne laissait jamais revenir. Ainsi, un individu venant à oublier le mot d'ordre, une fois sur ce pont, auquel les troupes de terre avaient donné le nom de *pont du Diable*, c'en était fait de lui : il était repoussé par le second factionnaire sur le premier, et celui-ci avait l'ordre de passer sa baïonnette au travers du corps de quiconque se serait engagé dans ce passage dangereux sans pouvoir répondre au *Qui vive* de la dernière sentinelle. Ces précautions si rigoureuses étaient devenues nécessaires à cause du voisinage de la poudrière, qu'une étincelle eût fait sauter, ainsi que la ville et les deux camps. La nuit, on fermait l'entrée du port, du côté de la mer, par une énorme chaîne. Du côté de la terre, les quais étaient garnis de factionnaires placés à quinze pas de distance les uns des autres, qui criaient de quart d'heure en quart d'heure : *Sentinelle, prenez garde à vous!...* Et les soldats de marine juchés dans les huniers répondaient à ce cri par celui de *bon quart!...* qu'ils mettaient une sorte d'amour-propre à prononcer d'une voix traînante et sinistre. Rien alors n'était plus monotone que ce roulement continuel d'avertissements et de voix, que le calme de la nuit rendait plus triste encore.

Un jour, après avoir visité dans les plus grands détails le magasin général, l'arsenal, la corderie et toutes les constructions, Napoléon était rentré de très bonne heure à sa baraque pour se livrer à des travaux. Il était trois heures de l'après-midi, lorsque tout à coup le fracas d'une artillerie formidable se fait entendre : c'est Nelson! L'amiral anglais a aperçu distinctement l'Empereur, accompagné de tout l'état-major de la marine, sur les côtes : *Bonaparte est à Boulogne!* a-t-il dit à ses capitaines. Il a sur le cœur l'échec que Bruix lui a déjà fait essuyer; il veut le réparer et tenter de nouveau le sort des armes. Nelson s'imagine cette fois que pour forcer notre flotte à se resserrer dans le port, afin de l'entasser pour la mieux incendier, il lui suffira du vaisseau amiral, de quatre frégates, de trois bricks et de quelques bombardes avec des brûlots. C'est dans cette persua-

Napoléon reçu a Ettlingen par le Prince Électeur de Bade
(1er octobre 1805).

sion que le vaisseau qu'il monte vient de lâcher sa première bordée; mais notre artillerie lui répond aussitôt, et le combat s'engage avec une égale ardeur de part et d'autre.

A ce bruit, Napoléon est sorti précipitamment de sa baraque, il a appelé ses aides de camp :

— Mon cheval, Messieurs! mon cheval! Il nous faut aller voir cela.

Rapp court aux écuries, mais un malheureux hasard veut que Jardin, premier piqueur, ne s'y trouve pas pour seller. Le palefrenier qui le remplace n'ayant pas mis au cheval de l'Empereur sa bride accoutumée, l'animal recule, se cabre, et finit par désarçonner son cavalier, qui se relève et applique un vigoureux coup de cravache sur la tête du cheval, en disant :

— Eh bien! j'irai à pied!...

Les aides de camp de Napoléon remettent leurs chevaux aux mains des piqueurs et accompagnent l'Empereur, qui traverse le quartier général, où tout est en mouvement, impatient d'observer de près les manœuvres d'attaque et les moyens de défense. Il est bientôt rejoint par l'amiral Bruix et une partie de son état-major. En ce moment les cinq cents bouches à feu de nos chaloupes canonnières commencent à jouer sur l'ennemi, indépendamment de toutes les batteries des forts. Chaque bouche à feu tire environ deux coups à la minute. Le vaisseau amiral, les frégates et les bricks y répondent en lâchant toutes leurs bordées : c'est un vacarme tel qu'on s'entend à peine en se parlant; on ne se voit guère mieux, parce que le vent de mer chasse la fumée du canon sur le rivage. On sent la terre trembler sous ses pas; le ciel n'est qu'un épais brouillard rouge et bleu.

Suivi seulement de l'amiral et de quelques-uns de ses officiers, l'Empereur se jette dans un canot que d'habiles marins de la garde manœuvrent, et se fait porter à force de rames au milieu des bâtiments qui forment la ligne d'embossage, en affrontant une grêle de

boulets qui se croisent en tous sens ; il parcourt ainsi toute la ligne.
Arrivé près de la tour de Croï :

— Amiral ! dit-il à Bruix, il faut doubler le fort.

Bruix, effrayé des dangers auxquels l'Empereur s'est exposé déjà
et de l'inutile péril qu'il veut courir encore, lui représente en termes
respectueux toute l'imprudence de cette manœuvre. Napoléon, impatient, n'a pas eu l'air de l'écouter, et s'adressant aux marins :

— Tout droit, vous dis-je !

— Sire, ajouta Bruix, que gagnerons-nous à doubler le fort ?
rien que des boulets !

— Eh bien ! monsieur l'amiral, répond Napoléon d'un ton sar-
donique, c'est déjà quelque chose. Mais bah !... Les boulets ne sont
que pour ceux qui en ont peur.

— Sire, je puis assurer à Votre Majesté qu'en tournant le fort
elle arrivera plus vite que si elle le doublait.

— Messieurs les marins, continuez de ramer dans cette direction, interrompt l'Empereur.

Au risque d'encourir une disgrâce complète, Bruix, certain de ce
qu'il avance, donne l'ordre contraire en faisant, avec la main, un
signe d'arrêt.

— Marins de *ma* garde !... Obéissez à votre Empereur !... s'écrie
d'une voix terrible Napoléon, qui a deviné l'intention de l'amiral.

— Marins de *la* garde, je vous le défends, reprend Bruix avec
une pose vraiment sublime et en agitant au-dessus de sa tête son
bâton de commandement. En même temps il jette un regard superbe
à Napoléon en ajoutant : Je suis ici sur mon terrain ! Les marins
sont à moi ! Ils n'ont d'ordres à recevoir que de moi ! Encore une fois,
marins de la garde, obéissez à votre amiral !

Les marins restent indécis... Ils ne savent auquel de ces deux
maîtres ils doivent obéir. Bruix a remarqué cette hésitation ; il
reprend avec une colère qu'il ne cherche point à dissimuler :

— Pressez le mouvement et ensemble!... Ou, sinon, le premier de vous à qui je vois la rame haute, je le fais fusiller au retour comme un traître!

A l'instant même, le canot fila et tourna la tour de Croï, comme la faible ablette évite la gueule du brochet. Obligé d'en passer par là, Napoléon avait brusquement tourné le dos à l'amiral, et, les bras croisés sur la poitrine, sifflait entre ses dents en regardant fixement devant lui. A peine le canot avait-il nagé dix brasses, qu'une embarcation de munitions qui doublait la tour de Croï est criblée par les boulets et coule bas; son pavillon flotte un instant sur la mer, puis disparaît en ne laissant à sa place qu'un vaste entonnoir où l'eau se précipite en bouillonnant.

— Eh bien! Sire? s'écria Bruix en regardant l'Empereur.

Napoléon avait éprouvé comme un mouvement de vive contrariété; il continua de siffler, sans même regarder Bruix. Le reste de cette dangereuse promenade se fit sans accident. Arrivé au petit port de Wimereux, Napoléon, sans adresser la parole à l'amiral, qui, chapeau bas, lui présentait le bras pour l'aider à passer du canot à terre, s'élança sur le rivage sans le secours de personne. Le combat durait toujours.

Du rivage de Boulogne, le soir, à dix heures, l'œil embrassait le spectacle le plus imposant et le plus terrible qu'on pût voir. Dans cette obscurité, les bombes et les boulets, qui se croisaient en tous sens, formaient, au-dessus du port et de la ville, comme un immense berceau de feu. Les détonations continuelles de toute cette artillerie, que les échos des falaises rendaient plus effrayantes encore, produisaient un fracas dont rien ne peut donner une idée. Et pourtant, chose singulière! personne dans la ville n'avait peur, tant les paisibles habitants s'étaient familiarisés avec les scènes de ce genre; à force de vivre avec des soldats, l'insouciance militaire les avait gagnés eux-mêmes. Ce jour-là, on joua, on dansa, on rit comme on le faisait habituellement; mais ce fut au bruit du canon. Dans aucune maison, l'heure du dîner ne fut reculée d'un instant; et, après dîner, on se rendit sur les falaises pour voir le combat de plus près, comme à Paris on se fût rendu à la représentation d'un bruyant mélodrame du Cirque Franconi.

Cependant les résultats de la tentative de Nelson ne répondirent pas à son attente : l'effet de son artillerie et de ses bombes fût à peu près nul; il ne put même parvenir à ébranler notre ligne d'embossage. Un bateau plat, une chaloupe canonnière et l'embarcation que nous avons vu s'engager imprudemment sous le vent de la tour de Croï, furent coulés à fond. A onze heures du soir, la position de Nelson, bien loin d'être inquiétante pour nous, devint extrêmement périlleuse pour lui; aussi ramena-t-il son escadre dans les ports de Margate et de Deal. C'était la seconde fois que son orgueil était humilié; il dissimula l'affront fait à son pavillon en prétendant que cette seconde tentative n'était qu'une *simple reconnaissance;* mais les Anglais rendirent, plus que lui, justice à la belle conduite des Français, et le parlement ne vit dans les présomptueuses promesses de l'amiral que « *l'acte d'une déplorable témérité et un grand mépris pour la vie des hommes* ». La nation anglaise fut même étonnée du ton modeste avec lequel le gouvernement français rendit compte de l'événement.

L'Empereur ne laissa pas sans récompense les services des braves qui s'étaient le plus distingués à cette affaire. Appelés devant lui à une grande revue qu'il passa, ils lui furent tous présentés, et, au lieu des fusils d'honneur, des grenades et des haches d'abordage qu'ils eussent reçus une année auparavant, il leur promit la décoration de la Légion d'Honneur. A partir de ce jour, les deux armées ne firent plus que se menacer sans en venir sérieusement aux prises.

*
* *

Cette promesse qu'il leur fit, Napoléon voulut la tenir, et, le
le 16 août 1804, à huit heures du matin, 80.000 hommes des camps de
Bruges, d'Arras, de Montreuil, d'Amiens, d'Ostende, de Calais, de
Dunkerque, de Furnes, de Wimereux, d'Ambleteuse, etc., furent rassemblés et réunis, sous les ordres du maréchal Soult, à droite du port
de Boulogne.

Là, au fond d'un spacieux amphithéâtre formé par la nature, et
non loin de la terrible *Tour d'Ordre*, on avait tracé l'emplacement de
l'armée de manière à ce que le front présentât l'arc concave d'une
demi-circonférence, et que chacune des colonnes figurât un rayon
dirigé sur le trône de l'Empereur, situé au centre du diamètre. Ce
trône, qui avait cent pieds d'étendue, était un tertre de forme car-
rée, semblable à ceux que les armées romaines élevaient à leurs empereurs, et sur lequel on avait placé, isolé, un siège de fer de forme
gothique que l'on prétendait avoir appartenu à ce *Bon Roi Dagobert*,
et qu'on vit longtemps dans la salle des Antiques, à la Bibliothèque
nationale. Derrière ce fauteuil s'élevait un grand trophée d'armes
composé notamment avec les armures des anciens électeurs de
Hanovre, au-dessus desquelles flottaient les drapeaux pris à toutes
les époques aux ennemis de la France. L'ensemble de cette décoration
était surmonté d'une immense couronne de lauriers où s'agitaient
encore les queues des pachas d'Egypte et les guidons des mamelucks
conquis aux Pyramides, à Aboukir et au Mont-Thabor. Des trépieds
supportaient, à gauche, les casques de Duguesclin et de Bayard, dans
lesquels avaient été déposées les décorations; à droite, on voyait le
bouclier et l'épée de François Ier, qu'on avait ajoutés à ces glorieux
trophées.

La demi-lune formée par le fond de l'armée était restée vide, afin

que l'Empereur pût être vu et entendu de tous les soldats. Les légionnaires, rangés en demi-cercle en avant du trône, étaient distribués
en pelotons placés à la tête des colonnes auxquelles ils appartenaient,
et n'en étaient séparés que par les drapeaux de ces mêmes colonnes,
réunis en faisceaux.

A trois cents pas environ à droite du trône, sur un terrain qui
s'élevait en amphithéâtre, soixante ou quatre-vingts tentes avaient
été construites avec les pavillons de l'armée navale. Elles étaient destinées aux personnes invitées à la cérémonie. Entre le trône et ces
tentes était une partie de la garde impériale à cheval, rangée par
escadrons. Cet imposant tableau semblait encadré, du côté de la mer,
par la ligne d'embossage, dont tous les mâts étaient pavoisés.

A dix heures, une salve d'artillerie tirée de la *Tour d'Ordre*
annonça l'arrivée de l'Empereur et le commencement de la cérémonie.
Napoléon partit de sa baraque au galop de son cheval, suivi de plus
de quatre-vingts généraux et de deux cents officiers supérieurs
d'état-major. Toute sa maison, civile et militaire, l'avait déjà précédé. Il était vêtu de l'uniforme de colonel des grenadiers à pied de
sa garde : habit bleu à revers blancs, culotte et veste blanches, bottes
molles à l'écuyère. Il arriva au pied du trône au bruit des acclamations, des tambours, des trompettes et des décharges de toute l'artillerie environnante. Il y avait de quoi rendre sourd. Tout le monde
se boucha les oreilles; les chiens, en hurlant, se couchèrent la tête
basse; les chevaux même, tout aguerris qu'ils étaient, se cabrèrent
sous leurs cavaliers.

Les maréchaux et les grands dignitaires allèrent au-devant de
Napoléon, qui monta les degrés du trône à pas précipités, en saluant
de la main. Lorsqu'il fut assis, ses frères, les grands officiers de l'Empire, les amiraux, les ministres, les sénateurs, les conseillers d'Etat
se groupèrent autour de lui. Le grand chancelier de la Légion d'Honneur, Lacépède, se tenait un peu en avant du trône, sur les premières
marches de l'escalier du milieu, où s'étaient placés, en arrivant, les

VUE DE LA VALLÉE D'AUGSBOURG
(9 octobre 1805).

écuyers, les pages et les aides de camp de l'Empereur, prêts à recevoir et à transmettre ses ordres.

A une seconde salve d'artillerie, toujours tirée de la *Tour d'Ordre*, qui était un fâcheux voisinage à en juger par l'empressement qu'avaient mis à fuir, lors de la première décharge, les curieux qui s'étaient placés au bas, succéda un profond silence. Le grand chancelier descendit quelques marches et prononça un discours qui ne dura pas plus d'un quart d'heure. Après quoi, un roulement de tous les tambours donna le signal aux légionnaires, qui s'avancèrent avec leurs drapeaux au milieu de l'arène pour prêter le serment. Napoléon en prononça lui-même la formule. A peine eurent-ils répondu : *Oui!* que l'Empereur ajouta, en élevant la voix :

— Et vous jurez de défendre, au péril de votre vie, l'honneur du nom français, votre patrie, votre Empereur ?

— Oui ! oui ! nous le jurons !... répondirent-ils encore.

Puis tous agitèrent en l'air leurs bonnets, leurs casques et leurs chapeaux, en s'écriant : *Vive l'Empereur !* La distribution des croix se fit aussitôt. Un aide de camp de Napoléon appelait le militaire décoré; celui-ci, en arrivant, s'arrêtait au pied du trône, saluait, montait l'escalier de droite, et était reçu par le grand chancelier, qui lui remettait son brevet. Le page, placé entre le trépied et l'Empereur, prenait la décoration dans un des casques et la présentait à Napoléon, qui l'attachait lui-même sur la poitrine du brave; à cet instant, plus de deux cents tambours battaient un ban, et lorsque le décoré descendait du trône par l'escalier de gauche, en passant devant le brillant état-major resté au bas, c'étaient des poignées de main et des embrassades à n'en plus finir, au bruit des fanfares exécutées par deux cents trompettes.

Cette cérémonie fut longue : commencée à dix heures et demie du matin, elle ne se termina qu'à plus de trois heures de l'après-midi, parce que l'Empereur, en donnant la croix, accompagnait presque toujours cette action de quelques mots d'éloge. Le soir, tous les légionnaires furent invités à un splendide banquet. Des toasts et des chants prolongèrent cette fête, qui se termina à dix heures par un feu d'artifice magnifique, à la fin duquel vingt mille hommes rangés en bataille exécutèrent un feu de file avec des cartouches à étoile : ce fut le bouquet.

Mais trêve de préparatifs et d'essais. Nous sommes au 25 août 1805 : l'heure de l'action a sonné.

LA TROISIÈME COALITION

Reprenons les choses d'un peu plus haut. La guerre qui s'était ranimée entre la France et l'Angleterre a pour raisons, ou pour prétextes si l'on préfère, la non-exécution ou violation de part et d'autre des clauses du traité d'Amiens, notamment l'évacuation stipulée de Malte que l'Angleterre ne veut pas effectuer, et la réunion à la France de Gênes et du Piémont.

Le Premier Consul (ensuite Empereur, 18 mai 1804) a d'abord fait occuper par Mortier l'électorat de Hanovre, patrimoine allemand des rois anglais ; puis, nous l'avons vu, il a repris le séduisant projet presque réalisé par Hoche sous le Directoire, d'une descente à effectuer en Angleterre avec une grande armée. D'immenses préparatifs sont faits sur les côtes hollandaises et françaises de la mer du Nord, de la Manche et de l'Océan. L'Empereur lui-même a établi son quartier général au célèbre camp de Boulogne. La France a pour alliée l'Espagne (1804), qui nous procure le précieux appui de sa flotte.

Napoléon sentait que la paix générale, en laissant chacun à sa place, assurerait sa domination, mais le cabinet britannique le savait aussi, et mit tout en œuvre afin d'ébranler sans cesse cette paix qui devait donner une base solide au trône de l'homme dont la juste colère menaçait Londres et les côtes de la Grande-Bretagne.

Toutefois, malgré la répugnance que l'Empereur éprouvait pour l'Angleterre, il écrivit directement, le 2 janvier 1805, au roi Georges III, en insistant pour la paix et le maintien des traités. La réponse à cette lettre, adressée par lord Mulgrave à M. de Talleyrand, était évasive, ne contenait que de froides protestations et s'appuyait sur l'accord que devait Sa Majesté britannique à ses alliés et surtout à l'empereur de Russie. C'était rejeter tout espoir de bonne intelligence, et persister dans l'ancien système d'ameutement européen contre la France; c'était montrer qu'on voulait encore faire l'embossage en grand, et exciter les souverains du Nord à la destruction de l'empire, comme on les avait déjà excités à la ruine de la République.

Le 4 février, Napoléon communiqua aux trois corps de la législature les propositions conciliatrices qu'il avait envoyées au roi de la Grande-Bretagne; il voulait témoigner en toute occasion de son désir de pacification générale, et repousser le reproche qu'on lui adressait déjà d'aimer la guerre pour elle-même.

Ces deux démarches mirent l'opinion publique du côté de Napoléon. Alors commença en Angleterre cette guerre qui sembla quelquefois sommeiller et se continua toujours par intrigues, cette guerre qui ne se termina qu'en 1815 sur le champ de bataille de Waterloo.

Pour le moment, l'Angleterre est sérieusement alarmée : elle songe à détourner sur d'autres le coup qui la menace. Tandis que Napoléon est, ou paraît être tout entier à son grand projet, elle ourdit et subventionne sur le continent une nouvelle coalition, la troisième, à laquelle accèdent d'abord la Russie, la Suède et Naples, puis (5 août 1805) l'Autriche, qui se plaint surtout des agrandissements de la France en Italie. La Prusse reste hésitante : quand elle se prononcera, il sera trop tard, le coup de tonnerre d'Austerlitz la fera rentrer dans l'ombre.

La coalition espère surprendre l'Empereur, envahir la France affaiblie par le départ de la Grande-Armée pour l'Angleterre. Mais, malgré le secret des négociations anglaises, Napoléon est bien renseigné, il sait à quoi s'en tenir. Déjà, il s'est assuré en Allemagne même la coopération armée de la Bavière et tout au moins la neutralité du Wurtemberg, de Bade et de Hesse-Darmstadt. Néanmoins, il négocie avec l'Autriche, qui lui répond en se plaignant de la non-exécution du traité de Lunéville; les deux adversaires cherchent ainsi à gagner du temps, à se tromper mutuellement.

Dans la première quinzaine d'août 1805, la Grande-Armée n'attend plus, pour tenter le passage du détroit du Pas-de-Calais, que l'arrivée de la flotte franco-espagnole dans la Manche. L'Empereur ne considère pas comme immédiatement menaçants les armements de la coalition sur le continent. Il espère pouvoir en finir à Londres même avant que les Austro-Russes soient arrivés sur le Rhin. Mais on apprend que l'amiral Villeneuve s'est laissé bloquer par Nelson à Cadix le 21 août. Tout espoir d'une prochaine descente en Angleterre disparaît.

Napoléon ordonne aussitôt la levée des camps de la Manche (26 août), non sans avoir lancé la proclamation suivante :

« Soldats du camp de Boulogne!... Les vœux de nos éternels ennemis sont accomplis : l'Autriche et la Russie se sont réunies à l'Angleterre; notre génération est de nouveau entraînée dans toutes les calamités de la guerre. Il y a peu de jours, j'espérais encore que la paix du continent ne serait pas troublée ; les menaces et les outrages m'avaient trouvé impassible; mais l'armée autrichienne a passé l'Inn; Munich est envahi; l'électeur de Bavière, notre allié, a été chassé de sa capitale; toutes nos espérances se sont évanouies. Je gémis du sang qu'il va encore en coûter à l'Europe, mais le nom français en obtiendra un nouveau lustre.

« Soldats du camp de Boulogne! dans cette circonstance si importante pour votre gloire et pour la mienne, vous méritez le nom de Grande-Armée dont je vous ai salués au milieu des champs de bataille, et le peuple français de mériter celui de Grande Nation, car son Empereur fera son devoir, et vous, soldats, vous ferez le vôtre! »

Des transports unanimes accueillirent ces paroles de flamme, pour nous servir de l'expression du maréchal Soult, et de longs cris de vive l'Empereur! retentirent d'une extrémité à l'autre du camp.

Il va diriger vers le Rhin les corps de la Grande-Armée, les « sept torrents ». En vingt-quatre heures, l'armée fait demi-tour et entame la marche vers l'Allemagne. Défense est faite « aux gazettes de parler de l'armée pas plus que si elle n'existait pas ». L'embargo fut mis sur la poste aux lettres et depuis six jours, dit Jomini, nos colonnes filaient à marches forcées vers la Lorraine, qu'on ne songeait encore à Paris qu'à leur embarquement pour l'Angleterre.

Dans les premiers jours de septembre, la cour d'Autriche eut vent de quelques mouvements de troupes françaises dans le nord-est de la France. Le général Mack proposa et obtint de brusquer l'invasion de la Bavière ; en conséquence, il franchit l'Inn (frontière austro-bavaroise) le 9 septembre ; le 11, il était à Munich. Ce fut pour la coalition un premier insuccès. L'Electeur, très vexé, refusa de livrer son armée et parvint à s'échapper avec elle sur la rive droite du Danube ; il l'emmena à Würzburg à la rencontre de la gauche française et adhéra publiquement à l'alliance de Napoléon.

Mack n'eut plus qu'un souci : atteindre avant nous les défilés de la Forêt-Noire qu'il croyait être notre premier objectif. Il franchit rapidement l'Isar et le Lech et ne s'arrêta avec le gros de son armée que derrière l'Iller, sa droite à Ulm, sa gauche à Memmingen. Il augmentait ainsi la distance déjà trop grande qui le séparait des Russes, et se rapprochait d'autant de son redoutable adversaire. Mais Mack, confiant dans la force de ses positions, très satisfait d'avoir conquis au pas de course une vaste étendue de pays, ne voyait pas venir le danger. Il ne supposait pas que l'armée française pût l'attaquer autrement que de front, ni venir par d'autres chemins que ceux dont lui-même tenait les débouchés.

Napoléon arriva à Strasbourg le 27 septembre. Les corps d'armée entrèrent immédiatement en Allemagne, à l'exception d'Augereau, qui, parti de Brest avec le septième corps, n'avait pas eu le temps de se mettre en ligne. Le premier et le deuxième corps, après avoir

opéré leur jonction à Würzburg, se portèrent sur le Danube. Mal-
heureusement, il fallait violer le territoire prussien, si l'on voulait
aller directement par la Franconie, ou faire une courbe à l'ouest par
le Wurtemberg. Bernadotte prit sa route par Anspach.

RAPP

Le troisième corps, commandé par Davout, avait passé le Rhin
à Manheim; le quatrième, celui de Soult, à Spire; le sixième, avec
Ney, en face de Durlach, le cinquième, aux ordres de Lannes, déboucha de Strasbourg sur Kehl. Ils s'avançaient ainsi sur une ligne de
vingt-cinq lieues, appuyant leur droite aux Alpes de Souabe, rap-

17

prochant de plus en plus leur gauche par un mouvement concentrique, de manière à tomber ensemble de Würzburg, de Manheim, de
Spire, de Durlach et de Kehl sur le Danube, aux environs de Donauwerth. L'armée était arrivée à son but le 6 octobre.

Dans l'impossibilité de suivre chacun de ces corps d'armée,
contentons-nous de prendre, çà et là, quelques traits curieux, comme
les suivants, que nous puisons dans les *Mémoires* du général Thiébault :

« En ce qui concerne le rôle des troupes dont je faisais partie,
après avoir passé le Rhin à Spire et marché par Heilbronn, Hall,
Ellwangen et Nordlingen, nous passâmes le Danube à Donauwerth,
que nous ne fîmes que traverser et où le général Saint-Hilaire reçut
l'ordre de se porter sur Augsbourg, où j'allai voir la salle dans
laquelle Mélanchthon présenta à Charles-Quint le code de son
schisme.

« Le lendemain 7 octobre, nous partîmes pour Landsberg. C'était
une journée de huit lieues; nous en avions fait cinq, et le général
Saint-Hilaire, Morand et moi, réunis pour causer, nous marchions
à la tête de ma brigade, lorsque Philippe de Ségur, officier d'ordonnance de l'Empereur, nous atteignit et remit au général Saint-
Hilaire une lettre que, à mon grand étonnement, celui-ci lut à
haute voix et que voici littéralement:

« Monsieur le général Saint-Hilaire, je vous fais remettre cette
lettre pour vous dire que l'ennemi occupe Landsberg. Je pense que
vous m'en ferez bon compte, et, je prie Dieu qu'il vous ait en sa
sainte garde.

« Nap. »

« Allons, messieurs, nous dit aussitôt le général Saint-Hilaire,
hâtons le pas pour arriver de jour et justifions la confiance de l'Empereur. » Et les troupes, informées du contenu de la lettre, doublè-

rent le pas en chantant et en accompagnant leurs chants des cris de :
Vive l'Empereur !

« Il y avait un quart d'heure que nous faisions ainsi bonne route,
lorsqu'un aide de camp de Murat, galopant aussi vite que, à travers
les terres labourées, cela était possible à son cheval, apparut à notre
droite, nous faisant des signes ; dès qu'il put se faire reconnaître et
entendre, il nous cria d'arrêter les troupes. On fit halte; nous sûmes
que le prince était aux prises avec un corps ennemi, bien supérieur
en nombre, et qu'il nous ordonnait de le rejoindre en toute hâte :
« Impossible ! répondit Saint-Hilaire; voyez, monsieur, les ordres
de l'Empereur. La question est à Ulm, reprit cet officier; et non pas
à Landsberg... Et qu'y deviendrez-vous d'ailleurs si le prince est
accablé, si le général Mack se fait passage ? » Et, comme ces raisons,
déjà très fortes par elles-mêmes, étaient appuyées par le canon tonnant du côté de Mindelhein, il insista pour qu'on ne perdît pas un
moment : « Ah ! messieurs, nous dit alors le général Saint-Hilaire,
que faire ? » Et comme, en achevant cette exclamation, il avait arrêté
son regard sur moi : « Mon général, lui dis-je, marcher où le canon
tonne, tire ». Et la citation de cet adage, qui, pour le reste de sa vie,
doit retentir aux oreilles du maréchal Grouchy, ayant décidé le général Saint-Hilaire : « Eh bien ! messieurs, reprit-il, par régiments,
têtes de colonnes à droite ». Le commandement fut répété, et bientôt,
en cinq colonnes d'infanterie, nous nous dirigeâmes vers Murat, que
son aide de camp se hâta d'aller prévenir.

« Il y avait à peine un quart d'heure que nous marchions ainsi,
lorsqu'un cri de « Halte ! » arrêta notre mouvement. L'aide de camp
de Murat avait disparu; le feu se ralentissait, et Saint-Hilaire,
n'ayant plus rien qui le ralliât, avait changé d'avis. Il nous réunit
pour nous expliquer que nous désobéissions à l'Empereur, que nous
faisions peut-être manquer une manœuvre superbe, que nous per-
dions l'occasion de nous signaler et de jouer un rôle à nous, et tout
cela d'après les ordres de qui n'avait pas d'ordre à nous donner.

« Ainsi, messieurs, nous allons marcher sur Landsberg... Têtes de colonnes à gauche ». Et après trois quarts d'heure de temps perdu et trois quarts de lieue péniblement faits, nous reprenons dans des terres labourées, et en ne cachant pas trop notre humeur, la direction d'une route que nous avions eu raison de quitter. Nous l'avions retrouvée et nous la suivions de nouveau, lorsque le canon de Murat se fait réentendre à coups précipités et d'assez près même pour que nous distinguions la fusillade. Nous aurions pu être arrivés auprès de lui, il pouvait être compromis faute d'avoir été renforcé et, plus encore, pour avoir compté sur nous. Ces réflexions, qui ne nous échappaient pas, n'échappaient pas davantage à nos soldats; en juges infaillibles, ils évaluèrent la faute militaire et le tort de ne pas avoir tenu une promesse que les circonstances rendaient sacrée. Un murmure général s'éleva, et ce pauvre Saint-Hilaire en fut d'autant plus bouleversé que le feu redoublait. Il revint à nous, en jurant contre une position qui ne lui laissait que le choix de la désobéissance, qui le forçait à agir en aveugle et le vouait au risque de se compromettre, quoi qu'il fît : « Mais, mon général, lui dit Morand, il y a dix à parier contre un que le corps qui était à Landsberg s'est réuni aux troupes que le prince combat ». Et la division, changeant pour la troisième fois de direction en moins d'une heure, refit tête de colonne à droite. De tous ces faux mouvements, il résulta que nous n'arrivâmes qu'au moment où, par la vigueur de ses attaques, Murat était parvenu à repousser, et les troupes d'un corps venant du Tyrol, et celles arrivant de Landsberg. En survenant à temps, nous aurions non seulement aidé à les battre, mais à les envelopper.

« Le lendemain 9, au matin, nous repartîmes pour Landsberg; une pluie aussi abondante que glaciale commença à tomber à la pointe du jour et tomba sans discontinuer; les chemins se trouvèrent horribles, et nous n'arrivâmes à Landsberg qu'à la nuit, trempés jusqu'aux os, morfondus, et pour apprendre que, d'après des ordres supérieurs, tous les équipages du corps d'armée avaient rétrogradé sur Augsbourg, d'où il résultait que j'étais sans un cheval de main, sans un domestique, sans une chemise et sans une paire de bottes à changer. Pour comble de malheur, il fut impossible de m'ôter, sans l'ouvrir dans toute sa hauteur, la botte droite, c'est-à-dire du côté où la pluie avait fouetté; je chargeai donc mon hôte de m'acheter une paire de bottes pendant la nuit, et je me couchai harassé de fatigue.

« Réveillé par les bruits des tambours, je demandai les bottes que l'on avait dû m'acheter; on n'en avait trouvé à aucun prix. Si mon hôte n'avait été un criquet, ayant à peine le pied d'une femme, je lui aurais de force acheté les siennes; mais il n'y avait pas moyen de songer à les mettre ; je fis donc courir pour en trouver une vieille paire; peine perdue. Cependant la division achevait de défiler, et force me fut de remettre, avec des peines infinies, la seule botte entière qui me restait; quant à l'autre, de l'attacher avec une corde à ma jambe, et c'est ainsi chaussé, avec des vêtements encore mouillés et par une neige abondante, l'arrière-garde déjà partie, que je me jetai à cheval bien juste à temps; car, au moment où je quittai la place de Landsberg par un bout, je vis les hussards autrichiens déboucher par l'autre ».

Tandis que s'exécutait, avec un admirable ensemble, la concentration à Donauwerth, Mack attendait toujours son ennemi par les défilés de la Forêt Noire ; ses coureurs étaient arrivés en vue du Rhin. Murat avait contribué plus que personne à l'entretenir dans cette illusion, en caracolant à l'entrée des gorges. Le général autrichien se réveilla enfin de sa léthargie, rappela à lui les troupes dirigées sur la Forêt Noire, se cantonna autour d'Ulm; mais trop tard, Weissembourg, Neubourg, Œttingen, Donauwerth, Koessingen, Neresheim, sont occupés par nos troupes; la cavalerie de Murat borde le Danube; l'armée française est portée au delà de l'armée autrichienne, elle lui coupe la retraite et l'isole de son pays. Ainsi placées, les deux armées étaient en sens inverse de leur direction naturelle : Mack paraissait venir du Rhin; Napoléon, de la Bavière.

Il n'y avait, pour les Autrichiens, qu'un seul moyen de se tirer de la position extrêmement périlleuse où ils étaient placés; mais pour cela il fallait de l'audace. Les troupes étaient solides : on pouvait attendre de généreux efforts. Le général était au-dessous de sa tâche; il avait justement le contraire des facultés qui font les grands capitaines : une imagination ardente et un cœur faible. En tout temps il a toujours mieux valu exécuter énergiquement un plan défectueux que rêver l'impossible et l'exécuter mollement. Se voyant surpris et enfermé, Mack rumina mille projets, et n'en exécuta aucun d'une manière passable. Il médita de faire une trouée sur Donauwerth; au lieu d'y employer des forces suffisantes, il n'y envoya que douze bataillons de grenadiers et quatre escadrons de cuirassiers. Ils se battirent vaillamment; mais, enveloppés par la cavalerie de Murat et chargés par une brigade des grenadiers d'Oudinot, ils furent défaits à Wertingen, et laissèrent entre les mains des Français deux lieutenants-colonels, sept majors, soixante officiers, près de quatre mille soldats et toute leur artillerie. Ce qu'il en resta dut son salut à un marécage, traversa le Lech et la Paar, et vint chercher un refuge à Aichach, à trois lieues à l'est d'Augsbourg. Le maréchal Soult, qui manœuvrait pour atteindre cette ville, tomba sur ces faibles débris : ils reculèrent, et on ne les poursuivit point, parce qu'ils n'en valaient plus la peine. Le combat de Günzburg, engagé le lendemain, n'eut pas meilleure issue, bien que l'archiduc Ferdinand, qui partageait avec Mack le commandement en chef, eût bravement payé de sa personne.

Pendant ces luttes stériles, l'armée française achevait l'investissement d'Ulm, en se portant d'étape en étape jusqu'à Memmingen, à dix lieues au midi de la place. Cette petite ville était bien fortifiée, largement approvisionnée d'hommes et de projectiles. Elle se rendit après vingt-quatre heures d'investissement. Le général Jella-

chich, qui accourait d'Ulm pour la secourir, arrivé trop tard, se
retira précipitamment dans le Tyrol; et le maréchal Soult, s'avançant jusqu'à Biberach, ferma toute issue.

L'Empereur se prodiguait: le premier octobre, il était à Ettlingen
chez le prince Electeur de Bade, le 2, il arrivait à Louisbourg où la
garde électorale à pied et à cheval était sous les armes et la ville
illuminée en son honneur. Il courait ensuite d'un corps à l'autre par
des chemins de traverse, constamment à cheval, malgré la pluie qui
ne cessait de tomber. Il adressait la parole aux soldats, les encourageait à déployer de la bravoure, en leur annonçant comme prochaine la fin de la campagne.

« Une fois », dit le général Fantin des Odoards, « le jour paraissait
à peine, et nous dormions encore, épars çà et là sur la paille, lorsqu'un
petit homme vêtu d'une redingote grise, et accompagné de deux
officiers, se présente à notre camp, s'approche d'un feu de bivouac,
fouille dans la cendre en se chauffant, et en tire une pomme de terre
qu'il mangé en causant familièrement du combat de la veille avec un
de nos grenadiers. C'était l'Empereur, qui avait mis pied à terre et
laissé sa suite près de là. Il jouit ainsi quelques minutes du plaisir
de l'incognito; mais aussitôt qu'il se vit reconnu, il remonta à cheval et partit au galop. Avant de s'éloigner, voici ce qu'il dit à la foule
qui accourait autour de lui : « Grenadiers, je suis content de votre
« conduite à Hollabrunn. Encore un bon coup de collier et nous en
« finirons. Alors je vous promets la garnison de Vienne ». Ces mots,
soigneusement recueillis, ont été bientôt dans la bouche de chacun
de nous, et vite, j'en ai chargé mes tablettes ».

Dans sa course incessante, il lui arriva d'être en même temps
que le corps de Marmont au pont du Lech, à Augsbourg. Le temps
était abominable; la neige tourbillonnait à gros flocons, et le chemin, foulé par tant d'hommes et de chevaux, était couvert d'une boue
liquide. De la main il fit signe à ceux qui l'apercevaient de s'arrêter, et commanda aux régiments de former le cercle autour de lui. Il

se mit alors à haranguer ces braves troupes, à leur parler des succès déjà obtenus, à leur démontrer que toute l'armée d'Ulm serait fata-lement prisonnière de guerre. Transis de froid et embourbés par-dessus les chaussures, les soldats l'écoutent avec respect; et quand il a fini, ils le saluent par des acclamations retentissantes.

Quoique la position fût grave, tout néanmoins n'était pas déses-péré pour l'armée autrichienne. En réunissant ses forces, elle aurait pu s'ouvrir un chemin; elle le tenta en effet le 11 octobre. Voyant presque toute l'armée française passée sur la rive droite du Danube, Mack dirigea vingt-cinq mille hommes sur Albeck, dans l'intention de tourner les Français par Heidenheim et Nordlingen, de fuir à grandes journées, et de se joindre à l'armée russe en allant à sa ren-contre. Il s'en fallut peu qu'il ne réussît. Les Français avaient porté la majeure partie de leurs forces sur la Bavière. Le général Dupont occupait seul, avec six mille hommes, la chaussée d'Ulm à Heiden-heim. Surpris par la démarche de l'ennemi, il puisa dans la consi-dération du danger égal qu'il courait à rétrograder ou à résister un motif d'agir avec plus de résolution. Comme la seule mousque-terie des Autrichiens aurait suffi à ruiner son corps, il ne leur laissa pas le temps de se mettre en ligne, les fit attaquer à la baïonnette, et leur enleva d'un seul coup quinze cents hommes. Mais il aurait fini par succomber sous la masse des assaillants, si la nuit n'était venue le dégager. Une partie de l'ennemi, qui avait dépassé le corps français, continua son mouvement sous la direction du général Wer-neck. L'incertitude où étaient les Autrichiens sur la force des troupes qui leur résistaient les empêcha de réussir; il ne manqua à leur dessein qu'une exécution hardie.

Cet échec déconcerta le général Mack; au lieu de reprendre l'attaque avec le jour, il demeura dans l'inertie. Sa conduite permit à Napoléon d'obvier à ce que la position de Dupont avait de hasardé. Un nouveau combat s'engagea à Elchingen, où Ney se couvrit d'une gloire immortelle. Trois mille prisonniers autrichiens restèrent

Reddition d'Ulm
(20 octobre 1805).

encore en notre pouvoir. L'Empereur établit son quartier général dans l'abbaye d'Elchingen, à deux petites lieues d'Ulm, ayant vue à la fois sur la ville et sur le camp retranché de Michelsberg. La position était sans remède : les Français enlaçaient la ville dans les replis de plus en plus serrés de leurs vigoureuses colonnes. De quelque côté qu'il voulût fuir, le général autrichien rencontrait deux corps d'armée habilement échelonnés, et attirait sur lui, au bout de deux ou trois heures, la masse entière des forces françaises.

Abattu par le chagrin, le général Mack avait encore à essuyer les reproches de ses compagnons d'armes. S'il eût réussi, chacun aurait réclamé sa part à l'honneur; il succombait misérablement, et tous le chargeaient de leurs propres fautes. Au milieu de l'abattement général, l'archiduc Ferdinand tenta cependant un coup d'audace, qu'il mena à bonne fin : il profita d'une nuit obscure pour s'évader par le chemin d'Aalen, et se rallier au corps de Werneck; il réussit à emmener avec lui quatre escadrons de cavalerie.

Mais déjà Murat s'acharnait après les fuyards, leur enlevait trois mille prisonniers à Langueneau, prenait leurs chariots, faisait encore onze cents prisonniers à Neresheim, et, courant par le flanc, les coupait à Trochtelfingen; Werneck fut contraint de se rendre, et sept généraux avec lui. Actif et passionné, prenant du goût à cette course désordonnée, Murat, occupé avec Werneck à régler les conditions de la capitulation, détachait le 13ᵉ et le 14ᵉ de chasseurs, et les envoyait arrêter, à Bopfingen, le major Locatelli avec son escorte de dragons et de hussards, et, du même coup, l'important convoi qu'il protégeait. L'archiduc Ferdinand fut forcé de se rabattre sur Dillingen et Donauwerth, dans l'espoir de se rallier en Bavière au corps de Kienmayer; mais, ayant reçu avis que les Français avaient un détachement à Ingolstadt, il se hâta de franchir l'Altmühl, et échappa ainsi à toute poursuite.

Napoléon prit enfin en pitié l'armée et le général enfermés dans Ulm. Il manda auprès de lui le prince de Lichtenstein, qu'il savait être dans la place. Il lui dit qu'il voulait épargner à la ville et à l'armée les horreurs d'un assaut; les Autrichiens n'avaient plus aucun espoir d'être délivrés ou secourus : une capitulation était forcée. Le prince fut de cet avis. Il demanda que la garnison entière, c'est-à-dire les officiers et les soldats, fût libre de se retirer en Autriche. Napoléon le promit pour les officiers; mais il refusa de laisser sortir les soldats, de peur qu'on ne les fît servir de nouveau avant l'échange habituel. En conséquence, une capitulation conditionnelle fut signée, le 17 octobre, entre le maréchal Berthier et le général Mack.

Elle portait que la place d'Ulm serait remise à l'armée française, avec tous ses magasins et son artillerie; la garnison sortirait de la place avec les honneurs de la guerre, et remettrait ses armes après le défilé; les officiers seraient renvoyés sur parole en Autriche, les sous-officiers et les soldats conduits en France où ils resteraient jusqu'à parfait échange; tous les effets appartenant aux officiers et aux soldats leur seraient laissés, ainsi que les caisses des régiments; si, jusqu'au 25 octobre, à minuit, des troupes autrichiennes ou russes débloquaient la ville, de quelque côté que ce fût, la garnison sortirait librement, avec ses armes, son artillerie, sa cavalerie, pour joindre les troupes qui l'auraient débloquée.

Deux jours après la conclusion de cette capitulation, le général Mack se rendit de sa personne auprès de Napoléon. Après un long entretien, il fut convenu que l'on ajouterait un article à la capitulation précédemment signée. Dans ce post-scriptum consenti de part et d'autre, le maréchal Berthier donnait sa parole d'honneur que le corps d'armée autrichien de Kienmayer était actuellement au delà de l'Inn; le maréchal Bernadotte, en position entre cette rivière et Munich; le maréchal Lannes, à Aalen; le prince Murat avait fait capituler, dans Trochtelfingen, le corps du général Werneck; le maréchal Soult, établi entre Ulm et Bregentz, observait la route du Tyrol, de sorte que tout espoir d'être secouru était ôté à l'armée enfermée dans Ulm. Le général Mack, ajoutant foi à ces déclarations, promettait d'évacuer la ville le lendemain 20 octobre, pourvu que le corps entier du maréchal Ney ne quittât pas cette place ni un rayon de dix lieues jusqu'au 25 octobre, à minuit, époque à laquelle expirait la capitulation.

Le défilé de l'armée prisonnière eut lieu en effet le lendemain. Comme pour insulter au malheur des vaincus, le soleil, qui s'était tenu voilé depuis quinze jours, apparut dans tout son éclat. Les Autrichiens défilèrent pendant cinq heures devant Napoléon et l'armée française, représentée par les corps de Ney et de Marmont. Quelques-uns montraient un visage abattu; d'autres, une joie indécente d'être délivrés par une capitulation des hasards de la guerre. Ce long défilé causait à nos soldats plus de tristesse que de gaieté. En pensant à ces hommes valeureux que des chefs incapables avaient conduits à l'ignominie, ils ne pouvaient se défendre d'une généreuse compassion. L'armée autrichienne sortait de la ville par la porte de l'est, passait devant le front des Français, déposait ses armes en faisceaux, et rentrait par la porte opposée. Ce long défilé paraissait à nos soldats une exécution militaire : loin d'y voir un honneur pour les vaincus, ils le considéraient comme un supplice solennel.

Les Autrichiens, de leur côté, contemplaient Napoléon avec une curiosité que la dureté de leur sort ne parvenait pas à étouffer. Il appela leurs généraux à mesure qu'ils passaient. Quand ils furent auprès de lui : « L'empereur, votre maître », leur dit-il, « me fait une guerre injuste. Je vous le dis avec franchise : je ne sais pas pourquoi je me bats, je ne sais ce qu'on veut de moi ». Leur montrant ensuite les troupes françaises rangées en bataille sur les hauteurs : « Ce n'est pas », continua-t-il, « dans cette armée seule que consistent mes ressources. Cela serait-il vrai, je ferais bien du chemin avec cette même armée; mais j'en appelle au rapport de vos soldats prisonniers, qui vont traverser la France : ils verront quel esprit anime mon peuple, et avec quel empressement il viendra se ranger sous mes drapeaux. Voilà l'avantage de ma nation et de ma position : avec un mot, deux cent mille hommes de bonne volonté accourront près de moi, et, en six semaines, seront de bons soldats; au lieu que vos recrues ne marcheront que par force, et ne pourront qu'après plusieurs années faire des soldats. Je donne encore un conseil à mon frère l'empereur d'Allemagne : qu'il se hâte de faire la paix. C'est le moment de se rappeler que tous les empires ont un terme : l'idée que la fin de la dynastie de la maison de Lorraine serait arrivée doit l'effrayer. Je ne veux rien sur le continent. Ce sont des vaisseaux, des colonies, du commerce que je veux, et cela vous est avantageux comme à nous ». Les généraux, l'air pensif, la contenance embarrassée, l'écoutaient avec attention; ils appréciaient la justesse de ces paroles, et ne savaient que répondre. Le général Mack fit seulement la réflexion que l'Autriche n'aurait pas voulu la guerre, si la Russie ne l'y eût poussée. L'empereur lui répondit qu'ils n'en étaient que plus à plaindre de n'être plus libres de leurs volontés.

Avant de quitter Ulm, Napoléon voulut remercier sa brave armée et l'encourager à de nouveaux efforts.

« Soldats de la Grande Armée! » leur dit-il, « en quinze jours nous avons fait une campagne; ce que nous nous proposions de faire est rempli : nous avons chassé de la Bavière les troupes de la maison d'Autriche, et rétabli notre allié dans la souveraineté de ses Etats. Cette armée qui, avec autant d'ostentation que d'imprudence, était venue se placer sur nos frontières, est anéantie. Mais qu'importe à l'Angleterre ? Son but est rempli : nous ne sommes plus à Boulogne, et son subside ne sera ni plus ni moins grand.

« De cent mille hommes qui composaient cette armée, soixante mille sont prisonniers : ils iront remplacer nos conscrits dans les travaux de nos campagnes. Deux cents pièces de canon, tout le parc, quatre-vingt-dix drapeaux, tous leurs généraux, sont en notre pouvoir ; il ne s'est pas échappé de cette armée quinze mille hommes. Soldats! je vous avais annoncé une grande bataille; mais, grâce aux mauvaises combinaisons de l'ennemi, j'ai pu obtenir les mêmes succès sans courir aucune chance ; et, ce qui est sans exemple dans l'histoire des nations, un si grand résultat ne nous affaiblit pas de plus de quinze cents hommes hors de combat.

« Soldats ! ce succès est dû à votre confiance sans bornes dans votre empereur, à votre patience à supporter les fatigues et les privations de toute espèce, à votre rare intrépidité. Mais nous ne nous arrêtons pas là : vous êtes impatients de commencer une seconde campagne. Cette armée russe que l'or de l'Angleterre a transportée des extrémités de l'univers, nous allons lui faire éprouver le même sort. A cette nouvelle lutte est attaché plus spécialement l'honneur de l'infanterie française : c'est là que va se décider pour la seconde fois cette question qui l'a déjà été une fois en Suisse et en Hollande, si l'infanterie française est la première ou la seconde de l'Europe. Il n'y a pas là de généraux contre lesquels je puisse avoir de la gloire à acquérir ; tout mon soin sera d'obtenir la victoire avec le moins possible d'effusion de votre sang. Mes soldats sont mes enfants. »

Deux décrets datés du quartier général d'Elchingen montrèrent à l'armée que la reconnaissance de l'empereur ne se bornait pas aux paroles, mais qu'il savait encore récompenser autrement le zèle de ses soldats : par le premier, il statuait que le mois écoulé compterait pour une campagne à tous ceux qui faisaient partie de la Grande-Armée ; par le second, que les contributions de guerre levées en Souabe seraient toutes au profit du soldat, ainsi que le produit des magasins pris sur l'ennemi ; chacun en toucherait sa part, proportionnellement à son grade et à ses appointements. Le succès remporté, les éloges donnés par l'empereur, la faveur dont il les gratifiait, animaient les soldats ; tous les corps à l'envi brûlaient de se signaler ; cette armée, déjà si redoutable par le nombre et surtout par la qualité des régiments, paraissait désormais invincible. Il y régnait une confiance sans bornes : le moindre tambour se croyait

de taille à vaincre l'ennemi, quelque nombreux qu'il fût; les généraux ne jugeaient rien au-dessus de leurs forces.

La fortune, qui souriait à notre armée de terre, se montrait dure
pour nos marins. Toute glorieuse qu'elle était, la capitulation d'Ulm
fut effacée par le désastre de Trafalgar (21 octobre).

Effrayé de cette marche rapide et ne voyant pas d'autre moyen
d'arrêter les Français, l'empereur d'Allemagne envoya le comte de
Giulay à Napoléon, pour lui proposer un armistice. Napoléon répondit que ce n'était pas appuyé de deux cent mille hommes que l'on
traitait d'armistice avec une armée fugitive : il fallait des engagements plus positifs qu'une suspension d'armes. Le combat d'Amstetten, où fut battu un nombreux corps de cavalerie autrichienne
conduit par le général de Meerfeld, causa à l'ennemi de nouvelles frayeurs. Mais il ne tint qu'à un fil que le maréchal Mortier
ne fût pris avec une division sur la rive gauche du Danube.

La conviction où était l'empereur, que les Russes et les Autrichiens choisiraient la position de San-Plœten pour livrer une première bataille, lui avait fait diriger de ce côté la masse des forces
françaises. Il pensait que, avant de reculer, l'ennemi essayerait de
couvrir la capitale de l'Autriche, et de la préserver d'une invasion
prochaine. Kutusov eut peut-être un moment cette idée; mais le combat d'Amstetten l'avait ébranlé. Craignant d'engager avec l'armée
française une action scabreuse, il préféra se retirer de l'autre côté
du Danube et attendre du renfort. Il franchit le fleuve au pont de
Stein, le 9 novembre. Le maréchal Mortier manœuvrait à peu de distance. Il avait été chargé de surveiller la rive gauche, et de s'opposer, avec les divisions Gazan et Dupont, au passage du fleuve. Sa
mission avait échoué à cause des difficultés du terrain ; il pensa
être pris, ne sachant pas que l'ennemi l'eût devancé en masse.

De Spitz à Stein, le Danube fait un grand coude, ayant à sa
gauche une suite de montagnes ardues dont il a rongé la base. Sur
une étendue de plus d'une lieue, il n'y a d'autre chemin sur la rive

Combat de Durnstein.
(11 novembre 1805, à 5 heures du soir).

gauche qu'une chaussée en partie taillée dans le roc. Ce long boyau ne permettait pas aux divisions de s'engager en même temps entre le fleuve et les montagnes. La division Gazan y entra la première; la division Dupont devait la suivre le lendemain. Les deux pièces de canon qui composaient l'artillerie, furent embarquées. Tout alla bien jusqu'à Durrenstein. Les reconnaissances signalaient de petits postes isolés sur les hauteurs; on aperçut leurs feux dans la nuit du 10 ; rien ne donnait l'indice d'un danger prochain. Les Russes mirent à profit les ombres de la nuit pour renforcer leurs postes et envelopper les Français. Au point du jour, une ligne de tirailleurs descendus à mi-côte tirèrent sur nos avant-postes, en même temps que leur artillerie faisait au hasard un feu plongeant dans la vallée.

Deux chemins conduisent de Durrenstein à Stein, et de là à Krems : le premier, à droite, est la continuation de la chaussée de Spitz, qui longe le Danube; le second, remontant à gauche dans un espace resté libre par l'écartement de la chaîne de collines et du fleuve, se contourne dans un terrain vague, encaissé entre deux murs en pierres, de quatre à cinq pieds de hauteur. Un hameau dépendant de Durrenstein et le village de Loiben sont assis sur le premier chemin; le second est désert sur tout son parcours ; ils se confondent l'un et l'autre en une voie unique, à cent toises au-dessus de Stein. L'ennemi prit position sur la gauche, en avant de cette petite ville. Il lança par le chemin qui borde le fleuve une première colonne, qui s'avança jusqu'à Loiben, où le général Gazan lui disputa le terrain.

Pendant que ce premier détachement était engagé, plusieurs bataillons russes descendirent des hauteurs. Le 103ᵉ attaqua cette nouvelle colonne, la culbuta et lui prit trois pièces de canon; mais, de nouvelles forces arrivant successivement, le village fut occupé par l'ennemi. La position s'aggravait. N'ayant que peu de troupes sous la main, le maréchal Mortier devait les épargner. Assuré d'ailleurs de leur fermeté, il pouvait abandonner bien des choses à leur bravoure. Il ne laissa donc que peu de monde en avant de Loiben, et envoya quatre bataillons du 4° léger et du 103°, sous les ordres des colonels Bazancourt et Taupin, pour tourner l'ennemi de manière à le prendre en flanc et en queue. Le major Henriod, officier d'un rare sang-froid, se chargea de le refouler dans le village. N'ayant avec lui que deux bataillons du 100°, ce brave major les partagea en trois petites colonnes, se glissa par les vergers entre les maisons et le fleuve, et déboucha inopinément dans la rue, à cinquante pas des Russes. Cette double manœuvre, exécutée en même temps avec la plus grande fermeté, eut le succès qu'elle méritait. Six drapeaux, cinq canons, plusieurs milliers de prisonniers et peu de morts de notre côté, telle fut la digne récompense d'une conduite au-dessus de tout éloge. Le général autrichien, qui remplissait dans l'armée russe les fonctions de quartier-maître général, fut relevé sans vie au-dessous de Loïben. Les prisonniers furent immédiatement dirigés sur Durrenstein.

Un échec aussi considérable montra de nouveau aux Russes à quels soldats ils avaient affaire. Ils crurent emporter par la ruse ce qu'ils avaient perdu par l'épée. Leur général rappela insensiblement ses troupes sur Stein, les retira dans la ville, et parut rétrograder jusqu'à Krems. Dans le même temps, il poussait par le revers des montagnes une colonne plus grosse que les précédentes, pour l'envoyer déboucher à Durrenstein et prendre les Français dans une espèce de souricière, ayant, d'un côté, des montagnes escarpées; de l'autre, un fleuve profond, rapide; sur l'avant et en arrière, du fer pour les cribler. Le maréchal Mortier ignorait le dessein de l'ennemi; s'il se fût senti en force, il l'aurait suivi sans nul doute dans sa retraite simulée. Il préféra attendre l'arrivée du général Dupont et le parc de réserve d'où il tirait ses munitions. Vers le soir, n'observant aucun mouvement du côté des Russes, il partit avec le général Gazan au-devant de la division attendue.

Il n'y avait pas une heure qu'il avait quitté Durrenstein, quand le major Henriod, qui faisait fonction de général, fut informé que

les hauteurs étaient garnies de troupes, et que probablement on allait
être attaqué pendant la nuit et jeté à la rivière. Plusieurs éclaireurs
annoncèrent la même chose. Ils étaient unanimes à dire que l'on
entendait des masses confuses au-dessus de Durrenstein, un bruit
de pas, un cliquetis d'armes se rapprochant de plus en plus de la
ville : on était pris entre des forces considérables. Le major fit aussitôt courir après le maréchal, et prit en son absence les résolutions
qu'exigeait l'imminence du danger. Il fit prévenir les troupes établies
sur un plateau à gauche de Loiben, rallia les postes, envoya le 100ᵉ
à droite de la ligne occupée par l'ennemi, et attendit. Le maréchal
et Gazan arrivèrent au dernier moment; ils furent même obligés de
faire le coup de feu avec la tête de colonne russe, et ne parvinrent
à rejoindre leurs troupes qu'à force d'audace et de célérité. Ils eurent
alors une idée du danger qui les menaçait. Derrière, sur le côté, en
avant, les sentinelles avancées signalaient la présence de l'ennemi.
Quelques officiers, désespérant de la situation, proposèrent à Mortier de s'embarquer sur la chaloupe qui avait apporté les deux canons,
et de soustraire aux Russes, en se retirant, la personne d'un maréchal de France; pour eux, ils lutteraient jusqu'à la dernière extrémité, et vendraient chèrement leur honneur ou leur vie. « Non, Messieurs », répondit le maréchal, « on ne se sépare pas de gens tels
que vous : l'on se sauve ou l'on périt ensemble ».

Le premier soin du maréchal fut d'assurer sa retraite, s'il en
était temps encore. Il envoya le colonel Ritay sur un ravin au-dessus de Durrenstein, pour contenir la colonne russe qui descendait.
Le détachement français fut renversé; le colonel, grièvement blessé.
Cent cinquante fantassins et quelques dragons qui abandonnèrent
leurs chevaux parvinrent seuls à l'endroit indiqué; le reste fut rejeté
en désordre sur Loiben. Maîtres de Durrenstein, les Russes, au
nombre de douze mille hommes, s'avancèrent, partie par le chemin
qui longe le cours de l'eau, partie par le chemin muré dont il est parlé
précédemment. Cette disposition fermait toute issue aux Français.

Placés entre les deux chemins, ils devaient infailliblement être écrasés sous la masse formidable des assaillants. Le maréchal réunit à la hâte ses officiers, pour les informer de leur position. Plusieurs parlèrent de se rendre; tous les autres furent d'avis de périr les armes à la main : personne n'imaginait qu'il y eût possibilité d'en sortir.

Une tristesse profonde planait sur cette poignée de guerriers ; leur unique souci était de faire, par leur mort, le plus grand mal à l'ennemi. Ils en étaient à ce parti désespéré, quand le major Henriod, qui se tenait au plateau de Loiben, envoya dire au général Gazan que, si le maréchal voulait le suivre, il répondait du salut de l'armée. Gazan courut à l'instant voir ce que le major avait en tête. Henriod lui fit remarquer le tort que l'ennemi avait eu de se loger dans un chemin fermé de murailles, où ne pouvaient tenir plus de huit hommes de front. Il fallait, à son avis, marcher au-devant de lui, l'attaquer à la baïonnette, le refouler d'où il venait, et se faire étouffer plutôt que de lâcher d'un pas. De cette manière, le centre, comprimé entre la tête de la colonne et la queue, n'aurait d'autre refuge que d'escalader les murs et de se répandre à droite et à gauche. L'ennemi n'oserait plus tirer en avant, de peur de tuer les siens, et les Français auraient libre carrière. Quelques boulets bien dirigés achèveraient la destruction de la colonne.

Ce plan fut jugé admirable, et le major se chargea de l'exécuter immédiatement. S'adressant aux grenadiers qui formaient la tête de sa colonne : « Camarades », leur dit-il, « nous sommes enveloppés par trente mille Russes et nous ne sommes que quatre mille ; mais les Français ne comptent point leurs ennemis : nous leur passerons sur le ventre ! » Il fit tirer sur le prolongement des murs les dix derniers boulets qui lui restaient, défendit aux soldats de gaspiller leurs cartouches, et se jeta tête baissée entre les murailles.

Les Russes, entendant accourir sur eux, font feu au milieu des ténèbres : les Français aperçoivent la distance qui les sépare encore

de l'ennemi, la franchissent, enfoncent leurs baïonnettes dans la
poitrine des premiers rangs, et déchargent leurs armes. Cette déto-
nation sourde est suivie d'un silence affreux, qu'interrompent seulement les cris de ceux qu'on égorge. Quelques décharges se font
encore entendre, envoyées au hasard, chacun craignant de blesser
les siens. Le carnage se fit tout à la baïonnette. Au bout de trois
quarts d'heure, les Français n'avaient encore gagné que deux cents
pas à peine. La colonne russe, qui barrait le passage par un rempart de poitrines toujours abattues, toujours renaissantes, fléchit
tout à coup. Ce que le major Henriod avait prévu, était arrivé : le
centre avait escaladé les murs pour n'être pas écrasé. Des cris s'élèvent, le village de Loiben est livré aux flammes, et la lueur de l'incendie éclaire une indescriptible confusion. Une fusillade retentit
au-dessus de Durrenstein ; la division Dupont arrive : la déroute de
l'ennemi est complète. « Mortier doit un beau cierge à la Vierge »,
dit Napoléon en apprenant cette victoire.

La retraite de l'armée russe abandonnait Vienne aux Français.
Napoléon s'y rendit dans la soirée ; il parut sans éclat, refusa les
honneurs qu'on voulait lui rendre, et donna, par ce désintéressement, une singulière idée de sa personne. Il s'établit ensuite au
château de Schoenbrunn, où les grands d'Autriche vinrent le visiter.

Quoique les Français fussent à Vienne, leur position néanmoins
était fort embarrassante. Ils étaient maîtres de la capitale ; mais le
pont du Thabor, le seul qui leur permît de poursuivre les Russes,
était encore gardé par les Autrichiens qui en sentaient toute l'importance. Une tactique bien entendue aurait exigé sa destruction ;
mais ils ne pouvaient se résigner à ce sacrifice, et, visant plus à l'éco-
nomie qu'à l'avantage du moment, ils le conservèrent. Seulement,
pour l'empêcher de tomber entre les mains des Français, ils armèrent
la rive gauche de batteries formidables, et amassèrent une énorme

quantité de matières inflammables pour l'incendier, s'il était impossible de le défendre.

Murat et Lannes, Gascons tous les deux et capables des choses les plus audacieuses, mirent en commun leur finesse pour s'assurer le pont au meilleur compte. Ils s'avancèrent à la tête d'une compagnie de grenadiers, sans paraître hésiter. On les menaça de mettre le feu aux pièces; ils répondirent qu'il y avait un armistice qui leur accordait le passage du fleuve, et, se détachant des soldats, les deux maréchaux abordèrent franchement les Autrichiens, après avoir ordonné à leur troupe de les suivre insensiblement. Ils engagèrent conversation avec le prince d'Auersperg, à qui la garde du pont était confiée, l'amusèrent à dessein, et leurs soldats, gagnant du terrain, jetèrent à l'eau, sans affectation et comme pour agrandir la voie, les poudres et les matières inflammables qui l'encombraient.

Ce stratagème, qui échappait aux chefs, crevait les yeux aux simples soldats. Ils se communiquèrent leurs impressions. Un vieux sergent d'artillerie, s'avançant vers le prince d'Auersperg, lui dit brusquement : « Mon général, on se moque de vous, on vous trompe. Je vais mettre le feu aux pièces ». La ruse tournait au sérieux; un moment pouvait tout compromettre. La finesse sauva encore nos maréchaux. « Comment ? général », dirent-ils au prince, « vous vous laissez traiter ainsi ! Qu'est devenue entre vos mains cette discipline autrichienne si vantée en Europe ? » La réflexion porta ses fruits : le vieux sergent fut grondé et condamné aux arrêts. Mais les grenadiers avaient rejoint leurs chefs, et tout le monde fut fait prisonnier.

Les Russes se doutèrent de ce qui était survenu, en voyant Murat tomber sur leurs derrières à Hollabrunn. Toutefois ce général, qui avait montré tant d'astuce au pont de Vienne, se laissa prendre au même piège. Le baron de Wintzingerode vint lui proposer une capitulation. Ne devinant pas que cette démarche de l'ennemi n'avait pour but que de donner à une autre armée russe le temps de secourir la première, il consentit à arrêter sa marche, à la condition que l'ar-

Napoléon reçoit les clefs de la ville de Vienne
(13 novembre 1805).

mée russe se retirerait d'Allemagne par le chemin qu'elle avait pris pour y entrer. Napoléon, plus clairvoyant, rejeta ce qui avait été fait, et Murat dénonça au prince Bagration la rupture de l'armistice qu'il avait précédemment conclu. Il n'y avait plus qu'à tirer l'épée et à écraser l'armée russe avant qu'elle fût secourue, Napoléon quitta Schoenbrunn et se rendit aux avant-postes pour prendre une décision.

LA BATAILLE D'AUSTERLITZ

Voyons les dispositions respectives des deux armées au 27 novembre 1805.

La garde impériale, les grenadiers d'Oudinot et le reste du corps de Lannes étaient à Brünn; Soult occupait avec ses troupes les villages d'Austerlitz, Telnitz, Urschitz, Paleny, ayant son avant-garde à Gaya, sur le chemin de la Hongrie, se liant avec la première division de Davout, qui observait la Moravie à partir de Goeding; Murat avait sa cavalerie échelonnée sur la route d'Olmütz, jusqu'au delà de Wischau; Bernadotte était campé en arrière vers la Bohême, d'Iglau à Deutschbrod; Mortier couvrait Vienne, se reliant à Davout par la route de Wagram, et tendant la main à Marmont, dont le corps allongeait sa droite jusqu'à Graetz, en Styrie; Ney s'avançait du Tyrol sur la Carinthie; Masséna était sur l'Isonzo; Gouvion-Saint-Cyr, sur la Brenta; Augereau, entré en Souabe, avait fait capituler Jellachich avec le corps qu'il avait sauvé d'Ulm, et marchait à grands pas à travers la Bavière pour se mettre en ligne.

A l'exception de l'archiduc Charles, tenu en échec par Marmont dans la Carniole, l'ennemi avait sur nos troupes l'avantage d'être réuni dans un rayon fort restreint. Les deux armées russes, celle de Kutusov, qui tenait la campagne depuis le commencement; celle de Buxhoewden, qui venait d'arriver; les débris de Kienmayer, formaient un tout compact, obéissant au seul Kutusov. L'archiduc Ferdinand était en Bohême, à la tête de nouvelles recrues levées dans ce pays, prêt à descendre derrière les Français au premier signal. La présence des deux empereurs de Russie et d'Autriche, réunis à Olmütz, était pour leurs troupes un puissant encouragement. On n'attendait plus, pour attaquer les Français, que l'arrivée d'un dernier renfort de dix-neuf mille hommes, qu'amenaient avec eux le grand-duc Constantin et le général Essen. Ces troupes étaient en ligne le 28. Ainsi réunie, l'armée présentait un effectif de quatre-vingt-dix mille hommes. Napoléon passa les trois derniers jours de novembre à préparer la bataille qu'il devait livrer.

La ville de Brünn est située dans un terrain accidenté, où viennent mourir les derniers embranchements de la chaîne de montagnes qui sépare la Bohême de la Moravie. A droite et à gauche, c'est une série de collines couvertes de pins, séparées l'une de l'autre par une multitude de cours d'eau, qui affluent dans la Schwarza. Plusieurs de ces ruisseaux, serpentant sur un fond plat et sans écoulement, forment une suite d'étangs ou de lacs de différente grandeur, ou bien, roulant leurs eaux dans toutes les directions, font mille détours avant d'arriver au but. De loin en loin une éminence élève la tête au-dessus de ce fouillis de collines; de Brünn à Austerlitz, deux sont particulièrement remarquables : celle de Pratzen, plus au midi; celle du Santon, plus au nord, sur la route de Brünn à Wischau. Cette dernière éminence est ainsi nommée d'un petit temple que les Turcs y bâtirent, lorsqu'ils dominaient sur le pays.

Un tel emplacement était plus favorable à une petite armée qu'à une grande : il se désignait de lui-même à l'attention de Napoléon, dont l'armée, moins nombreuse et plus habile, devait utiliser à merveille les accidents de la nature. « Etudiez bien ce champ de bataille », dit-il à ses officiers, « il servira probablement sous peu ». Son plan était bien arrêté, il ne s'occupa plus que d'y amener l'ennemi. La chose était facile. Composé en grande partie de jeunes gens sans expérience, l'état-major russe s'était flatté de venir bientôt à bout des Français, et de les reconduire jusqu'à la frontière, l'épée dans les reins. Ces jeunes militaires, étrangers pour la plupart aux choses de la guerre, n'attribuaient qu'à la lâcheté les précédents revers subis par les Autrichiens; on apprendrait bientôt que ces Français, réputés invincibles, auraient fui devant l'armée russe, et cette réputation exagérée s'évanouirait comme une fumée.

Napoléon, qui avait intérêt à amener l'ennemi sur son terrain, se garda bien de paraître trop redoutable. Il fit replier ses avant-postes de Wischau à la première menace de l'ennemi; il envoya ensuite le général Savary auprès des empereurs, pour sonder leurs dispositions. Cette condescendance acheva de tromper l'état-major russe. Poussant l'extravagance aussi loin qu'elle peut aller, ces jeunes gens ne rêvèrent plus seulement la victoire; ils voulaient faire l'armée française prisonnière. Ils tinrent à Savary un langage insensé, dont l'empereur s'amusa au récit de son aide de camp. Afin de les aveugler jusqu'au bout, il fit demander une entrevue à l'empereur Alexandre. La demande ne fut pas accueillie; mais le jeune empereur envoya au camp français le prince Dolgorouki, le premier moteur de cette coterie juvénile qui prétendait faire plier à sa guise les vieux généraux et dicter la victoire.

Le jeune officier traversa les premières lignes françaises. Il aperçut une armée silencieuse, occupée à se retrancher : peu de mouvement, point de joie, un calme qu'il prit pour de la terreur; le chef de cette armée vêtu simplement, mêlé aux soldats, ne sachant point tenir sa dignité. Cet aspect inattendu, constrastant avec les bravades de l'état-major russe, la turbulence des troupes, le ton altier des officiers, rendit le prince hardi jusqu'à l'impertinence. Il s'affranchit de l'étiquette, et dit crûment à Napoléon que, s'il voulait la paix, il fallait déposer la couronne de fer, céder la Belgique à l'Autriche, et qu'après l'on verrait à s'entendre. Napoléon avait un grand désir de la paix, et il était fort disposé à accueillir des propositions raisonnables; mais le prince Dolgorouki manqua de tact dans la manière d'exprimer ce dont il était chargé, et Napoléon le congédia avec ces paroles, prononcées d'un ton sec : « Si c'est là ce que vous avez à me dire, allez reporter à l'empereur Alexandre que je ne croyais pas à ces dispositions, lorsque je demandais à le voir; je ne lui aurais

montré que mon armée, et je m'en serais rapporté à son équité pour
les conditions; il le veut, nous nous battrons; et je m'en lave les
mains ».

Et après l'avoir congédié, il s'en alla, disant : « Mais il faut que
ces gens-là soient fous de me demander d'évacuer l'Italie, lorsqu'ils
sont dans l'impossibilité de m'arracher Vienne. Quels projets
avaient-ils donc, et qu'auraient-ils fait de la France, si j'avais été
battu ? Par ma foi, il en arrivera ce qu'il plaira à Dieu; mais avant
quarante-huit heures, je la leur aurai donnée bonne ».

Tout en parlant ainsi, il revint à pied jusqu'au premier poste
d'infanterie de son armée; c'étaient des carabiniers du 17ᵉ léger ;
l'empereur était irrité, et il témoignait de sa mauvaise humeur en
frappant de sa cravache les mottes de terre qui étaient sur la route.
La sentinelle l'écoutait; c'était un vieux soldat qui s'était mis à
l'aise; il était là tranquille, bourrant sa pipe, son fusil dans les
jambes; à ce moment, Napoléon passait près de lui, et il dit en le
regardant :

« Ces b... là croient qu'il n'y a plus qu'à nous avaler ! » Le vieux
soldat se mit aussitôt de la conversation : « Oh! oh! dit-il, ça n'ira
pas comme ça; nous nous mettrons en travers ».

Ce bon mot dérida l'empereur; il monta à cheval et rejoignit gaiement le quartier général.

Quand le prince Dolgorouki, de retour à son campement, raconta
ce qu'il avait vu, ses compagnons ne se continrent plus. Les généraux autrichiens représentèrent en vain qu'il ne fallait pas se fier
à Napoléon, dont le vaste génie militaire n'était jamais pris en
défaut; on les plaisanta. Ils ajoutèrent que, dix fois dans leur vie,
ils avaient vu Napoléon dans une position pour ainsi dire perdue,
et toujours, avec une poignée de soldats, il avait ressaisi la victoire
que l'on croyait tenir; peut-être aujourd'hui la timidité apparente
des Français était un piège tendu à l'impétuosité de l'armée alliée;
il ne fallait pas aller trop vite, mais bien calculer ses démarches. Rien

ne fut admis : tout le tort du passé était aux Autrichiens ; l'empereur des Français avait plus grandi par les fautes d'autrui que par son propre mérite. Cruelle illusion, qui devait être suivie d'un si terrible désenchantement !

Il y avait loin de cette attitude fanfaronne à la conduite de Napoléon. Pendant que de jeunes nobles inexpérimentés se livraient sans retenue à la bonne opinion qu'ils avaient de leurs personnes, lui, le grand capitaine, parcourait sans relâche l'étendue de terrain qui sépare Brünn d'Austerlitz. Il s'arrêta quelque temps sur les hauteurs de Pratzen, considéra les collines, les fondrières, les ruisseaux, et, autour de lui, les villages de Blaziowitz, Girzikowitz, Kobelnitz, Sokolnitz, Telnitz, Augezd, et les lacs gelés d'Augezd et de Mœnitz. « Vous voyez cette position ? » dit-il aux généraux qui l'escortaient. « Si mon dessein était d'empêcher l'ennemi de passer, c'est ici que je l'attendrais, mais cela n'amènerait qu'une bataille ordinaire ; au lieu que si, au contraire, je renforce ma droite en la retirant vers Brünn, et que ce mouvement fasse abandonner aux Russes les hauteurs qu'ils occupent, fussent-ils au nombre de trois cent mille, ils sont pris en défaut et perdus sans ressource ».

Persuadés que l'armée française ne résisterait pas au choc des troupes russes, les généraux de cette nation avaient pris leurs précautions moins pour la battre que pour la cerner. Ils avaient envoyé ordre à l'archiduc Ferdinand, qui était en Bohême, de descendre sur Iglau, en arrière du corps de Bernadotte ; eux-mêmes se proposaient de couper aux Français la route de Vienne, et de les acculer dans la vallée de la Schwarza, contre les montagnes. En conséquence, l'armée russe accentua, le 1er décembre, son mouvement sur notre droite. On ne pouvait donner davantage dans les idées de Napoléon : quand il aperçut cette direction, il ne put contenir l'expression de sa joie.

L'armée russe était divisée en cinq colonnes : deux pour la gauche, commandées par le général Buxhoewden, ayant en sous-ordre les lieutenants généraux Doctorov et Langeron ; une pour le

Bataille d'Austerlitz
(2 décembre 1805 à 10 heures du matin).

19

centre, aux ordres directs du général en chef Kutusov, et dirigée par le lieutenant général Przibyszewski; la quatrième et la cinquième colonnes, composées en grande partie de troupes autrichiennes, formaient la droite, commandée par le prince de Lichtenstein, ayant comme lieutenants les généraux Kollowrath, Essen, prince de Hohenlohe et Uwarov. Le prince Bagration commandait l'avant-garde; le grand-duc Constantin, la réserve, composée de la garde impériale russe.

Le 1ᵉʳ décembre, la première colonne prit position sur la colonne d'Hosteriadek, ayant à sa gauche un régiment d'infanterie légère, posté au village d'Augezd; à sa droite, les hauteurs de Pratzen, où vinrent s'établir la deuxième et la troisième colonne. La quatrième s'aligna derrière, ainsi que la cinquième. La garde impériale campa neuf cents toises plus bas, appuyée au village de Krernowitz; l'avant-garde du prince Bagration était rejetée à l'extrême droite, entre le village de Blaziowitz et la route de Brünn à Wischau. Le général Kienmayer, arrivé dans la soirée avec un nombreux corps de cavalerie autrichienne, croate et cosaque, se posa à gauche et en avant d'Augezd.

L'Empereur qui, du haut d'un mamelon, la suivait attentivement, n'en eut pas plutôt connu le but qu'il en témoigna sa joie à tous ceux qui l'entouraient en disant gaiement: « *Bon, demain ils sont à nous* ».

L'armée française s'établit de la manière suivante : la gauche, composée des divisions Suchet et Caffarelli, était commandée par Lannes; elle s'appuyait au Santon, position imprenable, que l'Empereur avait fait garnir d'artillerie. La cavalerie de Murat la séparait du centre, comprenant également deux divisions, celles de Rivaud et de Drouet, commandées par Bernadotte. La droite, sous les ordres de Soult, se composait des divisions Legrand, à l'extrême droite, Saint-Hilaire, au centre, et Vandamme, à gauche. Le corps d'armée s'étendait ainsi de la route de Brünn à Wischau, jusqu'au delà du village de Telnitz, sur une ligne de près de trois lieues. La réserve, forte de dix bataillons de la garde impériale et du même nombre de grenadiers d'Oudinot, stationnait entre Turas et Schlapanitz, en avant d'une colline boisée, ayant dans les intervalles quarante pièces de canon. Une division du corps de Davout, celle du général Friant, avait été rejetée en arrière sur la Schwarza, pour contenir la gauche de l'ennemi, dans le cas où elle tenterait de s'avancer jusqu'à Raigern ; une autre, celle de Gudin, fut postée à Nikolsburg, sur la chaussée de Vienne à Brünn, pour s'opposer à l'arrivée du général de Meerfeld, qui, après avoir rassemblé les débris de son corps battu à Mariazell, s'était retiré en Hongrie, et pouvait déboucher inopinément par le chemin de Presbourg.

Après avoir tout vu, tout réglé par lui-même, l'Empereur adressa dans la soirée la proclamation suivante :

« Soldats ! l'armée russe se présente devant vous pour venger l'armée autrichienne d'Ulm : ce sont ces mêmes bataillons que vous avez battus à Hollabrünn, et que vous avez poursuivis constamment jusqu'ici. Les positions que nous occupons sont formidables ; et, pendant qu'ils marcheront pour tourner ma droite, ils me présenteront le flanc.

« Soldats ! je dirigerai moi-même vos bataillons ; je me tiendrai loin du feu, si, avec votre bravoure accoutumée, vous portez le désordre et la confusion dans les rangs ennemis. Mais si la victoire était un moment indécise, vous verrez votre empereur s'exposer aux premiers coups ; car la victoire ne saurait hésiter, dans cette journée surtout où il y va de l'honneur de l'infanterie française, qui importe tant à l'honneur de toute la nation. Que, sous prétexte d'emmener les blessés, on ne dégarnisse pas les rangs, et que chacun soit bien pénétré de cette pensée, qu'il faut vaincre ces stipendiés de l'Angleterre, qui sont animés d'une si grande haine contre notre nation. Cette victoire finira la campagne, et nous pourrons reprendre nos quartiers d'hiver, où nous serons joints par les nouvelles armées

qui se forment en France; et alors la paix que je ferai, sera digne
de mon peuple, de vous et de moi. »

Cette proclamation fut immédiatement lue aux compagnies.

L'armée entière sut alors que l'heure de la bataille allait sonner,
et elle en reçut l'assurance avec enthousiasme. Une ardeur du plus
heureux augure se manifestait, surtout dans cette belle division de
grenadiers, l'élite des braves; mais elle s'accrut bien plus encore
lorsque le général Duroc vint lui annoncer que l'Empereur voulait
passer la nuit au milieu d'elle, et qu'il fallait construire sur-le-champ
une baraque. Quoïque les matériaux fussent rares, c'était à qui en
apporterait. En moins d'une heure, les plus adroits achevèrent la
petite cabane bien fourrée de paille qui devait abriter l'auguste personnage. Vers 10 heures du soir, l'Empereur, peu accompagné, se
mit à parcourir le camp, parlant aux soldats, leur répétant que le
lendemain était le jour anniversaire de son couronnement, et qu'il
fallait le célébrer par une grande victoire. Il se promenait ainsi
aux acclamations de tous ceux qui l'apercevaient, lorsqu'un soldat,
voulant l'éclairer dans sa marche, s'avise d'allumer une poignée de
paille fixée au bout d'une perche. Aussitôt, comme si cela eût été
concerté, les soldats voyant ces feux et entendant ces cris de joie,
imitent leurs voisins sans savoir même de quoi il s'agit; et, dans un
instant, toute l'étendue de l'armée est dessinée par une immense ligne de feu, et retentit des cris de vive l'Empereur. C'est ainsi, à la
lueur de cent mille torches de paille, que l'Empereur visita les bivouacs. Il est impossible d'imaginer l'effet d'une illumination si extraordinaire dans une nuit sombre. Elle dura tant que la paille dura.
L'Empereur avait l'air de goûter beaucoup ce spectacle, et malgré les
débris de paille enflammés qui pleuvaient sur lui de toute part, il en
jouit assez longtemps.

Un des plus vieux grenadiers s'approcha et lui dit : « Sire, tu
n'auras pas besoin de t'exposer, je te promets, au nom des grenadiers
de l'armée, que tu n'auras à combattre que des yeux et que nous

t'amènerons demain les drapeaux et l'artillerie de l'armée russe, pour
célébrer l'anniversaire de ton couronnement ».

L'Empereur, vivement ému de cette scène, dit en rentrant dans
la petite baraque qui lui avait été préparée :

« Voilà la plus belle soirée de ma vie, mais je regrette de penser
que je perdrai bon nombre de ces braves gens. Je sens, au mal que
cela me fait, qu'ils sont véritablement mes enfants, et, en vérité, je
me reproche quelquefois ce sentiment, car je crains qu'il ne finisse
par me rendre inhabile à faire la guerre. »

On sut par des prisonniers, après la bataille, que ces feux et
ces clameurs avaient fortement étonné l'ennemi et qu'il avait passé
la nuit sous les armes, craignant d'être attaqué dans les ténèbres.

Le lendemain 2 décembre, le canon se fit entendre au point du
jour. Nous avons vu que l'Empereur avait montré peu de troupes à
sa droite; c'était un piège qu'il tendait aux ennemis, afin qu'ils eussent la possibilité de prendre facilement Telnitz, d'y passer le ruisseau de Goldbach et d'aller ensuite à Gross-Raigern s'emparer de la
route de Brünn à Vienne, afin de nous couper ainsi tout moyen de
retraite. Les Austro-Russes donnèrent en plein dans le panneau, car,
dégarnissant le reste de leur ligne, ils entassèrent maladroitement
des forces considérables dans le bas-fond de Telnitz, ainsi que dans
les défilés marécageux qui avoisinent les étangs de Satschan et de
Menitz. Mais comme ils se figuraient, on ne sait trop pourquoi, que
Napoléon pensait à se retirer sans vouloir accepter la bataille, ils
résolurent, pour rendre le succès plus complet, de nous attaquer, vers
le Santon, à notre gauche, ainsi que sur notre centre, devant Punto-
witz, afin que notre défaite fût complète, lorsque, obligés de reculer
sur ces deux points, nous trouverions derrière nous la route de Brünn
à Vienne occupée par les Russes. Mais à notre gauche, le maréchal
Lannes non seulement repoussa toutes les attaques des ennemis
contre le Santon, mais il les rejeta de l'autre côté de la route d'Ol-

mütz jusqu'à Blasiowitz, où le terrain, devenant plus uni, permit
à la cavalerie de Murat d'exécuter plusieurs charges brillantes, dont
le résultat fut immense, car les Russes furent menés tambour bat-
tant jusqu'au village d'Austerlitz.

Pendant que notre gauche remportait cet éclatant succès, le
centre, formé par les troupes des maréchaux Soult et Bernadotte,
placé par l'Empereur au fond du ravin de Goldbach où il était caché
par un épais brouillard, s'élançait vers le coteau sur lequel est situé
le village de Pratzen. Ce fut à ce moment que parut dans tout son
éclat ce brillant *soleil d'Austerlitz*, dont Napoléon se plaisait tant
à rappeler le souvenir. Le maréchal Soult enlève non seulement le village de Pratzen, mais encore l'immense plateau de ce nom qui était
le point culminant de toute la contrée, et par conséquent la clef
du champ de bataille. Là s'engagea, sous les yeux de l'Empereur, un
combat des plus vifs, dans lequel les Russes furent battus. Mais un
bataillon du 4ᵉ de ligne, dont le prince Joseph, frère de Napoléon,
était colonel, se laissant emporter trop loin à la poursuite des ennemis, fut chargé et enfoncé par les chevaliers-gardes et les cuirassiers
du grand-duc Constantin, frère d'Alexandre, qui lui enlevèrent son
aigle!... De nombreuses lignes de cavalerie russe s'avancèrent rapidement pour appuyer le succès momentané des chevaliers-gardes;
mais Napoléon ayant lancé contre eux les mamelucks, les chasseurs
à cheval de sa garde, conduits par le maréchal Bessières et par le
général Rapp, il y eut une mêlée des plus sanglantes. Les escadrons
russes furent enfoncés et rejetés au delà du village d'Austerlitz, avec
une perte immense. Nos cavaliers enlevèrent beaucoup d'étendards
et de prisonniers, parmi lesquels se trouvait le prince Repnin, commandant des chevaliers-gardes. Ce régiment, composé de la plus brillante jeunesse de la noblesse russe, perdit beaucoup de monde, parce
que les fanfaronnades que les chevaliers-gardes avaient faites contre
les Français étant connues de nos soldats, ceux-ci, surtout les grenadiers à cheval, s'acharnèrent contre eux et criaient en leur passant

leurs énormes sabres en travers du corps : « Faisons pleurer les
dames de Saint-Pétersbourg ! »

Le peintre Gérard, dans son tableau de la bataille d'Austerlitz,
a pris pour sujet le moment où le général Rapp, sortant du combat,
blessé, tout couvert du sang des ennemis et du sien, présente à l'Empereur les drapeaux qui viennent d'être enlevés, ainsi que le prince
Repnin, fait prisonnier. « J'étais présent, dit Marbot, à cette scène
imposante, que ce peintre a reproduite avec une exactitude remarquable. Toutes les têtes sont des portraits, même celle de ce brave
chasseur à cheval qui, sans se plaindre, bien qu'ayant le corps traversé d'une balle, eut le courage de venir jusqu'à l'Empereur et
tomba raide mort en lui présentant l'étendard qu'il venait de
prendre !... Napoléon, voulant honorer la mémoire de ce chasseur,
prescrivit au peintre de le placer dans sa composition. On remarque
aussi dans ce tableau un mameluck, qui, portant d'une main un
drapeau ennemi, tient de l'autre la bride de son cheval mourant. Cet
homme, nommé Mustapha, connu dans la garde pour son courage et
sa férocité, s'était mis pendant la charge à la poursuite du grand-
duc Constantin, qui ne se débarrassa de lui qu'en lui tirant un coup
de pistolet, dont le cheval du mameluck fut grièvement blessé. Mustapha, désolé de n'avoir qu'un étendard à offrir à l'Empereur, dit
dans son jargon, en le lui présentant : « Ah ! si moi joindre prince
Constantin, moi couper tête et moi porter à l'Empereur !... » Napoléon, indigné, lui répondit : « Veux-tu bien te taire, vilain sauvage ! »

Mais terminons le récit de la bataille. Pendant que les maréchaux
Lannes, Soult, Murat, et la garde impériale, battaient le centre et la
droite des Austro-Russes et les rejetaient au delà du village d'Austerlitz, la gauche des ennemis, donnant dans le piège que Napoléon
leur avait tendu, en paraissant garder les environs des étangs, se
jeta sur le village de Telnitz, s'en empara, et, passant le Goldbach,
se préparait à occuper la route de Vienne. Mais l'ennemi avait mal

BATAILLE D'AUSTERLITZ
(2 décembre 1805).

auguré du génie de Napoléon en le supposant capable de commettre une faute aussi grande que celle de laisser sans défense une route qui assurait sa retraite en cas de malheur, car notre droite était gardée par les divisions du maréchal Davout, cachées en arrière, dans le bourg de Gross-Raigern. De ce point, Davout fondit sur les Austro-Russes, dès qu'il vit leurs masses embarrassées dans les défilés entre les étangs de Telnitz, Menitz et le ruisseau.

L'Empereur, que nous avons laissé sur le plateau de Pratzen, débarrassé de la droite et du centre ennemis qui fuyaient derrière Austerlitz, l'Empereur descendant alors des hauteurs de Pratzen avec les corps de Soult et toute sa garde, infanterie, cavalerie et artillerie, se précipite vers Telnitz, où il prend à dos les colonnes ennemies, que le maréchal Davout attaque de front. « Dès ce moment, dit encore Marbot, les nombreuses et lourdes masses austro-russes, entassées sur les chaussées étroites qui règnent le long du ruisseau de Goldbach, se trouvant prises entre deux feux, tombèrent dans une confusion inexprimable; les rangs se confondirent, et chacun chercha son salut dans la fuite. Les uns se précipitent pêle-mêle dans les marais qui avoisinent les étangs, mais nos fantassins les y suivent; d'autres espèrent échapper par le chemin qui sépare les deux étangs : notre cavalerie les charge et en fait une affreuse boucherie; enfin, le plus grand nombre des ennemis, principalement les Russes, cherchent un passage sur la glace des étangs. Elle était fort épaisse, et déjà cinq ou six mille hommes, conservant un peu d'ordre, étaient parvenus au milieu du lac Satschan, lorsque Napoléon, faisant appeler l'artillerie de sa garde, ordonne de tirer à boulets sur la glace. Celle-ci se brisa sur une infinité de points, et un énorme craquement se fit entendre!... L'eau, pénétrant par les crevasses, surmonta bientôt les glaçons, et nous vîmes des milliers de Russes, ainsi que leurs chevaux, canons et chariots, s'enfoncer lentement dans le gouffre!... Spectacle horriblement majestueux que je n'oublierai jamais!... En un instant, la surface de l'étang fut couverte de tout ce qui pouvait et savait nager; hommes et chevaux se débattaient au milieu des glaçons et des eaux. Quelques-uns, en très petit nombre, parvinrent à se sauver à l'aide de perches et de cordes que nos soldats leur tendaient du rivage; mais la plus grande partie fut noyée!... »

La défaite des alliés est complète. L'Empereur envoie le général Berthier et le colonel Dallemagne avec des escadrons de la garde pour parcourir les environs du champ de bataille et ramener les fuyards.

15.000 hommes tués, un nombre énorme de blessés, 20.000 prisonniers, 40 drapeaux, 200 pièces de canon et 400 voitures d'artillerie, tous les gros équipages, une grande quantité de chevaux furent les fruits de l'immortelle journée d'Austerlitz. Les généraux russes Buxhowden et Kutusov, les généraux français Saint-Hilaire, Kellermann, Walter, Thiébaut, Sébastiani, Compans, Rapp qui, à la tête des grenadiers à cheval, fit prisonnier le prince Repnin, commandant les chevaliers de la garde russe, le colonel Corbineau, écuyer de l'Empereur, furent blessés. La garde regretta beaucoup le colonel des chasseurs à cheval Morland, tué d'un coup de mitraille en chargeant l'artillerie de la garde russe, qui fut prise. Le colonel Mazas, du 14ᵉ de ligne, périt aussi sur le champ de bataille.

Citons quelques traits de vaillance et d'héroïsme. Un carabinier du 10ᵉ régiment d'infanterie légère avait eu le bras gauche emporté par un boulet de canon : « Donne-moi mon sac et mon fusil, dit-il à un camarade qui s'était chargé de ces deux objets, et qui conduisait le blessé à l'ambulance, retourne au combat, je marcherai bien sans toi ». Il prend son sac et son arme, et se rend seul à l'ambulance.

Le général Thiébaut, blessé dangereusement, était transporté par quatre prisonniers russes; six Français, également blessés, le rencontrent, éloignent les Russes et, saisissant en même temps le brancard, ils disent avec fierté : « C'est à nous seul qu'appartient l'honneur de porter notre brave général ».

Le général Valhubert venait d'avoir la cuisse emportée, et les soldats de sa brigade s'empressaient autour de lui pour le relever et le transporter au poste des chirurgiens : « Souvenez-vous de l'ordre du jour, leur dit-il, et reprenez vos rangs ; si vous êtes vainqueurs, vous m'enlèverez du champ de bataille ; si vous êtes vaincus, que m'importe un reste de vie ? » Et bientôt après il ajoute : « Que n'ai-je perdu plutôt le bras, je pourrais combattre encore avec vous et mourir à mon poste ! » Valhubert ne survécut que vingt-quatre heures à ses blessures, et, quelques instants avant de rendre le dernier soupir, il écrivit cette lettre touchante à Napoléon :

« J'aurais voulu faire plus pour vous ; je meurs dans une heure ; je ne regrette pas la vie puisque j'ai participé à une victoire qui assure un règne heureux. Quand vous penserez aux braves qui vous étaient dévoués, pensez à ma mémoire. Il me suffit de vous dire que j'ai une famille ; je n'ai pas besoin de vous la recommander ».

Le soir même de la journée, et pendant plusieurs heures de la nuit, l'Empereur parcourut le champ de bataille, et laissa à chaque soldat blessé une garde qui le faisait transporter dans les ambulances ; les ennemis ne furent pas oubliés ; mais, malgré toute la diligence des chirurgiens, les charges avaient été si meurtrières que, quarante-huit heures après la bataille, un grand nombre de Russes n'avaient pas encore été pansés.

Les soldats du train s'étaient conduits avec intrépidité, et l'artillerie avait fait un mal épouvantable à l'ennemi. Quand on en rendit compte à Napoléon, il répondit :

« Ces succès me font plaisir, car je n'oublie pas que c'est dans ce corps que j'ai commencé ma carrière militaire. »

A mesure qu'on lui rapportait les nombreux traits de courage qui illustrèrent cette journée, il disait : « Vraiment, il me faudrait toute ma puissance pour récompenser tous ces braves gens ».

Le 3 décembre, Napoléon adressa à son armée la proclamation suivante :

« Soldats,

Je suis content de vous; vous avez, à la journée d'Austerlitz, justifié tout ce que j'attendais de votre intrépidité; vous avez décoré vos aigles d'une gloire immortelle. Une armée de 100.000 hommes, commandée par les empereurs de Russie et d'Autriche, a été en moins de quatre heures dispersée ou coupée; ce qui a échappé à votre fer s'est noyé dans les lacs.

Quarante drapeaux, les étendards de la garde impériale de Russie, 200 pièces de canon, 20 généraux, plus de 20.000 prisonniers, sont le résultat de cette journée à jamais célèbre. Cette infanterie, tant vantée et en nombre supérieur, n'a pu résister à votre choc, et désormais vous n'avez plus de rivaux à redouter. Ainsi, en deux mois, cette troisième coalition a été vaincue et dissoute. La paix ne peut plus être éloignée; mais, comme je l'ai promis à mon peuple, avant de passer le Rhin, je ne ferai qu'une paix qui nous donne des garanties et assure des récompenses à ses alliés.

Soldats, lorsque le peuple français plaça sur ma tête la couronne impériale, je me confiai à vous pour la maintenir toujours dans ce haut éclat de gloire, qui seul pouvait lui donner du prix à mes yeux. Mais, dans le même moment, nos ennemis pensaient à la détruire et à l'avilir; et cette couronne de fer, conquise par le sang de tant de Français, ils voulaient m'obliger à la placer sur la tête de nos plus cruels ennemis; projets téméraires et insensés, que, le jour même de l'anniversaire du couronnement de votre empereur, vous avez anéantis et confondus. Vous leur avez appris qu'il est plus facile de nous braver et de nous menacer que de nous vaincre.

Soldats, lorsque tout ce qui est nécessaire pour assurer le bonheur et la prospérité de notre patrie sera accompli, je vous ramènerai en France; là, vous serez l'objet de mes plus tendres sollici-

tudes. Mon peuple vous reverra avec joie, et il vous suffira de dire :
« J'étais à la bataille d'Austerlitz, pour que l'on réponde : Voilà un
brave ! »

Dès qu'il eut terminé et expédié cette proclamation aux différents corps, Napoléon monta à cheval, dans le but de parcourir les
diverses positions témoins des combats de la veille. Au cours de cette
excursion survint un incident, où Marbot eut une part prépondé-
rante et qu'il nous raconte dans ses *Mémoires* avec sa verve accoutumée :

« Arrivé, dit-il, sur les bords de l'étang de Satschan, Napoléon,
ayant mis pied à terre, causait avec plusieurs maréchaux autour d'un
feu de bivouac, lorsqu'il aperçut flottant, à cent pas de la digue, un
assez fort glaçon isolé, sur lequel était étendu un pauvre sous-officier russe décoré, qui ne pouvait s'aider, parce qu'il avait la cuisse
traversée d'une balle... Le sang de ce malheueux avait coloré le glaçon qui le supportait : c'était horrible ! Cet homme, voyant un très
nombreux état-major entouré de gardes, pensa que Napoléon devait
être là ; il se souleva donc comme il put, et s'écria que les guerriers de
tous les pays devenant frères après le combat, il demandait la vie au
puissant empereur des Français. L'interprète de Napoléon lui ayant
traduit cette prière, celui-ci en fut touché, et ordonna au général
Bertrand, son aide de camp, de faire tout ce qu'il pourrait pour
sauver ce malheureux.

« Aussitôt plusieurs hommes de l'escorte et même deux officiers
d'état-major, apercevant sur le rivage deux gros troncs d'arbres, les
poussèrent dans l'étang, et puis, se plaçant tout habillés à califour-
chon dessus, ils espéraient, en remuant les jambes d'un commun
accord, faire avancer ces pièces de bois. Mais à peine furent-elles à
une toise de la berge, qu'elles roulèrent sur elles-mêmes, ce qui jeta
dans l'eau les hommes qui les chevauchaient. En un instant leurs
vêtements furent imbibés d'eau, et comme il gelait très fort, le drap
des manches et des pantalons des nageurs devint raide, et leurs

membres, pris comme dans des étuis, ne pouvaient se mouvoir; aussi
plusieurs faillirent-ils se noyer, et ils ne parvinrent à remonter qu'à
grand'peine, à l'aide des cordes qu'on leur lança.

« Je m'avisai alors de dire que les nageurs auraient dû se mettre
tout nus, d'abord pour conserver la liberté de leurs mouvements, et
en second lieu, afin de n'être pas exposés à passer la nuit dans des
vêtements mouillés. Le général Bertrand ayant entendu cela, le
répéta à l'Empereur, qui déclara que j'avais raison, et que les autres
avaient fait preuve de zèle sans discernement. Je ne veux pas me
faire meilleur que je ne suis; j'avouerai donc que venant d'assister
à une bataille où j'avais vu des milliers de morts et de mourants, ma
sensibilité s'en étant émoussée, je ne me trouvais plus assez de phi-
lanthropie pour risquer de gagner une fluxion de poitrine, en allant
disputer aux glaçons la vie d'un ennemi dont je me bornais à déplo-
rer le triste sort; mais la réponse de l'Empereur me piquant au jeu,
il me parut qu'il serait ridicule à moi d'avoir donné un avis que je
n'oserais mettre à exécution. Je saute donc à bas de mon cheval, me
mets tout nu, et me lance dans l'étang... J'avais beaucoup couru dans
la journée et avais eu chaud; le froid me saisit donc fortement...
Mais, jeune, vigoureux, très bon nageur et encouragé par la présence
de l'Empereur, je me dirigeai vers le sous-officier russe, lorsque mon
exemple, et probablement les éloges que l'Empereur me donnait,
déterminèrent un lieutenant d'artillerie, nommé Roumestain, à
m'imiter.

« Pendant qu'il se déshabillait, j'avançais toujours, mais j'éprou-
vais beaucoup plus de difficultés que je ne l'avais prévu, car, par
suite de la catastrophe qui s'était produite la veille sur l'étang, l'ancienne et forte glace avait presque entièrement disparu, mais il s'en
était formé une nouvelle, de l'épaisseur de quelques lignes, dont les
aspérités fort pointues m'égratignaient la peau des bras, de la poitrine, et du cou, d'une façon très désagréable. L'officier d'artillerie,
qui m'avait rejoint au milieu du trajet, ne s'en était point aperçu,

Entrevue de Napoléon et de François II après la bataille d'Austerlitz
(4 décembre 1805).

20

parce qu'il avait profité de l'espèce de sentier que j'avais tracé dans la nouvelle glace. Il eut la loyauté de me le faire observer en demandant à passer à son tour le premier, ce que j'acceptai, car j'étais déchiré cruellement. Nous atteignîmes enfin l'ancien et énorme glaçon sur lequel gisait le malheureux sous-officier russe, et nous crûmes avoir accompli la plus pénible partie de notre entreprise. Nous étions dans une bien grande erreur; car dès qu'en poussant le glaçon nous le fîmes avancer, la couche de nouvelle glace qui couvrait la superficie de l'eau, étant brisée par son contact, s'amoncelait devant le gros glaçon, de sorte qu'il se forma bientôt une masse qui non seulement résistait à nos efforts, mais brisait les parois du gros glaçon dont le volume diminuait à chaque instant et nous faisait craindre de voir engloutir le malheureux que nous voulions sauver. Les bords de ce glaçon étaient d'ailleurs fort tranchants, ce qui nous forçait à choisir les parties sur lesquelles nous appuyions nos mains et nos poitrines en le poussant; nous étions exténués! Enfin, pour comble de malheur, en approchant du rivage, la glace se fendit sur plusieurs points, et la partie sur laquelle était le Russe ne présentait plus qu'une table de quelques pieds de large, incapable de soutenir ce pauvre diable qui allait couler, lorsque mon camarade et moi, sentant enfin que nous avions pied sur le fond de l'étang, passâmes nos épaules sous la table de glace et la portâmes au rivage, d'où on nous lança des cordes que nous attachâmes autour du Russe, et on le hissa enfin sur la berge. Nous sortîmes aussi de l'eau par le même moyen, car nous pouvions à peine nous soutenir, tant nous étions harassés, déchirés, meurtris, ensanglantés... Mon bon camarade Massy, qui m'avait suivi des yeux avec la plus grande anxiété pendant toute la traversée, avait eu la pensée de faire placer devant le feu du bivouac la couverture de son cheval, dont il m'enveloppa dès que je fus sur le rivage. Après m'être bien essuyé, je m'habillai et voulus m'étendre devant le feu; mais le docteur Larrey s'y opposa et m'ordonna de marcher, ce que je ne pouvais faire qu'avec l'aide de deux chasseurs.

L'Empereur vint féliciter le lieutenant d'artillerie et moi, sur le courage avec lequel nous avions entrepris et exécuté le sauvetage du blessé russe, et, appelant son mameluck Roustan, dont le cheval portait toujours des provisions, il nous fit verser de l'excellent rhum, et nous demanda en riant comment nous avions trouvé le bain...

« Quant au sous-officier russe, l'Empereur, après l'avoir fait panser par le docteur Larrey, lui fit donner plusieurs pièces d'or. On le fit manger, on le couvrit de vêtements secs, et, après l'avoir enveloppé de couvertures bien chaudes, on le déposa dans une des maisons de Telnitz qui servait d'ambulance; puis, le lendemain, il fut transporté à l'hôpital de Brünn. Ce pauvre garçon bénissait l'Empereur, ainsi que M. Roumestain et moi, dont il voulait baiser la main. Il était Lithuanien, c'est-à-dire né dans une province de l'ancienne Pologne réunie à la Russie; aussi, dès qu'il fut rétabli, il déclara qu'il ne voulait plus servir que l'Empereur Napoléon. Il se joignit donc à nos blessés lorsqu'ils rentrèrent en France, et fut incorporé dans la légion polonaise; enfin, il devint sous-officier aux lanciers de la garde, et chaque fois que je le rencontrais, il me témoignait sa reconnaissance dans un jargon fort expressif.

« Le bain glacial que j'avais pris, et les efforts véritablement surhumains que j'avais dû faire pour sauver ce malheureux, auraient pu me coûter cher, si j'eusse été moins jeune et moins vigoureux; car M. Roumestain, qui ne possédait pas le dernier de ces avantages au même degré, fut pris le soir même d'une fluxion de poitrine des plus violentes; on fut obligé de le transporter à l'hôpital de Brünn, où il passa plusieurs mois entre la vie et la mort. Il ne se rétablit même jamais complètement, et son état souffreteux lui fit quitter le service quelques années après. Quant à moi, bien que très affaibli, je me fis hisser à cheval dès que l'Empereur s'éloigna de l'étang pour gagner le château d'Austerlitz, où son quartier général venait d'être établi. Napoléon n'allait jamais qu'au galop; brisé comme je l'étais, cette allure ne me convenait guère; je suivis cependant, parce que, la nuit approchant, je craignais de m'éloigner du champ de bataille, et d'ailleurs, allant au pas, le froid m'eût saisi.

« Lorsque j'arrivai dans la cour du château d'Austerlitz, il fallut plusieurs hommes pour m'aider à mettre pied à terre. Un frisson général s'empara de tout mon corps, mes dents claquaient, j'étais fort malade. Le colonel Dahlmann, major des chasseurs à cheval de la garde, qui venait d'être nommé général en remplacement de Morland, sans doute reconnaissant du service que j'avais rendu à celui-ci, me conduisit dans une des granges du château, où il s'était établi avec ses officiers. Là, après m'avoir fait prendre du thé bien chaud, son chirurgien me frictionna tout le corps avec de l'huile tiède; on m'emmaillota dans plusieurs couvertures et l'on me glissa dans un énorme tas de foin, en ne me laissant que la figure dehors. Une douce chaleur pénétra peu à peu mes membres engourdis; je dormis fort bien et grâce à ces bons soins, ainsi qu'à mes vingt-trois ans, je me retrouvai le lendemain matin frais, dispos, et je pus monter à cheval pour assister à un spectacle d'un bien haut intérêt. »

L'Empereur d'Autriche avait sollicité de Napoléon une entrevue qui eut lieu en plein champ, au bivouac de l'Empereur des Français, à Uhrschitz.

« Je vous reçois, dit Napoléon, dans le seul palais que j'habite depuis deux mois ». — « Vous savez si bien tirer parti de cette habitation », dit en souriant François II, « qu'elle doit vous plaire. »

Les deux souverains convinrent aussitôt d'une suspension d'armes applicable également aux Russes, si le Czar le désirait. Alexandre fut trop heureux d'adhérer à cette convention, aux termes de laquelle les Russes devaient rentrer immédiatement, par étapes, dans leur pays.

Napoléon retourna à Brünn, puis à Schoenbrünn, où il attendit le résultat des négociations engagées entre Talleyrand, pour la

France et Lichtenstein, pour l'Autriche, et **qui** aboutirent au traité de Presbourg en 1805.

Napoléon se disposa alors à rentrer en France; mais avant de partir, il adressa à ses soldats un dernier adieu dans lequel, après les avoir une fois encore félicités, il leur donnait rendez-vous pour les premiers jours de mai 1806. Il terminait par ces conseils :

« Soldats! pendant ces trois mois qui vous seront nécessaires pour retourner en France, soyez le modèle de toutes les armées; ce ne sont plus des preuves de courage et d'intrépidité que vous êtes appelés à donner, mais d'une sévère discipline.

« Que mes alliés n'aient pas à se plaindre de votre passage, et, en arrivant sur ce territoire sacré, comportez-vous comme des enfants au milieu de leur famille; mon peuple se comportera avec vous comme il le doit envers ses héros et ses défenseurs.

« Soldats! l'idée que je vous verrai tous rangés autour de mon palais sourit à mon cœur, et j'éprouve d'avance les plus tendres émotions; nous célébrerons la mémoire de ceux qui, dans ces deux campagnes, sont morts au champ d'honneur, et nous ferons plus que nous n'avons fait, s'il le faut, contre ceux qui voudraient attaquer notre honneur ou qui se laisseraient séduire par l'or corrupteur des éternels ennemis du continent. »

Telle fut l'issue de la troisième coalition contre la France; ainsi se termina la neuvième campagne de Napoléon qui, en soixante jours, avait transporté 160.000 Français d'un petit port de la Manche, et de la péninsule italique, jusqu'aux glaciers d'où sort la Vistule.

FIN

TABLE DES MATIÈRES

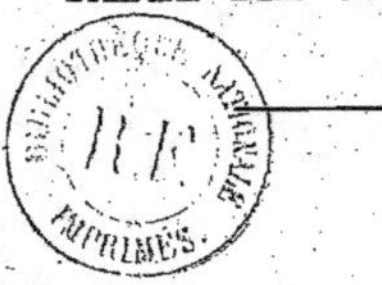

TABLE DES GRAVURES

IMPRIMERIE DE POISSY — LEJAY FILS ET LEMORO

www.ingramcontent.com/pod-product-compliance
Lightning Source LLC
LaVergne TN
LVHW050212030726
842520LV00002B/491